三十節　ソ連の対日参戦　157
三十一節　長崎原爆投下　閣議と最高戦争指導会議の最中に　163
三十二節　「戦争終結の御聖断」下る　170

第二章　平和への道

一節　終戦に向けての4日間の動き　178
二節　阿南陸相の腹芸　185
三節　「偽」大本営発表の放送を阻止　186
四節　東郷外相、梅津参謀総長、豊田軍令部総長との会談　189
五節　連合国の正式回答　190
六節　正式回答が遅れた理由　191
七節　日本国政府の権限は、最高司令官にSubject toする　193
八節　陸軍将校、クーデター計画を阿南陸相に迫る　195
九節　二回目の御前会議でも終戦への御聖断下る　196
十節　「終戦の詔書」の作成　201
十一節　天皇陛下が「終戦の詔書」を朗読録音する　211
十二節　内閣告諭の作成　212

十三節　終戦反対の将校の叛乱と録音盤探し　213
十四節　阿南惟幾陸相の自決　220
十五節　玉音放送　225
十六節　「特攻隊の生みの親」大西瀧治郎中将の自決　228
十七節　瀬島龍三中佐、11年間ソ連に抑留　233
十八節　国際法違反の極東国際軍事裁判（東京裁判）　235
一項　『大東亜戦争』と正しく表記を
二項　八紘一宇
三項　欧米の植民地の解放と独立
四項　極東国際軍事裁判（いわゆる東京裁判）
五項　マニラにおける山下奉文大将と本間雅晴中将の軍事裁判
六項　「マレーの虎」山下奉文大将へ死刑の判決
七項　本間雅晴中将へ死刑の判決
八項　タイで「仏《ほとけ》の将軍」と慕われた中村明人中将
九項　パール判事「全員無罪」を下す
十項　天皇陛下に「戦争責任なし」

特別編 今上陛下の生前ご退位と天皇制の危機に関する一考察

序 271
一項 象徴としてのお務めについての天皇陛下の御言葉 275
二項 国民の共感 277
三項 天皇の公務の負担軽減等に関する有識者会議 278
四項 保守派有識者の生前退位反対論 278
五項 保守派の意見に「陛下のやるせないお気持ち」 281
六項 著者による生前退位賛成論 282
七項 皇室祭祀 283
八項 生前退位の必要性 284
九項 皇位継承者と皇族の減少 286
十項 小泉内閣時代の「女性天皇・女系天皇容認」報告書 288
十一項 皇統の危機 290
十二項 天皇制を守り続けた歴史 291
十三項 皇統の継続の諸方策 294
十四項 女性皇族の役割と女性宮家の創設 296

十五項　特例法の成立までの経緯　298
十六項　皇太子殿下のデンマークご訪問　301

むすび　303

著者略歴　307

付録写真「終戦の詔書」　308
参考文献　310
附録――白川一郎（1908-1994）画「8月9日御前会議」「最後の御前会議」

まえがき

毎年8月15日が来るたびに、玉音放送の「堪え難きを堪え、忍び難きを忍び以て万世の為に太平を開かんと欲す」という大東亜戦争終結の詔書を胸に刻み続け、今年で72年の歳月が流れた。日本国憲法の前文に、「平和を愛する諸国民の公正と信義に信頼して、われらの安全と生存を保持しようと決意した」とある。ところが戦後、世界の各国、各地で戦争が起き、内乱・暴動・テロは続発し、今も絶えない。そんな中、本当に「諸国民の公正と信義に信頼して」平和と安全が確保できるのか。

確かに、日本は戦後平和がつづき、復興を成し遂げ、経済繁栄も享受してきた。その平和は、米国の核の傘の下での日米安保体制を維持・強化してきたお蔭である。

しかし、近年、近隣諸国による軍事的脅威等で、日本の主権及び国益は不当な侵害に曝《さら》され、安全保障環境に緊張が増している。

とりわけ、中国の公船が連日のように尖閣諸島周辺の接続水域を航行し、時々領海内の侵入も繰り返している。また、北朝鮮は急速に核開発を進め、ハイペースでミサイル発射実験を行い、大陸間弾道弾（ICBM）の射程距離も米国本土に到達するまでになったのである。核爆弾を小型軽量化してミサイルに搭載し、何基かを実戦配備するのも時間の問題であろう。

日本の度重なる警告・抗議に応じないばかりでなく、国連決議を無視し、国際世論にも背を向け、頑なに挑発を続けている。まさに一触即発の危機的状況に差しかかっているにもかかわらず、わが国は未だに有効な対抗策を取れていないのが現状である。

日本の国民の生命・財産と領土、領海、領空を守るため、日米同盟のより一層の緊密化を図り、防衛力の増強と適切な外交的手段をとって、抑止力を高める必要がある。ミサイル迎撃やサイバーテロ対策の整備は勿論のこと、日本に緊急非常事態が急迫した時は「敵地先制攻撃」を視野に、攻撃能力を高め、揺るぎない防衛体制を築くことが肝要である。
「自分の国は自分の手で守る」という気概がなく、血を流す覚悟のない国に、日米安保条約があるからといって、誰が助けに来てくれようか。先ず日本は、そのことを肝に銘じ、愛国心の昂揚と国防意識の向上を図らなければならない。

戦争の時代に生まれ育った人と戦争を全く知らない世代の人とでは、それぞれの思いや「戦争と平和」に対する捉え方が違っても、不思議ではない。

しかし、日本人のコンセンサスとして、先の大戦において、一億一心総力を挙げて戦ったのである。その為に、戦陣に散り戦禍に倒れた数多くの英霊と国民に対し、心から追悼の誠を捧げると共に、平和への誓いを祈る必要がある。この尊い犠牲の上に、平和と繁栄があり、私たちが生きている現実を決して忘れてはならないのである。「戦争と平和」を、今一度国民一人ひとりが真剣に考えることが緊要であるのではないか。

私は、大学在学中に、参議院議員迫水久常《さこみずひさつね》先生の書生として政治修業し、その後秘書となった。

迫水先生は、昭和11（1936）年に2・26事件が起きた時、総理秘書官として岳父・岡田啓介内閣総理大臣を無事に救出した。天皇陛下が「あれは叛乱軍であるから討伐せよ」と御命じになり、クーデターは4日で鎮圧された。

また昭和20（1945）年の終戦時、迫水久常先生は、鈴木内閣の内閣書記官長として、戦争終結のためあらん限りの力を尽くし、8月15日正午、天皇陛下による「玉音放送」となった「大東亜戦争終結に関する詔書」を起草された。これらによって〝昭和史の生き証人〟と言われたのである。

懇切なご指導を賜り、迫水先生は私の心から尊敬する〝政治の父〟である。

加えて、私は山口県の元貴族院議員秋田三一先生の縁戚であるから、終戦内閣の阿南惟幾《あなみこれちか》陸軍大臣の親戚筋になる。その因縁も併せて、昭和動乱史に格別の思い入れがあり、国会議員秘書を45年間勤める傍ら、

〝語り部〟として講演活動をひたすら続けてきたのである。

そんな中で、この「大東亜戦争の真実」を、何としても後世に語り継がなければならないという使命感が、沸々と熱く燃え上がったのである。

歴史を知ることは、祖先を知ることである。祖先の志を知り、努力を知り、栄光を知り、悲哀を知り、生き様を教わり、その響きが、私たちに流れていることを、学ぶことである。この自覚こそが感奮を呼び、自信を持って志を奮い立たせるであろう。歴史は人間をつくるが、歴史もまた人間によってつくられるのである。

今こそ、日本及び日本人は、先人の血と汗と涙で綴られた激動の昭和史を、再検証することによって、「東京裁判史観」の呪縛を解き、「正しい歴史」を認識し、日本の名誉を回復させる必要がある。日本が誇り高く品格ある国であることを発信しなければならないのである。

なお、「特別編」として、「今上陛下の生前ご退位と天皇制の危機に関する一考察」を、本書の最終章に組み入れた。大御心を仰ぐ天皇崇拝主義者として私の「天皇観」を思いのたけを述べたものである。平成27年11月に出版した自著『天皇陛下の御聖断――2・26事件と終戦の真相』と併せ、昭和動乱史を紐解く〝鍵〟となり、真実を知り得るための重要な資料になるものと確信する。

なお、読者の皆様に、最初に数点お断りする。

本書は歴史的な出来事をテーマにしているので、できるだけ時系列でまとめたが、事の顛末等によっては話が前後したり戻ったりすることがある。また、文献・資料の引用を多く取り込んでいるのは、出来事をできるだけ正確・詳細に知ってもらいたいと考えたからである。

天皇陛下を始め国家指導者、歴史上の人物などが登場するので、敬語・敬称についても、いきさつ等によって有無が生じている。さらに著者との私的関係による敬称も用いている。以上、あらかじめご理解とご了承を賜りたい。

本書は、ただ単に戦争の記録を綴っているわけではない。「大東亜戦争の真実」を探り出し、その歴史的意義を解明し、正しい歴史に軌道修正することが目的である。日本人が誇りと自信を持ち、未来に向かって正々堂々と歩むことが大切である。

本書が、読まれる方にとって、少しでも「心の滋養」となれば、これに優るものはないと思い、世に供した次第である。

序　章　平和のために奔走された迫水久常先生

我が師である迫水久常先生が亡くなられて三十年以上が過ぎた。今では先生のお名前を読めない方にも出会うようになり、驚きとともに寂しさもこみ上げてくる。

これではいけない。私たちは歴史を学び、未来へ活かす必要がある。今日の平和をつくった先生の教えと人間像を描きたい。そして、「迫水史観」で戦中の歴史をまとめてみたいと思って筆を執った。あわせて、迫水先生のご家族のインタビューをまとめ、先生の講演録等をこの序章に追加する。これにより歴史上の人物ではない、等身大の先生を皆様にイメージしていただき、歴史をたどってもらいたい。

一節　恩師・迫水久常先生の足跡

迫水久常先生は、旧薩摩藩主島津家の第11代藩主の弟を始祖とし、代々家老職を務める迫水家に生まれ、東京帝国大学法学部法律学科を卒業する。

大蔵省に入省し、昭和９（１９３４）年7月に岳父・岡田啓介海軍大将が内閣総理大臣に任命されたことにより、大蔵省から出向し内閣総理大臣秘書官となる。

同11（１９３６）年の２・26事件の時に、クーデターの真っ只中、３００人の叛乱軍に襲撃・占拠された首相官邸から岡田啓介内閣総理大臣を無事に救出した。

岡田内閣の総辞職に伴い、大蔵省に復帰し、理財局金融課長・企画課長・外事課長・企画院第一課長を歴任した後、大蔵省総務局長になる。この「総務局長」というポストは迫水のために作られたと言われ、〝カミソリ久常〟の異名を持ち、まさに「天馬空を往く」と評されたのである。

また、いわゆる〝革新官僚〟の中心人物として、岸信介（戦後首相）らと共に、官僚・軍部・財界等と連携して、諸改革を断行し、戦時統制経済に辣腕《らつわん》を揮《ふる》った。

その後、内閣勅任参事官、銀行保険局長と進む。戦争末期に近衛文麿、若槻礼次郎、岡田啓介、木戸幸一ら元老重臣による東條内閣引き下ろし工作の時には、これらの間をしきりに奔走するなど、その役人離れした活躍で

「飛ぶ鳥を落とす」勢いであった。

また、昭和20（1945）年4月に、鈴木貫太郎内閣の内閣書記官長（今の内閣官房長官）に42歳で就任し、日夜問わず終戦工作に当たる。8月15日正午に玉音放送された「大東亜戦争終結の詔書」も起草したのも迫水先生である。

貴族院議員に勅選された後、公職追放となり、弁護士となる。しかし、昭和27（1952）年に政界に復帰し、衆議院議員（鹿児島1区）2期、参議院議員（全国区）を4期勤めた。国務大臣経済企画庁長官（2回）、郵政大臣、参議院自由民主党幹事長、自民党両院議員総会長・党北海道開発委員長・党鹿児島県連会長等を歴任。

昭和52（1977）年7月25日死去、同月26日に、正三位勲一等旭日大綬章を賜わる。

7月29日に、天皇陛下は勅使として角田素文侍従をお遣わしになられた。

宮内庁編『昭和天皇実録』には、「元国務大臣迫水久常去る25日死去につき、賜物使として侍従角田素文を世田谷区若林の迫水邸へ差し遣わされ、祭粢料及び榊を賜う。迫水は昭和9年岡田内閣の総理大臣秘書官、20年鈴木内閣の内閣書記官長を務め、戦後は35年第一次池田内閣の国務大臣経済企画庁長官、36年第二次池田内閣の郵政大臣等を歴任する」と記録されている。

天皇陛下の名代である勅使の接遇について、古来からの作法・儀礼を、宮内庁・参議院事務局と迫水家の間で念入りに打ち合わせし、諸準備の上しきたりに則り、お迎え致した。

当時公設第二秘書であった私（著者）は、光栄にも勅使の御案内役を仰せつかり、貴重な体験をさせて頂いた。大変名誉なことであり、私の生涯忘れ得ない〝心の宝〟である。

当日、勅使がお乗りになられた宮内庁の御車は、迫水邸の正門からお入りになり、前庭を通られて玄関前で停車した。角田勅使の出で立ちは、儀礼服にシルクハットとステッキを帯同されていた。

角田勅使が車を下りられた後、玄関から接見の間（応接間の家具や装飾類を全て片付け、帽子とステッキを置く台を用意）まで毛氈を敷き、その上を靴を履かれたままお通りになり、私がご案内申し上げたのである。その室では迫水万亀夫人と長男・久正氏の二人しか接応を許されず、余計な会話も一切してはならなかった。それに写真を撮ることも禁じられた。その場で天皇陛下からの御言葉を賜るのであるが、その伝達の際、メモを取ることも禁じられた。極く短い御言葉なので、憶えて下さいといわれ二人で暗記するほかなかったのである。

角田勅使は、冒頭、「天皇陛下に、迫水久常様がお亡くなりになられたことを、奏上致しますと、たいそうお悲しみの御様子でございました」と言われた。

そして「天皇陛下の御言葉をお告げ申し上げます」と続けられた。

「戦前、戦後を通じ、時局重大な折に、苦楽を共にしてくれたことを深く感謝している」とさらに続く。

最後に、祭粢料《さいしりょう》及び御榊を賜わったのである。

角田勅使がその部屋からお出になられた直後ほんの数秒、ドアの前で待機していた私（著者）は、久正氏から、上記の『天皇陛下の御言葉』の伝達を受け、間違ってはいけない忘れてはならじとただちに「メモ帳」に書き留めた。さすがに緊張したこの一瞬を、今でも鮮明に憶えている。

7月31日には、天皇陛下から一対の御榊の下賜を受け、内閣総理大臣福田赳夫葬儀委員長の下、青山葬儀所にて、しめやかさのうちにも盛大に自由民主党葬が執り行われたのである。

二節　著者・中江克己の経歴と迫水先生との出会い

昭和21年、旧内務・運輸官僚の次男として、山口県下関市に生まれる。

日本大学法学部法律学科の在学中より、参院議員迫水久常先生の書生として政治修業に励み、その後第二秘書となった。

迫水先生死去後は、総理府総務副長官越智通雄衆院議員（福田赳夫元総理娘婿）秘書、通商産業政務次官斎藤文夫参院議員（中江結婚の媒酌人）第二秘書、経済人類学者栗本慎一郎衆院議員政策担当秘書を務める。

平成7（1995）年4月施行の神奈川県議会議員選挙に、川崎市中原区より立候補する。阪神・淡路大震災の直後で、いじめによる少年の自殺も相次いでいたので「大勢の命を救えないばかりか、たった一人の命も救えない政治とは一体何だ！」と訴えたが、1万1446票の次点で敗れる。

その後、衆院災害対策特別委員長青木宏之衆院議員政策担当秘書、防衛庁長官政務官・内閣府副大臣米田建三衆院議員政策担当秘書、自民党外交・国防部会副部会長東郷哲也衆院議員秘書等を歴任し、45年間にわたり〃政治の下働き〃に徹し、議員秘書一筋に活動してきた。

思想的には、終始一貫「民族派」の「天皇崇拝主義者」として論陣を張り、行動する。また、迫水久常先生譲りの「2・26事件」や「終戦秘話」の語り部として、長く活動を続ける。その講演の終了間際に「天皇陛下万歳！」と高らかに叫んで締め、「ご清聴ありがとうございました」とマイクを置くのを常とする。

今は、国会議員秘書45年の経験を基に、政界の表裏を十分知り尽くす政治評論家として、講演、対談、雑誌の原稿執筆などの活動を行う。同時に、政治団体・日本の安全保障政策を考える会代表、一般社団法人日本標識機構顧問、公益社団法人国際経済交流協会監事としても幅広く活動を展開する。

平成29年10月衆議院総選挙を機に、高木けい衆議院議員秘書となり、政治の第一線に復帰し活動している。

平成27年11月に『天皇陛下の御聖断――2・26事件と終戦の真相』を出版する。

三節　父・迫水久常の思い出――長女・下荒磯篤子より

父・迫水久常が役人（大蔵省）だと知らされたのは、小学生の頃だったと思います。しかし、当時は、他所の家と比べると我が家はちょっと違うと思っていた程度で、父の仕事の内容までは知りませんでした。戦時中に銀行保険局長として経済の統制に携わったこと、岡田啓介元首相の意を受けて東条内閣の倒閣に参画し、さらに小磯内閣に代わる終戦内閣を作ろうとしていたこと、昭和20年4月から鈴木貫太郎内閣で内閣書記官長を勤めたことなど、終戦の詔書を起案した等、だいぶ後になって父の執筆活動の手伝いをするときに知りました。仕事のことは家族そして母にもいっさい語らない人でした。

戦時中、父は岡田（元首相）の意を受けて、重臣たちの間を奔走していたそうです。鈴木貫太郎内閣が成立するときには、組閣のやり方を教えてやれとの指示を受け、事務方としてお手伝いして、そのまま書記官長に就任したといいますから、もとから政治家という訳ではなかったようです。

祖父の岡田は、戦前も戦中も戦争に反対でした。戦時中、よく親族で夜集まって食卓を囲みましたが、夜も更けると男達は別のテーブルで深刻な顔をして何やら話し込んでいたことを憶えています。

岡田は、長男が参謀本部に勤務し、義理の息子（迫水）が大蔵省に勤務。次女は、鈴木貫太郎の甥（海軍航空隊所属）に嫁いだので、戦争の状況が全部みえていたと思います。こうした会合で終戦を模索し、父も手伝えとお声がかかりました。

父はいつも日付が変わった頃に帰ってきて、翌朝に家を出るような生活をしていました。午前零時前に帰ってきたことは、まずありませんでした。ですから、平日に夕ご飯を父と食べた記憶がありません。日曜日も父が家にいるとは限りませんでした。一緒に新宿に買い物にいった記憶がありますが、基本的にお父さんというのは家にいないものと思っていました。終戦後は弁護士として銀座に事務所を構え活躍し、公職追放が解けてからは政治家として同じような生活をしていました。ところが、自分がいざ結婚してみると、びっくりしましたね。若い人たち（自分達の世代）はそんなことなかったのですから。

終戦間際になると、空襲激化もあって、私たち兄弟姉妹は、ばらばらに疎開しました。私はお茶の水女子大附属小学校に通っていましたが、国はもう子ども達の面倒を見ることができないとのことで、校長先生の個人的な伝手《つて》で富山県に学童疎開となりました。校長先生の出身地でしたが、食糧事情も厳しく、いつまで戦争が続くのか見通しがたたず、現地での協力も少なかったようです。現地との話し合いができぬまま、大勢の子ども達を連れてきたのですから、食べ物を融通してもらうのも大変だったようです。

疎開生活が何年続くか分かりませんでしたから、私たちは食べ物を節約していました。持ってきた薬をみんなで食べ、ビオフェルミンなども食べました。食べ盛りだった男の子達は大変だったと思います。私は疎開してすぐに、肋膜炎から結核を患い、あまり食がすすまず、食べ物の苦労は実感しませんでしたが。あまりの食糧事情に親が連れ戻しにきた児童もいたほどです。ただ、私は帰れないことを知っていました。

今思えば、父が家族をばらばらにしたのは、自分の死を覚悟して、何かあっても誰かが生き残れば良いと考えてのことでしょう。終戦工作をしていたので、いつ反逆罪に問われて処刑されるか、軍人に殺されるか分からないという事情がありました。軍人に襲われたら忍ばせていた青酸カリで自決するつもりだったと後から知りました。

父は、小学校三年生の私に語りました。「私が殺されても、けして恥と思うな」と。それを聞いて、私はもう東京に帰れないと思いました。今年9歳になる孫をみて、よくあんな話をされてはいはいと聞いていたものだと自分でも驚きます。父は、お守り袋に百円札を入れてくれました。

長男に預けた遺書にも同じようなことが書かれており、さらに兄弟姉妹で助け合うように、ともありました。この遺書は、長兄が亡くなったときに、棺に納められましたので、今はありません。

戦争末期には、首相官邸ですら食べ物がなく、秘書官長室にベッドを運び込み泊まり込んでいた父に、母はお弁当と着替えを届けていました。三男を負ぶい、国分寺の農家から白米を分けてもらい、たとえ空襲があっても毎日、食べ物を運んでいたそうです。「命を賭して終戦に向けて働いている主人のために、私も力になりたかった」と母万亀は後に手記を『文藝春秋』平成17年9月特別号で当時の心境を述べていました。

一般家庭でなく、内閣書記官長の家庭でも食料事情は厳しかったのです。今は平和で食べる物がないなんて考えられないでしょうけど、当時は本当にありませんでした。

終戦の半月ほど前でしょうか。いつもは黙ってお弁当と着替えを受け取っていた父が母に「子供たちを任せる、東京を離れろ」と言ったそうです。

私以外、母と兄弟姉妹は縁故疎開で、父の母親と一緒に、最初は東京の国分寺へ、後に新潟県の新発田に疎開しました。国分寺は小坂さんのご実家で農家でした。小坂さんは、憲兵を勤め2・26事件で父とともに岡田首相

（当時）を救出した方です。やがてそこも不安になったので、父は金冠堂創業者の山崎榮二さんの伝手で新潟へ家族をやることにしました。

そのころ私は、富山県に疎開していました。この疎開生活は、私が小学校4年生のときから始まり、終戦の翌年の4月に終わりました。駅に父が迎えにきたのをみて、本当に驚きました。戦犯として牢屋に入っていると学校の先生から聞かされていましたから。今にして思えば、家族への配慮がない時代です。家族は家族でお互いを守るしかない時代でした。「終戦」を迎え、大人達は興奮状態だったのでしょう。

新潟の母のところには、終戦直後、青年団がやって来てきて、家に石を投げつけられたり、妹の水くみを大人たちが邪魔をするといったことがあったそうです。よく世間では戦争終わって良かったと言いますが、当時はそんな世相ではなく、興奮状態にありました。父のことを、日本を負かした奴と言う人、負けたのが許せない、終わらせたのが許せない、という人が一杯で、終戦で全員が喜んだなんて嘘です。

学校で先生からいじめられたという訳ではありませんが、言葉の端々にそういう感情が出ていました。反対に、同級生たちは何も言いません。うちに帰れるので嬉しくてそれどころではないのです。

繰り返しになりますが、戦争が終わって良かったという空気は、終戦直後にはありませんでした。世間の熱が冷めるには、一年くらいかかったと思います。

終戦直後、父は世田谷区の若林に岡田（元首相）と暮らしていましたが、警察は岡田元首相しか守れないとのことでした。そこで父は親族や友人宅を転々としていました。警察も人手不足で警護ができなかったのです。

父は戦争が終わってすぐに貴族院議員も辞めました。しかし、戦後も相変わらず忙しそうにしていました。新聞記者の木原さんたちと雑誌社を作ったり、銀座に弁護士事務所を構えたりしていました。昔の電通ビルの中です。電通中興の祖と呼ばれていた吉田秀雄さんとご縁がありました。他にも資生堂で顧問として迎えられるなど生活に不安はありませんでした。

とはいえ、食糧事情はしばらくの間、大変でした。闇米の買い出しをしないと食べるものがありませんし、警察は厳しくこれを取り締まっていましたから。母はお米をリュックに背負うだけでなく、お腹に巻き付けて隠していたこともありました。

一億貧乏人の時代でした。経済統制があったからお金も使えません。新円切り換え、預金封鎖などがあり、物資もしばらく統制されていました。

公職追放になっても父は、変わらず働き続けました。自分達の終戦工作により終戦を迎えたはいいけれど、本当にそれで良かったのかと思い悩んでいたようです。戦後、米国に憲法を押しつけられて、国の形がかわりました。政治もＧＨＱにコントロールされて、戦前とは１８０度変わりました。

そんな思いもあったのか、公職追放が解除されて、すぐに政治家になりました。政治の中枢にいて何かをしなければ、いてもたってもいられないという様子でした。その頃、よく父は真夜中に突然、跳ね起きて、「これでいいのか」と叫んでいたそうで、母がとても心配していました。父は、本気で国の行く末を考えていました。

父の衆議院選挙は想像以上に大変でした。母も選挙区を駆けずり回りました。足が痛い痛いと嘆き、靴がはけなくなったので裸足で歩いたりもしていました。官僚の妻、弁護士の妻からいきなり政治家の妻になった母の苦労は大変なものだったと思います。

そのころ、私は中学生だったと思います。選挙活動で忙しい両親の代わりに、弟たちの面倒を見て、保護者会に出席し、家事全般を引き受けました。

三度目の衆議院選挙のときは、秘書の方が選挙公報の原稿送付を怠り、選挙公報に迫水久常の名が掲載されず、迫水不出馬の噂が拡がりました。立候補の届け出はしているので、選挙区の方々に出馬すると説明するだけの選挙戦となってしまい落選しました。

父は次の選挙まで待っていられない、とばかりに続く参議院議員選挙に出馬し、参議院議員になりました。岸信介さんから、迫水さんのような方は国会にいないといけない、次の参議院で出た方が良いと後押しされたそうです。岸さんとは、革新官僚の仲間といった間柄でした。

父は、自分のやったことの責任、日本を変えてしまった責任を感じている人でした。日本はどうなってしまうのか、と将来を案じて政治の中枢に行くことを望み、最後まで政治家として活躍し亡くなりました。74歳でした。これまで自分自身についてあまり語っていませんでしたから、回顧録を書くとか『機関銃下の首相官邸』の改訂もしたいと言っていましたが、これはかないませんでした。

仕事中心の父でしたから、子どもの教育について、口うるさく言うことはありませんでした。子ども達がこうしたい、と言ったときには、それは良いとかそれは良くないとかアドバイスをくれました。私の受験のときには、ついてきてくれました。忙しくても親切な父だったと思います。

子どものしつけは主に母の役割でした。母は育児家事をはじめ闇米の買い出しから選挙運動まで何でもやっていました。お手伝いさんがいて父のばあやもいましたが、戦中戦後は大変な苦労をしたようです。父が政治家になってからは、複数の秘書がつきましたが、家のことはやはり母の仕事でした。

母はがんばり、97歳まで生きました。亡くなって来年で10年になる計算です。迫水の没後三十年祭が終わってから間もなく亡くなりました。

母は、岡田啓介（元首相）の娘でした。岡田の後妻が迫水家から入ったので、迫水と母は血はつながっていませんが、いとこ同士の間柄です。

最近、映画化された迫水久常についても語っておきましょう。

監督さんから試写会の後に意見を求められました。まったく「らしく」ありませんでした。父が自転車に乗って登場する最初のシーンで驚きました。父は幼少期に膝のお皿をわってしまい、歩くときに不便を感じていたようです。ですから、自転車には乗れませんでしたし、徴兵にもとられませんでした。リュックサックを背負うこともありません。監督さんに事情を聞くと、官邸で使っていた自動車を撮影用に手配できず、まだ若いので自転車で登場させたとのことです。

でも、まくらが変わると眠れないとの台詞があったり、線が細く、セーターを着たりと、イメージがまったく違っていました。父は、外では背広、家では和服をもっぱら着ていましたから。

父の和服姿と言えば、揮毫や墨書をするときのことが印象に残っています。大きな台に乗って書くときも和服でした。一番若い秘書の中江さん（本書の著者）が墨をする役割でした。

あと、迫水家のお正月は少し変わっていて、お正月は一日から多忙でした。皇居から父が戻ると、年始受けが始まります。政治家や官僚の方々だけでなく、運動選手などいろんな方が見えました。秘書さんたちも一日から出勤です。他の政治家たちもこれには驚いたようです。でも、翌日はお休みです。

こうした迫水家の家族写真はいくつかあるはずですが、これまで出したことはありません。終戦前後の頃の写真はないのですが、だいぶ後になって世の中が落ち着いてから写真を一緒に撮る機会がありました。父が晩年になってからですね。お正月のスナップ写真なども探せば残っているはずです。

父は、戦後も天皇陛下や皇族方との交流がありました。年二回春と秋の園遊会には毎度招かれましたし、お正月にも天皇陛下に拝謁していたそうです。

亡くなった時には、我が家に勅使が見えました。陛下はいつも父のことを気に掛けておられて、父の亡き後の園遊会でも「いつも迫水はあそこにいたなあ」と天皇が仰せられていたそうです。

こうしたお言葉や勅使を遣わされたことが誇らしい、と秘書の方々が述べていました。

鹿児島のお菓子に「あくまき」があります。東京で言えばちまきでしょうか。五月の節句で食べます。餅米を灰汁で煮るのですが、母が作ってよく皇后陛下にお届けしました。皇后陛下は、宵越しのものを召し上がらないのですが、これだけは召し上がったそうです。たいそうお気に召されたようで、母は毎年、お届けしていました。皇后様は久邇宮家のご出身ですが、母方が島津家ですから懐かしかったのでしょうか。私が届けした時には、女官が待ってました、とばかりにひったくるように受け取っていました。今日のおやつに差し上げるとのことでした。

父は、現役の議員のまま病気に倒れました。大塚のガン研から、同愛記念病院に転院しました。若い秘書が病室の入口にはりつき、見舞客の受付を行っていました。

結局、転院しても医師が手術をするのを渋ったままでした。周囲は国にとってまだまだ大事な人だから、何とかして欲しいとの思いで一杯でしたが、医師ではないのでどうすることもできませんでした。

ガンだと分かったのは、昭和52年の春。世田谷区若林の自宅一階にベッドをおいていたときに、ガン研の先生が見えて、病院で検査を受けるよう言われました。何となく具合が悪いと言って、薬だけで十数種類飲んでいました。普段から検査などをしない人でした。

こうなると後継の参議院議員の問題が生じます。長兄を後継者にというお話がありましたが、家業じゃないから世襲は良くないと父が断りました。大蔵省としては迫水の子息がだめなら、大蔵官僚の藤井裕久さんを参議院比例全国区ということで調整することになりました。藤井さんは、息子さんが出馬していたら、自分の出る幕はなかったと言っていたそうです。藤井さんは、やがて財務大臣になりました。

父は、晩年も多忙でした。私も妹も嫁に行き、家から離れてしまったので、その頃のことは秘書だった方がくわしいです。とにかく、政治、国以外のことは考えない人でした。各種学校その他団体の世話も数多くやっていたと聞きます。日本養蜂はちみつ協会、たばこ販売協会、日本イスラエル親善協会、全国専修学校各種学校総連合会などです。それでも日本が復興しましたので晩年、ようやく父は安心できたのだと思います。

まだ世間が知らぬ迫水久常像をつくる一助になれば幸いです。歴史上の人物が何を成したかを問うことが大切なことは承知しています。その一方で、その人物がどういう想いで生きていたかを伝えることも残された家族の役割と思い、昔のことを思い出してみました。

迫水久常長女　下荒磯篤子

四節　迫水久常先生の『人間としてのあり方』の講演

迫水久常先生は、昭和49年3月4日、東京の品川公会堂における講演会で、「人間としてのありかた」について、次のように語った。

原因があるから結果がある。言い古された言葉であるが、真理であることは間違いない。

近ごろ、一つの結果に対して、その原因を常に自己以外の他に求める傾向が極めて顕著である。例えば自分のために都合の悪いことは、すべて政治の貧困に原因があると言うが如きである。

あらゆる責任を他に転嫁することはたやすい。そして気が楽であるが、それは利己心の然らしめるところである。戦後「心」が軽視されて「物」が偏重されることになって、日本人の考え方はすっかり変わったようである。戦前の日本人は利己心を表面に出すことをはばかる心持ちを持っていたが、戦後は、利己心を臆面もなく表面に出すことになった。そしてそれを合理的という名によって弁護しているのである。

先日、私は江戸消防記念会という団体の会合に出席したとき、「江戸の町火消の信条は、義理と人情とやせがまんということであった」という話を聞いて、私はその「やせがまん」という言葉に深い感慨を覚えた。がまんということは、利己心を抑えるところからくる。利己心からすれば、したくて仕方のないことを、自己反省して、利己心を抑えるところに「がまん」がある。そう考えると最近の利己心中心の社会では「がまん」などということはない方があたり前のようなものである。しかし、社会の秩序の乱れその他諸悪はこの「がまん」ということのないところから起こっていることが多いように思う。

自分に都合のよいことの原因は、常にこれを己れに求め、自己に都合の悪いことの原因は常にこれを他に求めるのでは、社会の連帯はなり立たない。都合のよいことの原因を他に帰し（報恩）、都合の悪いことの原因を己れに求める（自己反省）ことが道徳の根本だと思う。

日本の経済は自由主義である。すなわち国民の意思が政治に優先し、政治家は国民が作り、国民は政治を自由に批判することが出来る。すなわち、政治のよしあしの根本の原因は国民の正しき判断と行動にあると言ってよい。

だが時としてその判断力を一歩違えると、大変なことになる。国民一人一人が、物事を正確にかつ適切な判断力を養うことを切望する。

もちろん、政治家は、すべてを自己の責任として一切を背負い込む覚悟と実行がなければならないが、自分の都合の悪いことの原因をすべて政治に帰することは極端な誤った利己心と言わなくてはならない。結果と原因について、われわれは考え直さなければならないと思う。

第一章　戦争への道

一節　近衛内閣時代の日米関係

一項　対日経済制裁

昭和16（1941）年に、大東亜戦争が「開戦」となった原因はどこにあったのか。その戦争の実態と和平工作そして昭和20（1945）年に如何にして「終戦」となったのかを、つぶさに検証する。明治時代、満州はロシアが南下し占領していた。

日本が日露戦争に勝利し、ルーズベルト米国大統領の斡旋により、明治38（1905）年9月5日、ポーツマスでの日露講和条約の調印が行われる。それに基づき、日本は満洲における権益をロシアから獲得した。清国は満州をロシアに譲渡し放棄していたのであり、それを戦い取ったに過ぎない。日本はその権益を守ろうとしただけで、侵略などしていない、という前提を、最初に承知しておいてもらいたい。

昭和12（1937）年7月に勃発した支那事変のとき、米英蘭の三国は中華民国を支援し、日本軍の中国大陸から撤退を要求し、経済制裁まで行う。特に米国は、満州事変が起こるに及んで、日本の支那進撃に強く反発し、日米関係は悪化の一途を辿った。この事変により関東軍が華北に近い錦州を占領するや、米国のスティムソン国務長官は、以下のいわゆるスティムソン・ドクトリンを声明した。

①国の主権、領土、行政の保全に反しまたは中華民国における米国の権益侵害となる事態は承認しない。
②日華両国の前記事態容認の条約はこれを承認しない。
③不戦条約違反の手段による一切の事態または協定はこれを承認しない。

その後、日華事変へと進展したので日米関係は、益々冷却する一方で、日本が日独伊三国同盟を締結するに至り、完全に反米英路線をとることになったのである。

欧州におけるドイツの相次ぐ快勝に触発されて、日本も「南進政策」をとるに及び、ついに大東亜戦争へと突入したのであった。

日本軍は北部仏印進駐、対仏印・泰施策となり、やがて南部仏印進駐になってくると、米国は対日戦の決意を固めたのである。太平洋戦争は、実質的には、日米戦争であり、それに立ち至った重要な契機は、言うまでもなく「日米交渉」であった。

昭和13（1938）年2月10日、日本軍は海南島に上陸し、6月14日には日本領の天津における英仏租界が封鎖される。米国は7月26日、日米通商航海条約の一方的破棄を通告（半年後に効力発生）するに至った。

昭和15（1940）年1月4日、米国は日本に対して錫・屑鉄の輸出制限措置を強化し、同年3月30日汪精衛（汪兆銘）政権が南京に成立するや、即日ハル国務長官は重慶支持の態度を声明した。

また、工作機械の対日禁輸措置を行い、7月2日には対日軍需資材のすべてに対し輸出許可制を採り、同26日には石油、屑鉄を対日輸出許可制品目に追加し、7月31日に航空用ガソリンの対日輸出を禁止した。9月23日、日本軍の北部仏印進駐が開始されるや、ハル国務長官は脅迫による仏印の現状変更を承認せずと声明し、9月25日には蒋介石政権に対し1億ドルの借款を供与。その翌26日、米国は屑鉄の対日輸出を全面的に禁輸とし、更に9月27日に枢軸同盟が締結されるや、10月5日ノックス海軍長官は、米国は枢軸同盟の挑戦に応ずる用意があると声明した。

近衛内閣において、松岡外相が日米交渉の反対の立場を鮮明にして、米国の申し出は、日本を徹頭徹尾屈服させんとするか、日本を混乱に陥れようとする悪意から出たものである、と主張し、

「オーラル・ステートメント」の拒否と日米交渉の打ち切りに執着した。

近衛総理は、松岡洋右外相がいる限り、日米交渉が進行しないと考える。くわえて、近衛と松岡の個人的感情の行き違いもあって、松岡放逐のための内閣改造を、昭和16（1941）年7月18日に断行し、外相の後任に豊田海軍大将を就任させた。これによって、日米交渉も順調に進むものと期待されたが、7月21日に南部仏印進駐となり、進展しなか

ったのである。日本としては、石油の対日輸出を禁止されたので、南洋の石油資源を確保することが至上命令となった。そこで蘭印に石油を求めようとした日蘭会商も、米英の圧力によって失敗した。

さらに、7月25日、米国は突如として日本人の在米資産の凍結を発令し、翌26日には英国、27日にはオランダもこれに同調する。また、英国並びにカナダそしてニュージーランドは、日本との通商条約又は通商取極の破棄を通告し、インド及びビルマもこれに倣った。これにより日本は、世界的に、通商の途をほとんど絶たれてしまったのである。

米国は8月1日に、対日発動機燃料、航空機潤滑油などの全面輸出停止を決定し、燃料がなければ戦うことすらできぬ日本はいよいよ窮地に立ち、窮鼠猫を噛むの心境になっていった。

米国が矢継ぎ早に対日強硬策に踏み切ったのは、言うまでもなく日米戦争を想定してのことで、日本に開戦をさせようとうまく仕向けたのである。

確かに、戦争回避のための「日米交渉」は8か月以上も続けられたが、その交渉の裏で日米双方とも戦争準備を着々と進めていた。米国が禁輸を実行したのは開戦の準備が整ったからである。

いわゆるA（米）B（英）C（重慶＝中国国民党政府）D（蘭）の軍事的経済的対日包囲網は、東南アジアに植民地を持つ国の共同行動で、日本への経済封鎖網は苛烈を極め、日本は全く身動きできなくなったのである。

これら諸国の圧力に屈したならば日本は滅びるしかなく、大東亜共栄圏の確立とアジアの解放を目指して立ち上がるべきだと、軍も国民も一層戦意を高める。生きるためには必要な資源を戦ってでも獲得するしかない、と追い詰められていく。米国のルーズベルト大統領は「南太平洋水域における戦争の勃発」が必至であることを見抜いていたのである

二項　御前会議での天皇陛下の御言葉と帝国国策遂行要領

日本は、昭和16（1941）年9月3日「帝国国策遂行要領」と対米新提案（最小限度の要求と約束し得る限度）とを決めた。「帝国国策遂行要領」の主要点は次の通り。

一、帝国は対米（英、蘭）戦争を辞せざる決意の下に概ね10月下旬を目途として戦争準備を完遂する。

二、帝国は右に平行して米、英に対し外交の手段を尽して要求の貫徹に努む、帝国の最小限度の要求及び約諾し得る限度は別紙の如し。

三、10月上旬頃までにわが要求貫徹の目途なき場合は直ちに対米（英、蘭）開戦を決意する。

この「帝国国策遂行要領」に見られる対米英戦への決意に関連して『近衛文麿公手記』には、次のように記されている。

御前会議前日、余（近衛、以下同じ）は参内して、「帝国国策遂行要領」を内奏したところ、陛下には、「これを見ると、一に戦争準備を記し、二に外交交渉を掲げている。何だか戦争が主で、外交が従であるかの如き感じを受ける。この点について、明日の会議で統帥部の両総長に質問したいと思うが」と仰せられた。余はこれに対し奉り、「一、二の順序は、必ずしも軽量を示すものに非ず。政府としては、あくまで外交交渉を行ない、交渉がどうしても纏まらぬ場合に、戦争の準備にとりかかるという趣旨なり」と申し上げ、なお「この点につき統帥部に御質問の思召あらば、御前会議にては場所柄如何かと考えられますから、今直に両総長を御召になりましては如何」と奏上せしに「直に呼べ。なお総理大臣も陪席せよ」との御言葉であった。両総長は直に参内拝謁し、余も陪席した。

陛下は、両総長に対し、余に対する御下問と同様の御下問あり。両総長は、余と同じ奉答（外交を主としやむを得ぬ場合に戦争準備に着手）をした。

天皇陛下は、杉山参謀総長に「日米間に事が起きたら、陸軍はどれほどの期間で片付ける確信ありや」と御下問され、杉山参謀総長が「南方方面だけなら3ヵ月ぐらいで片付ける見込み」と答えた。

次いで、陛下は「杉山は支那事変勃発当時の陸軍大臣として支那事変は1ヵ月ぐらいで片付くと申したではないか」と仰せられた。それに対し、杉山総長が「支那の奥地の広い事情」を申し上げると、陛下は励声一番「太平洋はもっと広いぞ」と仰せられたので、杉山は頭を垂れて答えることはできなかったという。

翌6日午前10時、宮中東一の間で、天皇陛下親臨のもと「御前会議」が開かれ、近衛総理は冒頭、次のような説明をした。

「既にご承知の通り、帝国をめぐる国際情勢は、いよいよ急迫して参りまして、特に米、英、蘭等の各国は、あらゆる手段をもって、帝国に対抗してきて、又独ソ戦争の推移長期化するに伴い、米ソの対日連合戦線の結成せられるが如き傾向も、あるのであります。

このままにして、推移せんか、帝国は逐次国力の弾発性を失うに至り、延いては米英等に対して、国力の懸隔も甚だしきに至ること、必至と存せらるるのであります。帝国としては、この際一方において速に如何なる事態にも応ずべき諸般の準備を完整すること当然でありますが、他面あらゆる外交上の手段を尽くして、戦禍を未然に防ぐに努めねばなりません。万一右外交的措置が一定期間内に功を奏せざるに至りたるときは、自衛上最後の手段に訴えることもやむを得ないと存ずるのであります。」

最後に、天皇陛下から異例の御言葉があった。

『近衛文麿公手記』には、次のように記されている。

「原枢密院議長より、この案を見ると、外交よりむしろ戦争に重点が置かれる感あり、政府、統帥部の趣旨を明瞭に承りたし」との質問あり。政府を代表して海軍大臣が答弁したが、統帥部からは誰も発言しなかった。このとき陛下から、突如御発言があり、

「只今の原枢相の質問はもっともと思う。これに対して、統帥部が何等答えないのは、甚だ遺憾である」と仰せられ、御懐中より『明治天皇の御製』を記した紙片を御取り出しになりて、これをお読み上げになられた。

四方《よも》の海　みなはらからと　思ふ世に

など波風の　立ち騒ぐらむ

「余は、常にこの御製を拝誦して、故大帝の平和愛好の御精神を紹述せんと努めておるものである」と仰せられた。

理路整然、暫らくは満座一言も発する者なし。やがて永野軍令部総長立ち、曰く。

「統帥部に対するお咎めは恐懼に堪えません。実は先程海軍大臣が答弁致しましたのは、政府、統帥部双方を代表したものと存じ、独り決めしておりました次第であります。統帥部としても、勿論海軍大臣のお答え致したる通り外交を主とし、万やむを得ざる場合、戦争に訴えうるという趣旨に変わりはございません」と答えた。かくて御前会議は、未曾有の緊張裡に散会した。

以上のような「御前会議」であったが、「帝国国策遂行要領」と「対米新提案」は原案通り決定された。この御前会議のあと、「要領」案に参加していた軍務局長佐藤賢了著の『大東亜戦争回顧録』には、「起草者が主として統帥部だった関係で、つい戦争準備を先に書いて聖慮を煩わし奉った由であり、何とも申し訳ない次第であった」という。

御前会議から5日経った9月11日、東條首相は、天皇陛下に拝謁しているが、このときも天皇陛下は、「御前会議における発言によって、戦争を避けたい自分の意向は明らかになったものと思う」と言われている。これに東條は、「思召を十分体して、交渉妥結に努力しております」と答えている。9月6日の御前会議における「天皇の御言葉」と相俟って重ね重ね、強く「平和愛好の精神」を天皇は示された。軍部は「聖慮奉戴」の立場を厳守しなければならぬが、日米交渉そのものは、いよいよ難しくなるばかりという情勢の中で、軍部の「苦悩」と「焦燥感」とは深まるばかりであった。9月6日、「対米新提案」は、野村大使からハル国務長官に手交され、一読したハル長官は、この案は8月27日の提案よりも更に後退していると、不満の意を表する。野村大使は、「在支日本軍の撤兵と防共駐兵に難点がある。最近米国は平和回復後2年以内の完全撤兵を口にするようになっている。撤兵問題をめぐって暗礁に乗り上げる公算大なり」という電報を東京へ発信したのである。

近衛は、出来れば「日米首脳会談」を行うことはできないかと考え、8月8日に野村大使を通して、ハル国務長官に申し入れた。グルー駐日米国大使にもこの「日米首脳会談」を実現するべく陰で尽力してもらっていた。

米国は、一度はこの首脳会談を真剣に検討したのであるが、最終的には反対という態度になった。米国は、昭和12年7月に日本が中国を武力攻撃したときの首相であったことと、昭和15年に日独伊三国軍事同盟を締結した首相であることのため、近衛首相に対する不信感が強かった。

さらに、この首脳会談を開けば、日本側において陸海軍が強力な発言権を行使することになる。この会談が成果を得られなかった場合、その責任を米国にあると、内外に宣伝するであろうこと等々の事情があった。しかも、いくら直接会談しても、日本の戦争姿勢を変更させ得る可能性は、極めて乏しいと見たのである。

日米交渉は一進一退を繰り返しながら、時だけが過ぎていった。

9月25日の連絡会議において陸海両統帥部の提案に傾く事となった。

「開戦決定の時期に関しては、作戦上の要請を重視すべく、これがため日米交渉は一日も速やかに成否を判断し、遅くも10月15日までに政戦の転機を決するを要す」

これは明らかに交渉にタイムリミットを設け、9月6日の御前会議での「外交を主とする」という決定に反し、天皇陛下の御意向に背くものであった。

豊田貞次郎外務大臣は、最後の手段としてグルー米大使を熱心に口説き、グルー大使もこの機会を逃したら最悪の事態になることをおそれ、本国に対し首脳会談の必要を上申したが、ワシントンの空気は冷たかった。ハル国務長官は10月2日覚書をもって9月6日の日本提案に対し、重ねて米国の主張する四原則を繰り返し、これに対する日本の立場を明確にすることを要求したのである。

三項　近衛と東條の対立激化

近衛総理は、10月14日の閣議の前20分間、東條陸軍大臣と会談した。

近衛は以下のように答える。

「一昨日以来種々熟考し、昨日外相の意見も聞いたが、外交交渉で他の諸点は成功の見込みがあるが、中国からの撤兵問題が難点だ。名を捨てて実を採るという態度で、原則としては一応撤兵を認める事にしたい。自分は支那事変に責任があるが、それが4年亙ってまだ解決を見ない今日、更に前途に見通しのつかぬ大戦争に突入することは、何としても同意できない。この際一時屈して撤兵の形式を彼に与え、日米戦争の危機を救うべきである。また、この機会に支那事変に結末をつけることは、国力の上から考えても、国民思想の上から考えても、必要だと考える。国家の進運発展は固より望むところであるが、大いに伸びるためには、時に屈して国力を培養する必要もある」

これに対して、東條は、「撤兵は軍の士気の上から同意できない。この際米国に屈すれば、彼は益々高圧的となって、停止するところがないであろう。そのような状態での事変の解決は、真の意味の解決とはならない。2、3年で又戦争をしなければならぬ。総理の苦心は諒解するが、総理の論は悲観に過ぎる。自国の弱点を知り過ぎる程知っているからだが、我のみに弱点があると考えてはならぬ。弱点は彼にもあるのだ」と。

閣議後に、二人はもう一度話すことになったのであるが、東條は閣議の席上で突然興奮して「国交調整は4月から6か月間継続し、今や交渉は最後の関頭に来たものと考える。これ以上交渉を続けるためには成功の確信を必要とする。そして作戦準備も止める必要がある。」と発言し、陸軍の現状を述べたのである。

近衛と東條との対立において、東條が「人間たまには、清水の舞台から目を瞑って飛び降りることも必要だ」と主張した。一方、近衛は「個人としてはそういう場合も、一生に一度や二度あるかも知れないが、二千六百年の国体と、一億の国民のことを考えたら、責任の地位にある者として、そんな事できることではない」と答える具合であった。

四項　東條の近衛退陣要求

10月14日の夜、東條陸軍大臣の使いとして、企画院総裁・鈴木貞一陸軍中将が、荻窪に近衛総理を訪問して、次のような重大な申し入れをした。

「海軍が戦争を欲しないようである。それなら何故海相からそれをはっきり言ってくれないのか。海相からはっきり話があれば、自分としても考えなければならぬ。しかるに海相は、責任を全部総理に任せている形だ。これは洵《まこと》に遺憾である。海軍がそういうように肚が決まらないなら、9月6日の御前会議は根本的に覆るのだ。したがって、御前会議に列席した首相始め陸海相、統帥府の総長は、皆輔弼の責を尽さなかったということになるから、この際皆辞職して、今までのことを御破算にして、もう一度練り直す以外にないと思う。ところで陸海軍を抑える力のある者は、臣下にはいないから、どうしても今度は後継内閣の首相には、宮様に出て頂く外はないと思う。その宮様は先ず、東久邇宮殿下が最も適任と思う。それで自分としては、総理を辞めてくれとは甚だ言い難いけれども、事茲《ここ》に至ってはやむを得ない。どうか東久邇宮殿下を後継首相に奏請することに、御尽力願いたい」

さらに、「これ以上総理に会っても、もう言うことはないし、却って感情を害するだけだから、以後会いたくない」という東條の伝言もあわせて付け加えた。

鈴木中将は、同じ話を15日に木戸内府に伝え、16日には東久邇宮殿下に伝えている。

『木戸幸一日記』下巻では、

午前9時半、企画院総裁鈴木中将来訪、東條陸相の意向を伝達せられる。概要左の如し。

近衛首相にして飜意せざる限り政変は避け難きものと思わる。之が後任に就いては誰れ々々と名刺すことは如何と思わるるが、原則論を為せば、聖上の御意を隔てなく拝承し得ること、陸海軍を纏め得ることの二資格を必要とす。此の点より見て臣下には人なく、結局、東久邇宮殿下の御出馬を煩わすの外なかるべし云々。

余は事皇室に関することなれば慎重なる考慮を要す。尚、右御出馬を願う場合には、事前に陸海一致の方針、即ち自重的の方針の決定せられることが先決必須の問題なり、此の見透《みとお》しは確実なりやと問い、尚、充分研究の要あるべき旨を答える。

午後4時、近衛首相参内、来室、刻下の政情に就き、陸軍大臣との関係著しく緊張を見るに至り、陸相は日米交渉見通しの問題につき此上首相と会見するときは感情的となるの虞あり好まずとの意を洩らすに至りしを以て、到底此の儘政治を担当し行くこと能わず、就いては東久邇宮殿下御出馬云々は如何との話なりし故、余は大体今朝鈴木総裁に語りたる意見を述べ、尚、東條陸相が陸海軍協調の為め政策転回に同意したるものなりや、或は皇族に此の困難なる問題を御解決願う意思なりや不分明なる点あるを以て、先ず之を確かめ置くことの必要を認め、鈴木総裁に電話を以て来訪を求む。

矢部禎治著『近衛文麿』によると、近衛は秘書官に、以下のように憤激している。

「陸軍は敗けるに決まっている戦争をやりたがっている。対米戦争は海軍が主なので、その海軍が自信がないというのに、陸軍だけが戦争を主張している。陛下が戦争をやれと言われれば仕方がないが、陛下も戦争には反対しておられる。それをどんなに話しても陸軍には判らない。じつに馬鹿げたことだ。自分はどうしても戦争には反対だ。敗けるに決まっている戦争に賛成するなどということは、祖先に対してもできない

ただ、近衛としては、東久邇宮殿下の名が陸軍から出たことで、それも一案かなと考えたのである。

近衛は、15日宮中に参内し、拝謁し、東條の伝言も申し上げ、陛下の御内意を伺った。

近衛は、15日の夜東久邇宮殿下を訪問し、懇談した。東久邇宮は「突然の話だから、何とも返事は出来ぬが」と前置きして続ける。

「日米開戦は最も重大なことだから、なるべく戦争を避けるように努めるがよい。東條陸相が反対なら、東條を辞めさせて内閣の大改造をやり、日米交渉を続けるがよいと思う。もう一度最後の踏ん張りをやって御覧なさい。あなたは気が弱くていけないから、この際は大勇気を出してやりなさい。私は、皇族が首相になるのは成るべく避けるがよいと思う。しかしあなたが勇断を以て内閣を改造しても、陸軍を抑えることができなかったら、最後の場合は私が引き受けよう。あるいは私は殺されるかも知れぬが、やってみよう。どうか勇気を出してもう一度考え直してほしい」

近衛は、16日朝木戸内府に一連の経過を伝えたところ、「宮様の件は、宮中方面では到底行われ難い」と言われた。近衛としては、東條から退陣を要求され、木戸内府から宮様内閣をつくるわけにはいかぬと言われてしまえば、「もはや辞める他はない」と決意するに至ったのである。このように近衛内閣は、軍部説得に失敗し、陸軍が仏印からの撤退を承知せず、結局日米交渉も妥結できずといった八方ふさがりとなったのである。

同日午前10時、近衛文麿内閣総理大臣は、各閣僚を個別に首相官邸日本間に招き、総辞職の止むなきに至った事情を述べ、夕刻全員の辞表を取りまとめた。午後5時宮中に参内して、5時25分御学問所において謁を賜り、内閣総辞職の経緯に関する奏上、並びに全閣僚の辞表の捧呈をしたのである。

二節　東條内閣の成立

一項　重臣会議で東條推薦

さて、その後任の首班を選定する重臣会議が、同月17日午後1時10分より3時45分まで、宮中西溜の間において開かれた。『昭和天皇実録』では以下のように記録されている。

元内閣総理大臣として伯爵清浦奎吾・男爵若槻礼次郎・海軍大将岡田啓介・従二位広田弘毅・陸軍大将林銑十郎・陸軍大将阿部信行・海軍大将米内光政、並びに枢密院議長原嘉道・内大臣木戸幸一が参集し、後継内閣首班の奏薦のための重臣会議が開催される。

冒頭、内大臣より政変に至る経緯が説明され、引き続き各々質問、意見の開陳あり。後継内閣首班については、若槻が陸軍大臣宇垣一成を、林が皇族内閣を提案するが、いずれも反対される。ついで内大臣より、陸海軍の一致を図るべきこと、9月6日の御前会議決定を再検討する必要の見地から、陸相東條英機を首相兼陸相とすることを主張、反対論なく、広田・阿部・原より賛成を得る。午後3時55分より4時10分まで、御座所において内大臣に謁を賜い、重臣会議の模様と東條を推薦する旨の奏上を受けられる。ついで侍従長百武三郎をお召しになり、東條を召すよう御沙汰になる。暫時の後、再び侍従長に対し、海相及川古志郎を召すよう御沙汰あり。同45分、御学問所に出御され、陸軍大臣東條英機陸軍中将に謁を賜い、後継内閣の組織を命じられる

もう少し、この重臣会議の様子を詳しく述べる。

近衛は「昨夜来病気発熱」という理由で欠席し、総辞職に至った経緯を文書にして届けた。

確かに、木戸内大臣は東條英機中将を推薦し、阿部、広田、原らが同調したのは事実だ。重臣たちは、「陸軍に内閣を任せることは直ちに戦争に突入することになるのではないか」といって、多く反対したのであった。しかし、木戸内大臣は以下のように強く主張する。

「この際陸軍を抑えられるのは東條の他に適当な人物が見当たらない。今まで陸軍が交渉の成立を邪魔していたのだから、軍にやらせる方が良い。いくら陸軍だって戦争したいとは思っていないだろう。陸軍が責任を持てば、日米交渉にも新しい光が差してくるんじゃないか」

まさに木戸は、毒を以て毒を制しようとして東條を推薦し、重臣たちの中の不安を押し切ったのである。

この時、若槻礼次郎男爵は、「木戸さんの考えは少しやけのやんぱち気味ではないか」とまで極言し、宇垣大将を推した。また、岡田大将も東條案に消極的で「自分はそう思わん。馬鹿なことをするもんだな」と言って、非常に憤慨した。

それに、宇垣案は阿部が「今日の状態ではやはり宇垣大将では中々収拾が難しい」と反対する。

木戸は「自重論である海相に担当せしむるも亦一案である」とも言った。岡田と米内が「絶対にいけない」と強く反対した。

結局、意見をまとめると、阿部、広田、原、木戸が東條案、若槻が宇垣案、清浦が東久邇案ということになる。午後4時、木戸は天皇陛下に拝謁し、「功罪共に余が一身に引き受け善処するの決意を以て」と東條を後継首班に奉答したのである。

二項　東條内閣の成立

このようにして、同年10月17日、東條英機に大命が降下された。

戦争になるのは日米の相関関係によるにせよ、東條は内閣総理大臣になると、たちまち戦争を始めてしまったことは、紛れもない歴史的事実なのである。

東條英機の家系は、曾祖父である能の宝生家第五代家元の末子英生が東條姓を名乗り、南部盛岡藩の能師範であった。その孫で、戦術家として知られた英教陸軍中将の長男が、東條英機である。

陸軍幼年学校、陸軍士官学校、陸軍大学を卒業。統制派の永田鉄山軍務局長に私淑していた。昭和10（1935）年、満州の関東軍憲兵司令官になった頃から頭角を現し、2・26事件で皇道派が粛正されると、関東軍参謀長、陸軍次官を経て、昭和15（1940）年7月、第二次近衛内閣の陸軍大臣と出世街道を走り、ついに内閣総理大臣となったのである。

東條は、同時に大将に昇進し、かつ現役に留まり、陸軍大臣と内務大臣も兼任した。

東條は、性格的には慎重居士で、融通のきかない一本調子であり、好戦派代表の南方進出論者でもあった。

三節　最後通牒「ハル・ノート」

一項　帝国国策遂行要領

同年11月2日午後5時、東條総理は、陸軍参謀総長と海軍軍令部総長を伴って、天皇陛下に拝謁し、「帝国国策遂行要領」を、涙を流しながら上奏した。陛下は沈痛な面持ちで耳を傾けた。

「事態が謂う如くであれば、作戦準備を更に進むるはやむを得なかろうが、何とか極力日米交渉の打開を図ってもらいたい」

天皇陛下は、続いて開戦の場合の大義名分、陸海軍の損害見込み、ローマ法王の仲裁による戦争終結などを御下問された。

11月5日に、御前会議が開かれ、「帝国国策遂行要領」として以下が決められる。

「武力発動の時機を12月初頭と定め、陸海軍は作戦準備を完整す（中略）対米交渉が12月1日午前零時迄に成功せば武力発動を中止す」

これを受け対米交渉を進めることになった東郷外務大臣は、撤兵問題について、仏印からは日米協議成立とともに直ちに撤兵、中国には25年間駐兵するという同意を連絡会議で取り付ける。その上で、甲案、乙案の二つを用意し、「従来のものに幾分筆を加えた程度の甲案」をまず米国に提示し、駄目なら、「本年7月仏印進駐前の状態に復帰すること」でひとまず協議を成立させるという乙案でいくことに決定したのである。

東郷外務大臣は、「交渉としては成功を期待することは少ない。望みは薄いと考えている。ただ外相としては万全の努力を尽すべく考えている」と述べた。

杉山陸軍参謀総長は、この御前会議の後、南方作戦計画の允裁《いんさい》（裁可）を仰ぎ、併せて南方軍の戦闘序列を規定する大本営陸軍部命令などの允裁得る。翌6日、寺内寿一南方軍総司令官に、南方要域攻略準備の大陸命が下った。

「南方軍総司令官は海軍と協同し、主力を以て印度支那、南支那、台湾、南西諸島及び南洋群島方面に集中し、南方要域の攻略を準備すべし」

同日、山本五十六連合艦隊司令長官も、「帝国は自存自衛のため12月上旬、米国、英国及び蘭国に対し開戦を予期し、諸般の作戦準備を完整するに決す。連合艦隊司令長官は所要の作戦準備を実施すべし」との奉勅命令を受けた。

一方、翌7日に、ワシントンでは、野村大使はハル国務長官に「甲案」が提示したが、ハル長官は「何らの意向」を示さなかった。また、10日に会見したルーズベルト大統領も「不得要領」だった。

そこで、20日に、新たに派遣されて来た栗栖大使と共に、「乙案」を提出し、22日までに回答を促す。ハル長官は、「極めて不興にて、要求せらるる理由なく自分は斯く迄も努力しつつあるに拘らず、遮二無二当方諾否の決定をのみ迫らるるが如き只今のお話には失望する」と述べた。

それに続いて、東郷外務大臣から、「この期限を29日まで延期し、これ以上の変更は絶対不可能にしてその後の事態は自動的に進む他ない」と訓電したのである。

二項　ハル・ノートを手交

ルーズベルト大統領は、25日午後12時から1時30分まで、ホワイトハウスで、ハル国務長官、スティムソン陸軍長官、ノックス海軍長官との定例火曜会議を開催。ハル国務長官は、「暫定協定案」と「全面協定案」を作成していた中で、「暫定協定案を示して、今日か明日かに日本大使に手渡す」ことを提議して、了承される。後日判明したスティムソンの日記には、ルーズベルト大統領が「吾々は程なく攻撃せられることになるらしいから、此れに対処するには如何にすればいいか」との問題を持出した。続いて「問題はどのように彼ら（日本）を操って、吾々にはあまり過大な危険を及ぼすことなく、最初の一発を発射するような立場に追い込むべきかということであった。これは難しい注文であった」と記している。

26日朝、ハル国務長官は、「暫定協定案」を断念して、「全面協定案」を手交することを、ルーズベルト大統領に話し即座に同意を得たのであった。その理由としては、協定締結の期限を再び延長する見込みがなく、しかも日本の新たな軍事行動を示す軍隊の南方移動の情報が入ったからとする。しかし実のところは、如何にすれば日本に第一砲火を発射せしむることが可能かということであって、翌日に手交すべき回答について日本との交渉成立を図る気など更々なかったのである。ハル国務長官は、スティムソン陸軍長官に、「自分の仕事は済んだ。これからは君（陸軍長官）とノックス（海軍長官）の仕事だ」と語り、戦争必至を覚悟している。

午後5時、ハル国務長官は、野村・栗栖両大使を招くと、日本に交渉を断念させるために、次のような「合衆国及び日本国間協定の基礎概略」（いわゆる「ハル・ノート」）を手渡した。少し長いが以下に全文を引用する。

「合衆国及び日本国間協定の基礎概略」

第一項　政策に関する相互宣言案

合衆国政府及び日本国政府は共に太平洋の平和を欲しその国策は太平洋地域全般に亙る永続的且広汎なる平和を目的とし、両国は右地域に於いて何等領土的企図を有せず、他国を脅威し又は隣接国に対し侵略的に武力を行使するの意図なく又其の国策に於いては相互間及び一切の他国政府との間の関係の基礎たる左記根本諸原則を積極的に支持し且之を実際的に適用すべき旨闡明す

（一）一切の国家の領土保全及び主権の不可侵原則

（二）他の諸国の国内問題に対する不干与の原則

（三）通商上の機会及び待遇の平等を含む平等原則

（四）紛争の防止及び平和的解決並びに平和的方法及び手続に依る国際情勢改善の為め国際協力及び国際調停遵拠の原則

日本国政府及び合衆国政府は慢性的政治不安の根絶、頻繁なる経済的崩壊の防止及び平和の基礎設定の為め相互間並びに他国家及び他国民との間の経済関係に於いて左記諸原則を積極的に支持し且実際的に適用すべきことに合意せり

（一）国際通商関係に於ける無差別待遇の原則

（二）国際的経済協力及び過度の通商制限に現われたる極端なる国家主義撤廃の原則

（三）一切の国家に依る無差別的なる原料物資獲得の原則

（四）国際的商品協定の運用に関し消費国家及び民衆の利益の充分なる保護の原則

（五）一切の国家の主要企業及び連続的発展に資し且一切の国家の福祉に合致する貿易手続きに依る支払を許容せしむるが如き国際金融機構及び取極樹立の原則

第二項　合衆国政府及び日本国政府の採るべき措置

合衆国政府及び日本国政府は左の如き措置を採ること提案す

一、合衆国政府及び日本国政府は英帝国支那日本国和蘭ソ連邦泰国及び合衆国間多辺的不可侵条約の締結に努むべし

二、両国政府は米、英、支、日、蘭及び泰政府間に各国政府が仏領印度支那の領土主権を尊重し且印度支那の領土保全に対する脅威発生するか如き場合斯かる脅威に対処するに必要且適当なりと看做《かんさく》さるべき措置を講ずるの目的を以て即時協議する旨誓約すべき協定の締結に努むべし

斯かる協定は又協定締約国たる各国政府が印度支那との貿易若しくは経済関係に於いて特恵的待遇を求め又は之を受けざるべく且各締約国の為め仏領印度支那との貿易及び通商に於ける平等待遇を確保するが為め尽力すべき旨規定すべきものとす

三、日本国政府は支那及び印度支那より一切の陸、海、空軍兵力及び警察力を撤収すべし

四、合衆国政府及び日本国政府は臨時に首都を重慶に置ける中華民国国民政府以外の支那に於ける如何なる政府若しくは政権をも軍事的、政治的、経済的に支持せざるべし

五、両国政府は外国租界及び居留地内及び之に関連せる諸権益並びに1901年の団匪事件議定書に依る諸権利をも含む支那に在る一切の治外法権を放棄すべし

六、合衆国政府及び日本国政府は互恵的最恵国待遇及び通商障壁の低減並びに生糸を自由品目として据置かんとする米側企図に基き合衆国及び日本国間に通商協定締結の為め協議を開始すべし

七、合衆国政府及び日本国政府は夫々合衆国に在る日本資金及び日本国にある米国資金に対する凍結措置を撤廃す

べし
八、両国政府は円弗為替の安定に関する案に付協定し右目的の為め適当なる資金の割当は半額を日本国より半額を合衆国より供与せらるべきことに同意すべし
九、両国政府は他国政府をして本協定に規定せる基本的なる政治的経済的原則を遵守し且之を実際的に適用せしむる為め其の勢力を行使すべし
これは実質的な「最後通牒」といえ、その中での重要な項目は、「三、日本は、中国及び仏印より、全陸海空軍及び警察力を撤退する」および「四、両国政府は、重慶政府以外の中国における如何なる政府もしくは政権をも支持せず」である。

仮に中国及び仏印からの撤兵はまだよいとしても、第四項は汪政権はもちろん満洲国放棄を強制しているとも取れる。第五項では中国における一切の既得権の無条件放棄を命じ、第九項では、日独伊三国同盟の廃棄を要求し、日清戦争以前までの状態に戻せということなのだ。それはもはや交渉というものではなく、日本に対して全面降伏を求めるものでしかなかったのである。

『チャーチル回顧録』には、以下のように書かれている。

「米国国務省に呼びつけられた日本の野村大使らは、ただ唖然たるばかり、悲痛の面持ちで引き下がった」

後日、米国においても、開戦当時の太平洋艦隊所属のロバート・シーボルト海軍少将は、その著書『真珠湾の最後の秘密』の中でこう記している。

「まさしくハル・ノートは日本を鉄棒で殴りつけた挑発であった。真珠湾は日本に最初の一発を放たせるためのオトリであった」

グルー大使も「この時、開戦のボタンは押されたのである」と回想録に書いている。

また、米国の歴史家アルバート・ノックは『要らぬ男の回想録』（１９４３）に記録した。

「これと同じ通牒を受け取った場合、モナコ王国（註：原訳文ママ。正しくはモナコ公国）、ルクセンブルク大公国でさえも米国に対して武器をとって立ち上がったであろう」と言った。

くわえて、昭和19（1944）年6月、英国保守党内閣の重鎮オリヴァー・リトルトン生産相は、「米国が戦争に追い込まれたと言うのは歴史を歪曲するも甚だしい、米国が余りひどく日本を挑発したので、日本軍は真珠湾で米国を攻撃のやむなきに至ったのである」と述べている。

全く承服出来ないような「無理難題」を突き付ければ、日本は当然軍事行動に出てくるであろう、と米国は予測し計算していたのである。ルーズベルト大統領とハル国務長官は、この公文が手渡されたその翌日、米国の前哨地帯の指揮官たちに対して、戦争の警告を発し、戦争体制に入ることを命令している。即ち、この「ハル・ノート」は、日本に対して全面降伏か、戦争かを強要する挑戦状であり、まさしく「タイムリミットのない最後通牒」であった。

この時点で日本はすでに日中戦争で16万人以上の精鋭が命を捧げており、「窮鼠猫を噛む」ではないが、ここまで来ればもはや一戦を交える外に道はなかった。真珠湾攻撃によって対米戦争に突入するしかなかったのである。

木戸幸一内大臣は、『木戸幸一日記』下巻において、以下のように記している。

11月29日午前9時半より宮中に於て対米交渉を中心とする時局問題につき重臣と懇談、終りて御陪食被仰付《おおせつかる》こととなり、居りしが、遂に一時に及び、漸く一時休憩し御陪食に列するという有様にて、熱心に質疑応答が行われたる模様なり。御陪食後、2時より約1時間御学問所に於て、陛下親しく重臣の意見を御聴取被遊《あそばされ》たり。其概要左の如し。

天皇陛下から『大変難しい時代になったね』と御言葉があり、若槻男爵直に之に奉答し、大要左の如く述べる。

若槻＝我が国民は精神力に於いては心配なきも、物資の方面に於いて果たして長期戦に堪え得るや否や、慎重に研究するの要あり。午前中政府の説明もありたるが、之を心配す。

岡田＝今日は真に非常の事態に直面せるものと思う。物資の補給能力につき、充分成算ありや甚だ心配なり。先刻来政府の説明ありたるも、未だ納得するに至らず。

平沼＝若槻閣下より我が国民の精神力にいて御話がありましたが、私も其の点は同感であります。只、既に4年の戦争を遂行しております今日、さらに長期の戦となれば、困苦欠乏に堪えなければなりませんので、民心を引き締めて行きます点について、充分の施策と努力が必要と存じます。

近衛＝4月以来自分は日米国交調整に努力し来りたるが、遂に其の成果を挙ぐることを得ざりしは特に遺憾とするところなるが、現内閣も亦熱心に此の目的の達成に努力せられ居るは、感謝するところである。午前中政府の説明により、乍遺憾《いかんながら》外交交渉の継続は此上見込なしと判断するの外なきが、外交交渉決裂するも直に戦争に訴うるを要するや、此の儘の状態、即ち臥薪嘗胆の状態にて推移する中又打開の途を見出すにあらざるかとも思われ、此の点は尚後刻当局に諮したいと思っております。

米内＝資料を持ちませんので具体的の意見は申し上げられませんが、俗語を使いまして恐れ入りますが、ジリ貧を避けんとしてドカ貧にならない様に充分の御注意を願いたいと思います。

廣田＝世界大戦後の各国の状勢を述べ、支那事変についても英米の介入を極力避ける方針を以って臨みたいが、遂に今日の様な状況となれり。政府の説明によれば今日は外交上の危機に立てる様に思わるるが、之は所謂戦機との関係もあるところ、由来外交談判の危機は二度三度繰り返して初めて双方の真意が判るものと思う。今回危機に直面して直に戦争に突入するは如何なものにや。仮に不得止《やむをえず》とするも、仮令《たとえ》打ち合わせたる後とも、常に細心の注意を以て機会を捉えて外交交渉にて解決の途をとるべきなりと思う。

林＝資料を持たざるが、大体政府が大本営と充分協力研究せられたる結論に信頼する外なしと思う。

阿部＝政府の説明によれば外交交渉の継続は困難なるべく、今や真に重大なる関頭に立てるものと思う。政府は非常に周密にあらゆる角度より研究せられたる様に思われ、これ以上のことは望めぬと思う。只、支那人心の動向については慎重に対処せらるることを要すべく、一度誤れば今日まで得たる成果をも失うに至る処ありと思う。

若槻＝今日は真に重大なる時機に到達せるものと思う。特に一言申し上げたきは、帝国の自存自衛の必要とあれば仮令敗戦を予見し得る場合と雖《いえど》も焦土となしても立たなければなりませんが、只理想を描いて国策を御進めになることと、例えば大東亜共栄圏の確立とか東亜の安定勢力とかの理想に捉われて国力を使うことは誠に危険でありますから、之は御参考を願わなければならないと存じます。

四節　ついに日米戦争に突入

一項　『開戦の詔書』

昭和16年10月の御前会議において、もし日米交渉が成立しない場合は、戦争開始という議論が出たとき、天皇陛下は、「四方の海　みな同朋《はらから》と　思う世に　など波風の　立ち騒ぐらん」というあの明治天皇の御製を、二度までもお詠みになった。これは、明らかに戦争を極力に避けたいと考えておられたことの証である。しかし、東條内閣は遂に「開戦」を決定してしまった。

12月1日の御前会議は、全く形式的に進行し、対米開戦を決定した。開戦派と交渉派の論争は、ハル・ノートが出たところで決着していた。天皇陛下としても、閣議で開戦を決定して裁可を求めてきているので、『大日本帝国憲法』に則り、責任内閣制に鑑みて開戦を御裁可せざるを得なかったのである。

開戦詔書は、次の通りであるが、原文ではなく「読み下し文」として全文記載する。

天祐《てんゆう》を保有し、万世一系の皇祚《こうそ》を践《ふ》める大日本帝国天皇は、昭《あきら》に忠誠勇武なる汝、有衆に示す。

朕、茲《ここ》に米国及び英国に対して戦を宣す。朕が陸海将兵は、全力を奮《ふる》って交戦に従事し、朕が百僚有司《ひゃくりょうゆうし》は、励精《れいせい》職務を奉行《ほうこう》し、朕が衆庶《しゅうしょ》は、各々《おのおの》其の本分を尽し、億兆心を一《いつ》にして国家の総力を挙げて、征戦《せいせん》の目的を達成するに遺《い》算《さん》なからんことを期せよ。

抑々《そもそも》、東亜の安定を確保し、以って世界の平和に寄与するは、丕顕《ひけん》なる皇祖考《こうそこう》、丕承《ひしょう》なる皇考《こうこう》の作述《さくじゅつ》せる遠猷《えんゆう》にして、朕が挙々措《きょきょお》かざる所。

而《しか》して列国との交誼を篤《あつ》くし、万邦共栄の楽を偕《とも》にするは、之亦《これまた》、帝国が、常に国交の要義と為す所なり。今や、不幸にして米英両国と釁端《きんたん》を開くに至る。洵《まこと》に已むを得ざるものあり。豈《あに》、朕が志ならんや。

中華民国政府、曩《さき》に帝国の真意を解せず、濫《みだ》りに事を構えて東亜の平和を攪乱《こうらん》し、遂に帝国をして干戈《かんか》を執るに至らしめ、茲に四年有余を経たり。幸《さいわい》に、国民政府、更新するあり。帝国は之と善隣の誼《よしみ》を結び、相提携するに至れるも、重慶に残存する政権は、米英の庇蔭《ひいん》を恃《たの》みて、兄弟尚未だ牆《かき》に相鬩《せめ》ぐを悛《あらた》めず。

米英両国は、残存政権を支援して、東亜の禍乱《からん》を助長し、平和の美名に匿《かく》れて、東洋制覇の非望を逞《たくまし》うせんとす。剰《あまつさ》え予国《よこく》を誘い、帝国の周辺に於て、武備を増強して我に挑戦し、更に帝国の平和的通商に有らゆる妨害を与え、遂に経済断交を敢《あえ》てし、帝国の生存に重大なる脅威を加う。

朕は、政府をして事態を平和の裡《うち》に回復せしめんとし、隠忍久しきに弥《わた》りたるも、彼は毫《ごう》も交譲《こうじょう》の精神なく、徒《いたずら》に時局の解決を遷延《せんえん》せしめて、此の間、却《かえ》って益々経済上、軍事上の脅威を増大し、以って我を屈従せしめんとす。

斯くの如くにして、推移せんか。東亜安定に関する帝国積年の努力は、悉《ことごと》く水泡に帰し、帝国の存立、亦正に危殆《きたい》に瀕せり。事既に此に至る帝国は、今や自存自衛の為、蹶然《けつぜん》起《た》って、一切の障礙《しょうがい》を破砕するの外なきなり。

皇祖皇宗の神霊、上《かみ》に在り、朕は、汝、有衆の忠誠勇武に信倚《しんい》し、祖宗の遺業を恢弘《かいこう》し、速《すみやか》に禍根を芟除《せんじょ》して、東亜永遠の平和を確立し、以って帝国の栄光を保全せんことを期す。

御名　御璽

昭和十六年十二月八日

二項　通告の手交の手違いと米国の罠

12月6日東郷外務大臣から野村大使宛の対米覚書（いわゆる日米交渉打ち切り通告）が発電された。これを米国側に提出する日時は追電する、タイピストなどは使わずに浄書して準備しておくように指示された。もっともルーズベルト大統領は、同日夕食後、右電報の大部分の傍受解読を読み「これで戦争だ」と言ってほっとしたという。

この覚書を、野村・栗栖両大使が、ハル国務長官に手交するのは、ワシントン時間12月7日午後1時と訓令された。しかし実際には、午後1時50分（ハワイ時間午前7時50分）に真珠湾攻撃が行われたあとの、午後2時20分であった。従って手交のとき、ハルは攻撃の米国側第一報に目を通していたが、野村・栗栖は、攻撃時間も、すでに攻撃が行われたことも知らなかったのである。

手交が遅延したのは、東京からの慎重な訓令や急迫した事態にもかかわらず、ワシントンの日本大使館が信じ難いほどチームワークを欠き、職務怠慢だったからである。

要するに、真珠湾攻撃開始の30分前に手交するはずの覚書は、浄書が間に合わず、浄書が出来上がって2時過ぎに国務省に到着し、2時20分から会見に臨んだ、つまり攻撃開始後1時間が過ぎていた。そのため、日本は「無通告攻撃（奇襲）」と非難されたのである。

このことは、「日本が敵の謀略自体に一役買わされ、まんまと引っ掛かってしまった」という言い分があるにせよ、真珠湾攻撃は、「和平交渉中の奇襲」と大々的に非難を受けざるを得なかった。さらに、米国において「リメンバー・パールハーバー」の標語が宣伝され、国民に結束と戦意高揚を図らせ、国際的にも非難の好材料を与えてしまった。日本にとっては大きなマイナスとなったのである。

ルーズベルト大統領とハル国務長官は、日本側からの第一撃を待っていた。日本側の電信は、全て傍受解読されていた。12月7日午前10時最終通告の最終部分が解読されてホワイトハウスに届いた。応戦の準備は万端整っていたが、午後1時50分ハワイ攻撃の第一報が海軍省に入ったとき、ノックス海軍長官は、それがハワイであることに目を疑った。

しかし、ルーズベルト大統領は、驚かなかった。傍にいたホプキンス特別補佐官に「自分に代わって日本が決定を下した」と伝え、日本軍の攻撃によって参戦の大義名分を獲得したことを喜んだのだ。午後4時から戦時閣議が開かれたが、ホプキンス特別補佐官は「この会議はたいして緊迫しない空気の下で開かれた、自分の考えでは、その訳は我々の誰もが遅かれ早かれ確実に戦争に入るはずだったのであり、日本が我々にその機会を与えてくれたと信じていたからである」と日記に記している。

この日英国のチャーチル首相からの電話に対して、ルーズベルト大統領は「彼らは我々の真珠湾で攻撃した、我々はもうみんな同じ船の乗り合いだ」と言ったように、日本は対米戦争に追い込まれてしまったのである。

米国の第31代大統領ハーバート・フーバー回顧録『裏切られた自由』の一部を翻訳した『日米戦争を起こしたのは誰か』を引用する。

一　日米戦争は、時のアメリカ大統領フランクリン・ルーズベルトが、日本に向けて仕掛けたものであり、日本の侵略が原因ではない。

二　一九四一（昭和一六）年の日米交渉では、ルーズベルトは日本側の妥協を受け入れる意図は、初めから全くなかった。日本側の誠実な和平への努力は実らなかった。

三　アメリカは一九四五（昭和二十）年に、原爆を投下せずに日本を降伏させることが出来た。原爆投下の罪は、重くアメリカ国民にのしかかっている。

私（フーバー大統領）は更に続けて次のように言った。「1941年7月の（日本への）経済制裁は、単に挑発的であったばかりではない。それは、例え自殺行為であると分かっていても、日本に戦争を余儀なくさせるものであった。なぜなら、この経済制裁は、殺人と破壊を除く、あらゆる戦争の悲惨さを（日本に）強制するものであり、誇りある国ならとても忍耐出来るものではないからだ」。この私の発言にマッカーサーは同意した。

米国元大統領が、ここまで明確に証言している事実を、特に「東京裁判史観」に囚われている人は、知るべきである

五節　日米戦争の開戦

一項　真珠湾攻撃で開戦

昭和16（1941）年11月26日午前6時、南雲忠一中将指揮のハワイ真珠湾攻撃の機動部隊は、集結場所である千島の単冠湾《ひとかっぷ》を密かに進発していた。「赤城」「加賀」など6隻の航空母艦を中心とする31隻の帝国海軍の最新鋭の機動部隊であった。また陸軍のマレー、フィリピン攻略部隊はすでに集結を終え、一部は乗船して航海の途中であった。

広島湾に浮かぶ旗艦「長門」にある連合艦隊司令部は、機動部隊に対して「ニイタカヤマノボレ1208」という暗号文を打電した。

「12月8日午前零時を期して戦闘行動を開始せよ」というものである。

米国太平洋艦隊が真珠湾に集結していることを確認した時から、先制攻撃で一挙に撃破しておくことが今後の南方作戦の重大な決め手になる、と連合艦隊司令長官の山本五十六は考えていた。

ルーズベルト大統領とハル国務長官は、日本からの一撃を待っていた。日本側の電信は、すべて傍受解読され12月7日午前10時最終通告の最終部分が解読されてホワイトハウスに届いた。午後1時50分ハワイ攻撃の第一報が海軍省に入った。

8日、日本時間の午前1時30分（ハワイ時間7日午前6時）、183機の第一次攻撃隊が航空母艦（以下、空母）6隻から飛び立った。飛行隊長淵田中佐は、オアフ島上空から真珠湾に戦艦が二列縦隊で並んで停泊しているのを双眼鏡で確認し、午前3時19分（ハワイ時間7時49分）第一次攻撃隊に対し「トトト・・・」の暗号により、「全軍突撃せよ」の命令を発した。攻撃隊は戦艦群と地上の軍事施設に向かって猛然と襲いかかり、続いて第二次攻撃隊が発進し、攻撃した。淵田中尉は、「ワレ奇襲ニ成功セリ」という意味である「トラトラトラ」の暗号電を発信した。この日米国では12月7日の日曜日で不意をつかれた格好になり、一部の対空砲火で応戦したが、圧倒的な日本機の前になすすべもなかったのである。

戦果は、撃沈戦艦4隻、撃破は戦艦4隻、巡洋艦3隻など、破壊した飛行機231機、死傷者は軍人、民間人合わせて3784人に及んだ。日本側の損害は、飛行機29機と特殊潜航艇5隻、戦死者64人、それこそ「我が方の損害軽微なり」であった。

二項　緒戦の勝利

一方、同日、日本軍は午前2時15分、英領マレー半島のコタバルに敵前上陸。また、香港へ向けて進撃するのと共に、フィリピンのルソン島の基地を空襲し、米国機に壊滅的被害を与える。このように奇襲作戦は全て成功し、日本軍の一方的勝利に終わった。かくして大東亜戦争の火蓋が切って落とされたのである。

この日の朝のラジオは「臨時ニュースをお伝えします。臨時ニュースをお伝えします。大本営陸海軍部午前6時発表、帝国陸海軍は本8日未明西太平洋において米英軍と戦闘状態に入れり。繰り返してお伝えします……」と何度も繰り返し放送した。

12月10日、英国海軍が誇る東洋艦隊の主力戦艦プリンス・オブ・ウェールズとレパルスは、マレー沖で海軍航空隊のために撃沈された。マレー半島上陸の陸軍部隊はシンガポール目指して自転車に乗って快進撃。向かうところ敵なしであった。

国民の血沸き肉踊る戦勝ニュースが次々にもたらされた。12月11日にはグアム島、25日には香港、翌昭和17年1月2日にはマニラを占領した。

緒戦の相次ぐ快挙の中、天皇陛下は、早々と米英との戦いが始まり二月《ふたつき》しか経っていない2月12日に、戦争を早く終わらせる努力を望まれている。『木戸幸一日記』下巻には、以下のように記録されている。

午前10時20分より11時5分迄、拝謁す。其の際一昨日東條首相拝謁の際、今後の内外の施策につき大本営連絡会議にて研究する旨奏上したるが、右につき大体左の様に話て置いたとの仰せありたり。

戦争の終結につきては機会を失わせざる様充分考慮しえることとは思うが、人類平和の為にも徒に戦争の長びきて惨害の拡大し行くは好ましからず。又長引けば自然軍の素質も悪くなることでもあり、勿論此問題は相手のあること

6月15日、米軍がサイパン島に上陸した。壮絶な戦闘が繰り広げられ、最後にはあの「バンザイ突撃」が行われた。突撃の前夜、あの真珠湾攻撃の機動部隊指揮官であった司令長官南雲忠一中将が自決した。海岸線は死体で埋め尽くされ、陸海軍将兵4万人以上、一般市民1万人が戦闘あるいは自決で玉砕した。島の北端マッピ岬に追い詰められた在留邦人4000人は、断崖から「バンザイ!」と叫んで、何と次々に海中に身を投げて自決したのである。

7月6日、このようにサイパンは玉砕により、「サイパン防衛は絶対安泰である。1週間や10日はおろか何か月でも大丈夫である。決して占領されることはない」と常々豪語し奏上していた東條参謀総長に対する天皇陛下の信頼が、一挙に失われた。このため、内閣改造によって生き延びようとした東條の目論見は、天皇の拒否にあって潰《つい》えたのである。

緒戦で占領した南方の島々では、補給を絶たれ、もはや珊瑚礁や密林で死を待つのみしかなかった。やがてサイパンの失陥によって敗北が決定的になったが、国民には、それら連戦連敗の戦況は知らされていなかったのである。

六節　東條内閣引き降ろし工作

一項　重臣の東條引き下ろし工作始まる

もうここまで戦況が悪化して来ると、早く戦争を止めなくては日本が滅んでしまう状況だった。しかし、戦争を始めた内閣では戦争を止めることができない。ならば東條内閣を打倒する以外にないと、近衛文麿、若槻礼次郎、岡田啓介らの元老重臣たちの、いわゆる「東條引き下ろし工作」が始められたのである。

その頃、岡田啓介大将の周辺には、親戚の3人の青年がいて、月一回、岡田家の茶の間で夕食をとりながらよく話し合っていた。そのメンバーとは、海軍軍令部第一課対米作戦主任の長男岡田貞外茂中佐、陸軍参謀本部作戦課の中心的存在であった義弟松尾伝蔵の女婿瀬島龍三中佐、それに女婿の迫水久常大蔵省総務局長である。

瀬島龍三著『瀬島龍三回想録・幾山河』には、以下のように記されている。

岡田は、全国軍の観点から見て、太平洋の作戦は海軍が主役でなければならない。海軍が西太平洋の制空・制海権を失えば、陸軍部隊は孤島に孤立する。その海軍が昭和17年のミッドウェーで敗れ、続いてガダルナカルでも大損耗を来した。残念ながら、この戦争は勝てない。どこかで和平の方途を見出さなければならない、と言っていた。日夜、作戦業務に身魂を傾けていた貞外茂中佐や私は半ば冷水をかけられる思いであったが、「国家の大局指導はそうかもしれない」とも思った。

夏のある日、戦争の前途についていろいろと話し合っているうちに、岡田大将から迫水に「木戸内大臣に会って、重臣たちはもう東條は辞めたほうがいいという意向であることを言って来い」と言われた。

そこで、迫水としては、木戸内大臣を知らないわけではないが、いきなり訪れてそういう話をするよりも、事をうまく運ぶためにはどうしたらいいかと、木戸と親しい有馬頼寧伯爵のところに相談に伺った。そして「木戸内大臣に会わせて下さい」とお願いする。有馬伯は、「それでは私の家で食事を一緒にすることにしましょう」と引き受けてくれた。

『木戸幸一日記』下巻には以下のように記されている。

7月29日（木）晴午後6時、有馬伯来邸、迫水、美濃部等と会談云々の話あり、承諾す。

二項　木戸内大臣の味のある暗示

そこで、迫水は、他に誰か証人が必要と思い、親友である商工省の美濃部洋次さんに「一緒に行ってくれないか」と誘う。有馬伯に話すと「結構だ」ということで、8月8日の昼食のとき荻窪の有馬邸で、4人が会ったのである。

迫水はさりげなく国民生活の現状や東條内閣の批判、特に戦況については軍部の不都合なことは控え目にして、内大臣を通して天皇陛下に上奏していることなどと伝え、木戸は熱心に聞き入った。

そこで、迫水は、率直に本題に入った。

「岡田も申しているのですが、東條内閣が継続する限り、戦争の終結ということは考えられませんから、そろそろ交代した方がよいのではないでしょうか。戦局がますます不利になって参りました今日、最も重大なことは国内の政治よりむしろ軍の作戦指導にあると思われます。極端に申しますと、首相は誰でもよい。むしろ作戦指導に直接あたる参謀総長に立派な人を得なければなりません。その点、東條首相は智謀極めて優れ、しかも機敏。この際、東條閣下を参謀総長専任に据えて、戦争のことを専門にやって頂き、国内政治のことは適当な方にお願いしたらいかがでしょう」

しかし、木戸は迫水の更迭案をそのまま賛成するわけにはいかなかったのである。

木戸内大臣は、「この頃だいぶそういう声があるが、東條も一生懸命やっているし、唐突にやめさせるわけにはいかない」と言った後に続ける。

「内大臣というものは鏡のようなものであって、つまり、世論や世間の情勢を映して、そのまま陛下のお耳に入れる役目をするものです。自分自身の意見で動いてはならないし、世論を自分の感情でゆがめて陛下にお伝えすることも慎まなくてはなりません。しかし、もし、世論が東條内閣に反対だということになったら、その時は陛下にそのままお取次ぎをします。念のためですが、私はあくまで東條内閣を支持するつもりはありません」

そして、次のような問答があった。

迫水は「世論が大切だとおっしゃられる御高見ごもっともなことです。では閣下、世論というものはどんなものなのでしょうか」と突っ込みさらに言葉を続ける。

「現実に今の世の中、世論の実態というのがつかみにくくなっています。新聞は検閲制度で口を封じられ、戦意高揚の記事ばかりのことはご覧の通りです。議会だって翼賛政治で政府案はすべて満場一致で賛成。うかつに本当のことを言えばたちまち検束、たとえ東條内閣に反対していても表に出せる状態ではありません。しかし、国民の心の中に、言わず語らずのうちに湧き上がっている気持ちを世論と見なすわけにはいきませんか。事実、軍部内でも官僚内でも物資の需給、戦況の推移など確かな情報を持っている人たちは、日本が壊滅的な状態になる前に戦争を終結できないものかと考えています。しかし、仰せの通り現状では世論は形になりません。でもなんとかしなければ……」

この迫水の話に、木戸はしばらく目を閉じていた。やがて、つぶやくように言った。

「迫水君、世論というのは、そういう形の上のものばかりでもあるまい。例えば、重臣たちが……、重臣とはその名の通り、日本の運命を支えてきた中枢の方々です。それらの人が一致してあることを考えたとする、それも一つの世論となりますよ」何と含みのある言葉ではないか。

『木戸幸一日記』下巻に記されている。

8月8日（日）晴、正午、有馬伯邸を訪《おとな》い、迫水、美濃部両氏と昼食を共にし、食後、両君より戦争完遂の観点より統帥部両首脳強化の必要を中心に意見の開陳あり、傾聴に値する部分もありしが、実現には余程熟考を要する問題なり。4時辞去。

迫水は、早速、岡田大将に木戸の言葉通りを報告した。岡田大将は、小膝を叩いて「重臣たちの意見が世論になるとは、実に味のある言葉、いい暗示ではないか、有難い」と捉え、この妙手を使うことが、手近な道だと判断して動き出したのである。

三項　重臣たちの反東條の加速

そこで、近衛文麿、平沼騏一郎に「国家多難の折柄、重臣たちもたまには集まって意見を交換し、同時に政府に対しても思う存分言ってみてはどうか」と会議の開催について相談したところ直ぐに賛同してくれた。彼らは、それぞれの思いを残して後継に座を譲ったのだ。

岡田大将は、迫水に、「これまで、重臣は東條総理から招集されて集まって、いろいろ報告を受けたが、今度はひとつ、重臣の方から東條総理を招待して、いろいろ意見をいう機会をつくりたいと思うから設営を頼む」と命じた。

若槻、岡田、近衛、平沼の連名で、次のような趣意で、招待状を出したのである。

「国家多難な折から、重臣たちもたまには一堂に会し意見を交換し、政府に対して忌憚のない意見を述べ国家奉公の誠を尽したい。第一回の会合には日夜苦労されている東條総理をお招きして、首相の戦局に対するお考えをお聞きする予定」迫水は、星野直樹内閣書記官長のところに、この招待状と次のような書状を届ける。

「いつも総理大臣のご招待にあずかり、ご馳走になっているが、こちらからは一度もご慰労の会を持つこともなく失礼ばかり、お返しの意味で一席お招き申し上げ、かたがた御高見を承りたい」この旨、伝達の結果、9月に霞が関の華族会館貴賓室で、第一回の会合が開かれたのである。

最初は、東條総理一人だけに来てほしいと申し入れ、総理も承諾していた。しかし、いよいよその当日になって、総理は「一人で行くのは嫌だ」と言いだし、賀屋大蔵大臣、重光外務大臣、嶋田海軍大臣、鈴木企画院総裁の４人を帯同して出席した。重臣たちは、この際東條に遠慮なく言ってやろうと、7人全員が集まったが、こう東條の幕僚が多いと勝手が違い、おざなりのことしか言えず、意図ははずれてしまった。これを契機に、以来毎月一回交互に招待し合う懇談会とすることが決まる。

毎回とりとめもない会合なので、東條総理も安心したのか、5回目の昭和19（１９４４）年2月、初めて東條総理は一人でやって来た。東條一人を取り囲んで、皆は言葉こそ穏やかであったが、匕口《あいくち》を突き付けるように鋭く迫った。特に若槻礼次郎さんが一番峻烈で和平論を展開する。若槻礼次郎は、慶応2（1866）年松江藩士の子として生まれ、大正15（1926）年1月若槻内閣を組閣する。閣内に人を得ず「震災手形」での片岡大蔵大臣の失言で金融恐慌を招き辞任したが、最高の頭脳明晰な政治家であった。東條にたいする追及は、理路整然とし、政治・経済の分析また戦況の判断は極めて明快で適切に指摘され、東條の知らないことまであった。以下のように激しく突っ込んだ。

「政府は口では必勝をとなえているようだが、戦線の事実はこれと相反している。今は引き分けという形で戦争がすめば、むしろいい方ではないか。ところがそれも危ない。こうなれば一刻も早く和平を考えねばならないはずだが、むやみに強がりばかりいって、戦争終結の策を立てようともしない。一体どうするつもりなのか。和平の糸口を見つける手段については、戦争と関係のない国へしかるべき人をやって和平工作をなすべきではないか」

東條は、散々重臣たちに問い詰められて苦り切った顔で「そんな手立てなどない」と不愉快そうに言った。

近衛公は、この重臣会議での東條苦悩の様子を会う人ごとに吹聴した。今まで黙っていたが独善的な東條に反感を持つ人は多く、東條が重臣たちにいじめられたという話は痛快であったようだ。それからそれへと尾ひれまでついて知れ渡り、議会まで言わず語らずのうちに反東條の空気が醸成された。今まで東條が登壇するだけで、拍手が沸いたものだが、東條が重々しく現れても、誰も手を叩かない。答弁草案で（ここで拍手）と書いてあるのに拍手がない。例の東條独特の「今やァ帝国陸海軍はァ」という演説口調をやっても、各地で連戦連敗していることが分かっているだけに声を高めるほど逆にしらけてくるのであった。

七節　「統帥権の独立」まで蹂躙した東條の独裁

一項　軍政と統帥の一元化

そんな中、同年2月17日から18日にトラック島の惨敗に遭い、同日の夜遅く、東條総理は木戸内大臣を訪ねて、「一段と一億結集に対する施策の必要を痛感」するため、統帥一元化の強化つまり杉山参謀総長を辞めさせて自分が兼任したいと申し出た。

木戸は、「果たして兼任の参謀総長となって、片手間仕事でこの難局を乗り切れるかどうか、また、国民に与える影響はどんなものだろうか、むしろ有力な総長を任命する方がよろしいんではないか」と消極的意見を述べたが、東條は耳を貸さなかった。

2月21日、東條総理は、軍政と統帥の緊密化を図るとして、東條自ら参謀総長も兼ねて首相、陸相、軍需相と参謀総長の四ポストを握る。さらに、嶋田繁太郎海軍大臣に軍令部総長を兼任させ、軍事と政治の全権を手中に収め、ここに統帥権の独立は消滅した。まさに東條は、一段と独裁支配を強めたのである。

天皇陛下は、東條のこの内奏の後、木戸内大臣を通じ、「これで統帥の確立は大丈夫なのか」との御下問があった。それに対し、東條は「今日の戦争の段階は作戦に政治が追随するが如き形ならば、弊害はなしと信ずる。その心配はない」と答えて、強行したのである。

しかし、天皇陛下が「統帥権の確立」と言われたのは、「統帥権が政府に抑えられても、よいか」との杞憂でもあった。

この「統帥権の独立」の蹂躙について、若干述べてみる。

これにより参謀総長を追われた杉山元元帥は、自分の副官小林三四男中佐に「東條がもし昨日陛下より御内諾を得ていなかったならば、自分は一死以て奉公を期するのみと考えたが、東條はすでに御内諾を得ている。今、自分が死ねば陛下にも国民にも申し訳がたたないであろう」(「杉山元帥の自決」)と伝えている。

また、御殿場に御静養中の皇弟秩父宮陸軍少将は、三回わたって東條に鋭い御下問があった。特に、三回目の質問には、「総理大臣が参謀総長と同一人で兼ねる形式は、戦争指導上理想的なものか。また、戦争指導上、統帥部幕僚の意見と政府幕僚の意見が一致しない場合、東條はどうするのか」と迫った。

加えて、皇族では、東久邇宮、朝香宮両大将、高松宮殿下なども動かれた。

政界でも政府追及の動きもが出て、貴族院議員大河内正敏・子爵らの有志議員は直接東條に会って詰問した。しかし、東條は「はっきり違憲であることを認めたが、止むにやまれぬ作戦上必要な措置であり、後世の歴史の審判を待つ」とまで言い切ったのである。

戦局が急速に不利となっていくのに伴い、反東條的空気が一般にも浸透し出したのである。

二項 「東條の副官」嶋田海軍大臣の辞任を図る

岡田大将の考えもだんだん深刻化を増し、東條内閣を何とか退陣せしめるためには、東條を支え強気にさせている海軍大臣嶋田繁太郎大将を辞めさせることが一番だと考える。嶋田は海軍兵学校ではよく出来たが、あまりにも東條に同調し過ぎた。海軍は陸軍と並ぶ存在であり、海軍の運営については、海軍大臣として部内の意見を聴いて動くべきなのに、何から何まで東條の言いなりになっていた。そのため、すっかり海軍部内の信望を失くし、「東條の副官」とさえ皮肉られた。

木戸内大臣はいっている。「嶋田は一体におとなしい性格の人だ。伏見宮さんに引き立てられた人でね、レベル以下じゃない、むしろレベル以上の人だけど性格的には極く従順なんだ。組閣の時に、天皇陛下の「陸海軍はよく協調しろ」という思召を僕が伝えたので、それをはき違えたんだな。だから何でも東條のいうなりになるようになっちゃった。協調して行くことが、くっついて行くことになった。そこが一つの失敗だな」

嶋田が、鈴木貫太郎に会って、「連合艦隊司令長官山本五十六大将が戦死しました」と報告した。鈴木は驚いて「それはいつのことだ?」と咄嗟に聞き返す。すると嶋田は、大先輩鈴木に対して、「軍の機密に属することですから、お話できません」と応える。鈴木は「俺は帝国の海軍大将だぞ!」と怒り、よっぽど腹が立ったのか、たびたび「嶋田はけしからん奴だ」と言ったという話もある（ちなみに山本大将は18年4月18日戦死であった)。

海軍は、18年秋頃から「徹底した空軍中心に変えるのが、残された唯一の挽回策である」と考えて資材配分を陸軍に交渉していたが、2月の陸海両相、両総長の会談で海軍の要求は通らなかった。しかも東條が「顎《あご》で使っている」嶋田海相が軍令部総長を兼ねていたので、海軍航空力の強化どころか、海軍全部が東條に握られたと同然になってしまったのである。

兎にも角にも、この嶋田を辞めさせなければならなかった。当然後任の人事において、海軍が後釜を送らなければ、内閣は総辞職ということにもなるのである。

三項　海軍の米内、末次両大将の手打ち

嶋田の海軍大臣と軍令部総長の兼任をやめさせ、海軍大臣に米内大将、軍令部総長に末次大将を就任させよう、という考えもあった。

当時の海軍には、米内の条約派（軍縮派）の流れと末次の艦隊派の系統があり、米内より末次の方が二期先輩なのだが、会っても口をきかないくらい非常に仲が悪かった。しかし、何としても両大将をして手を握らせなければならなかったのである。

それには米内大将を現役に戻す必要があるが、これには長い間対立関係にあった末次信正（連合艦隊司令長官・軍事参議官・内務大臣を歴任）の一派が、反対した。「米内を現役に戻すなら、末次も現役に戻し、軍令部総長にせよ」というのである。

そのための準備として、岡田大将側は、迫水総務局長、米内大将側は高木惣吉少将と海軍省軍務局の矢牧章大佐、末次大将側は石川信吾少将が連絡に当たらせる。その頃東條が憲兵を意のまま使って反東條の動きを監視していた。三人は憲兵隊の目をかすめて、しばしば山王ホテルなどで会合を重ね、意思の疎通を図った。そして6月2日に、財界の大物藤山愛一郎（のち外務大臣・衆議院議員）の白金の邸を借りて、三者の会談に漕ぎつけたのである。

岡田は、藤山が席を外してから、米内、末次の両巨頭に「この際、日本のために仲直りしてくれんか。今やもう非常

な事態に立ち至っているのだ」と懇請した。二人ともよく理解し「国を救うためには、一個人の感情なんかどうでもよい。一緒に力を尽くそう」と快く協力を誓った。岡田も喜んで、記念に三人でよせがきなどして別れたのである。

藤山愛一郎著『私の行き方』には、この時の様子が次のように記載されている。

何とかして米内と末次とを握手させる方法はないものか。……二人を何気なく、しかも人目に立たずにどうして会わせるか。そこで、私が岡田さんを含めて三人を招待することにした。

招待日は、6月2日、名目は海軍省顧問として御厄介になっているお礼をするということにした。しかし三人を同時に会わせることは拙い。というのは、そのときまで米内、末次両氏の感情はまだしっくりしていなかったからである。これを計画した迫水君や石川君や矢牧君の案で、一番に末次さんを迎え、それから10分ぐらいしてから岡田さんに来てもらうようにし、さらに10分置いて、末次、岡田の挨拶がすんだ頃に米内さんを迎え入れることになった。この計画は見事に功を奏したのである。私は三人揃ったところで茶室に案内し、四人で四方山ばなしをしながら飯を食った。非常に和やかな気分であった。食事の終った頃に、私は南方土産のウィスキーを座に提供して、席を外した。1時間余りして、岡田さんから「もうよろしい。やっていらっしゃい」と声がかかった。三人とも顔色が生々としている。やっと重荷を下ろしたという面持ちであった。「これから一つ、みんな気をそろえてやろうや」と誰かが言った。私も大任を果たした気持ちで、心は浮々していた。「藤山さんもまあ一杯」と差し出されたウィスキー・グラスを「おめでとう」と言いながら、一気にぐっとあおった。6月9日に、もう一度四人で落ち合ったそして「さあ、これからいよいよ本腰だ」ということになり、私はこのことを近衛文麿、木戸幸一それに財界の大御所でその頃枢密顧問官をしていた池田成彬さんに詳しく報告した。この人たちに「海軍は一本になりました。ついに倒閣をやることになりました」と言ったとき、三人とも心から喜んでくれたことを覚えている。

岡田大将と鈴木大将は、嶋田から海軍大臣か軍令部総長のいずれかを奪うには、嶋田が、伏見宮殿下の寵児といわれるくらい信任を得ているので、殿下から、引導を渡してもらった方がいいのではないか、と考えた。

そこで、岡田大将は伏見宮を訪ね、「諸々の事情を話し、今はもう嶋田が辞めて、海軍の空気を一掃すべきときに立ち至っているように思われますが……」とも申し上げる。殿下も「そうもあろう。私から嶋田に言うことにしよう」と言われ、受け入れた。

そして、自ら嶋田海軍大臣を呼んで、辞任を勧めたのである。

ところが、嶋田は、殿下の勧めに肯《がえ》んじないばかりか、殿下に対し、「殿下は東京におられると政治的策動の渦中に巻き込まれる恐れがありますから、暫く熱海にお出でになられた方がよろしいでしょう」と応えさらに続ける。

「私が辞めれば東條も辞めます。現に政界には、海軍を使って東條内閣を打倒せんとする陰謀があります。殿下はそれに加担遊ばされるというのですか」

この威《おど》しに、伏見宮は驚き入って、ほうほうの体で熱海の別邸に行かざるを得なかった。

まさに「東條幕府」ではないかと揶揄され、その権勢は、こともあろうに宮様をも威嚇したのであった。

八節　岡田大将と東條の直接対決

しかし、岡田と鈴木は、それにもなお屈しなかった。彼ら重臣グループのほかに、軍人の一部や知識人、官僚の何人かも「東條幕府」の〝倒幕〟で密かに動き始めた。

岡田大将は、あらかじめ同志の米内光政海軍大将を現役に復帰させる準備などをし、いろいろと根回しをした後、木戸内大臣に会った。一応東條にも通告しておく必要があるといって、赤松総理秘書官を呼んでその旨伝えた。

岡田大将は、こうした手順を踏んだうえで、6月16日嶋田海軍大臣に直接会った。

「海軍と軍令部総長を分離することとし、海軍大臣の方は退いたらどうか。米内と末次を現役に復せしめる。」この二つの提案を突きつけ迫る。嶋田は表情をこわばらせ、「今、海軍大臣を辞めたら内閣をつぶすことになる」と突っぱね、言を左右にして断ったため、この会談は物別れになった。嶋田は直ちにこのことを東條に知らせた。

東條は激怒し、「岡田大将に首相官邸に来てほしい」と、連絡。

6月27日、首相官邸閣議室の隣りの応接間で、ついに東條との一対一で対決するときがきたのである。

東條は、最初に「閣下」と呼びかけた。

「閣下は海軍大臣に辞職を勧告されたそうですが、そういうことは総理にあらかじめ了解を求めて下さるのが穏当かと存じます。閣内の人事に関しては総理が判断すべきことで、他からあれこれ指示を受ける筋合いはございません」と、丁寧に切り出した。岡田は応える。

「いや、お言葉を返すようだが、私は閣下に断りなしに勧告した覚えはありません。先に木戸内大臣に会見の際、内大臣から閣下の秘書官赤松貞雄大佐にも伝え、総理の耳に入れておくよう話をしてあるのです。お聞きになっておられるはずです」

東條総理は、「聞いてない」と意外そうな顔をする。赤松秘書官が、総理の機嫌のよいときと思って言いそびれていたのだった。

「この多難な時局に際して、そういうことをなされては、内閣に動揺をきたすことになるので、はなはだ困りますな」

と、東條の表情は次第に暗くなっていった。

岡田はさらに迫る。

「今総理が言われた多難な時だからこそ、嶋田海軍大臣がその職に留まっていることが、国のためによろしくないと考え、そのような勧告をしたわけです。私は長年、海軍に職を奉じてきましたから部内の事情がいくらか分かります。とにかく嶋田ではもう海軍部内は収まりません。戦況はよくご存じのはず、今の状態ではますます悪くなるばかりです。総理にもよくお考え願いたい。私は政府のためになるようにやっているのです。また国民のためにもです」

東條は、重ねて、「では何故、宮殿下までわずらわすようなことをするのか」と聞きさらに続ける。

「海軍大臣を更迭することは内閣を不安定にする結果となります。重大な時期に政変があっては国家のためによろしくありません。挙国一致、国を挙げてこの聖戦を完遂しなければならない時、閣下のような動きをなされることは極めて不都合です。お慎みなさらないとお困りになるような結果もあるかも知れません」

それは、下手な真似をするとためにならぬぞ、との脅迫であった。

「それは意見の相違でしょう。私は私の考えを捨てる気はありません」と岡田は言い切って、会見は30分で物別れに終わった。東條としては、成り行きによっては岡田を拘引しようと、別室に密かに憲兵を待機させていたのである。

総理秘書官の赤松大佐の話では、「東條総理は、憲兵隊をして岡田を逮捕せよ、と激怒したが、それを諌めて止めさせたのは自分である」という状況にまで行っていたのだ。

九節　反東條の要人を続々「指名召集」にかける

一項　松前重義逓信省局長から二等兵へ

革新官僚の一人で、長距離無装荷ケーブルの発明者・電気工学の権威である松前重義博士は、東條から睨まれる。逓信省工務局長兼防衛通信施設局長の椅子から陸軍二等兵として「指名召集」された。

その時の様子が、松前重義著『二等兵記』に記述されているので引用する。

昭和19年7月18日、電波技術委員会が東京会館の大広間で、当時の通信院総裁塩原時三郎氏を委員長として開かれていた。仁科芳雄氏は電波局長として、私は工務局長として、それぞれ委員の資格でこれに列席していた。大学教授、陸海軍技術将校、民間学者、技術者等相合して、電波に関する研究の急速なる進歩を期待して組織されたものであった。仁科博士と私とは副委員長として塩原委員長を補け、議事は着々と進んだ。会議半ばにして、篠原登調査課長が悲壮な顔をして私に近寄ってきた。そして一通の電報を私に示した。

シヨウシユウレイジヨウハツセラル」七ガツ二二ヒ」セイブグン二二ブタイニニユウタイセラレタシ」クマモトシチヨウ

熊本市長平野竜起氏からの召集令状に対する通告である。入営は四日後の二十二日であるとのことである。それに私は当時数え年44歳で、徴兵年齢が40歳から45歳に延長されてからまだ半月にもならないときである。逓信省の通信関係の局長、課長や技術者は〝余人を以て代え難い者〟として召集免除となっているはずである。

兵器行政本部長菅靖次中将が、陸軍次官富永恭次中将に対して、召集解除を要求した。富永中将はこのことを聞くや、直立不動の姿勢を以て、

「この件について何も言わないでくれ、これは直接東條総理からの命令であるから」と厳然として申し入れを断った。

この富永陸軍次官は、人事局長も兼任していて、東條総理に気に入られ、信任も厚かった。陸軍の重要人事は、東條と富永の二人の感情と権力によって左右されていたので、話を持って行った相手が悪かったのだ。松前は、その前年の5月に、日米の生産力を真面目に比較して、これでは、戦争に勝てないことを立証するレポートを軍令部に提出していた。

「東條内閣の発表する軍需生産の計画は、でたらめな内閣宣伝の欺瞞に満ちたものである。このままの生産体制において、東條首相がいくら必勝の信念のみのお念仏を称《とな》えても、戦争の将来は惨憺たる滅亡が待っている。東條内閣の施策は非科学的である。木炭と鉄鉱石によって鉄を造るが如きことを国策と定めるが如きは言語道断である」

これに東條は激怒した。くわえて、松前が東條反対派の東久邇宮殿下に接近したこともあって、報復措置を取ったのである。高松宮宣仁親王殿下は、この松前の二等兵召集に「実に憤慨に堪えぬ」と怒りを隠さなかったが、殿下御自身も、軍令部参謀から横須賀砲術学校教官に左遷させられた。

東條による弾圧は、ついに宮様にまで及んだのである。

こうして松前重義博士は、陸軍二等兵として、爆薬を満載した淡路丸という僅か千トン足らずの貨物船に詰め込まれた。敵の潜水艦の跳梁する海の墓場を渡って、フィリピンのマニラに追われ、電柱担ぎの役をさせられたのである。東條と仲が悪かった寺内南方軍総司令官の庇護により、昭和20（1945）年1月奇跡的に生還。5月召集解除とともに

技術院参議官次いで逓信院総裁になり、その後東海大学を発足させ総長、衆議院議員にもなっている。

二項　浜田尚友衆議院議員から二等兵へ

鹿児島から出ていた浜田尚友《ひさとも》代議士も、東條を批判したとの怒りをかい、昭和18（1943）年10月25日、現職の衆議院議員から二等兵召集（第1号）を受け、硫黄島に出征させられた。昭和20年に衆議院議員に再度当選したが、21年から26年まで公職追放され、29年から国分市議会議長を3年間勤め、西郷隆盛研究家としても大きな足跡を残された。

三項　中村登音夫部長検事43歳で指名召集

この次の節の「中野正剛の処分方策」で詳述するが、東條の意に添わず、容疑不十分で中野を釈放した検事局思想部長の中村登音夫検事も報復を受けた一人だった。強度の近視で、第二国民兵の未教育組に編入されているにもかかわらず、報復として43歳での「指名召集」を命じられたのである。

四項　毎日新聞新名丈夫《しんみょう》記者37歳で二等兵へ

昭和19（1964）年2月23日付けの「毎日新聞朝刊」の一面半分のスペースに、「竹槍では間に合わぬ、飛行機だ、海洋航空機だ」という大見出しが掲載される。日本の防衛が危機に瀕していると、東條の戦争指導を批判した記事に、東條は烈火の如く怒った。執筆した新名丈夫記者は、記事掲載8日後に37歳で二等兵の「指名召集」を受け、危険な硫黄島送りだとされた。しかし、3カ月で前線部隊での召集解除となり、一旦マニラに逃避し、その後東京に帰り、何とか助かった。

五項　陸軍省戦備課塚本清彦少佐グアムに送られ2日目に戦死

陸軍省戦備課員で、少佐将校の中心をなしていた塚本清彦少佐は、「近衛、米内等を入れた挙国内閣を以って戦局の打開に邁進すべし」と東條に直談判をした。また、東條夫人から私用の車を要求されたのを断わったりしたことで、東條の逆鱗に触れ、即刻赴任の命令を受けた。米海軍の上陸作戦のまっただなかで陥落必至のグァム島に飛行機で送られ、これは正に死刑の宣告を受けたに等しく、2日後に戦死。

六項　石川信吾海軍少将をセレベスへ追いやる

潜水艦作戦のオーソリティとして知られる石川信吾海軍少将は、インド洋作戦で東條とやり合い、嶋田とも渡り合って、とうとうセレベスに飛ばされた。石川はインド洋作戦を行い、インド洋でドイツと握手し、一応有利な条件をつくってから早期に対米講和にもっていこうと考えていたのだ。無論、インド洋作戦は海軍の作戦なのだが、陸軍の応援がなければ成功しない。そこで東條に談じ込んだわけだが「そんな作戦に陸軍は協力できない」ということで大激論となった。偏狭な東條は嶋田に向かって「あんな奴はどこか遠いところへやってしまえ」と命じ、石川をセレベスに追いやったのである。

七項　谷田勇陸軍少将をラバウルに転任

東條に早期終戦を説いた谷田勇少将は、最前線のラバウルに転任させられた。

こんな例は枚挙にいとまがない。東條の常套手段である「戦争に名誉の召集を受ける」というまやかしで、「指名召集」を独裁者の感情の向くまま乱発したのである。

東條は、陛下のお召である召集を自己の報復手段として用い、必死で戦う戦場を反東條者のための刑場に利用したのだ。こんな国家指導者がいるだろうか。

東條の強気の頑固さは、第十六師団長石原莞爾の罷免、中野正剛事件、近衛文麿との確執に表われている。

東條は満州国時代、関東軍憲兵司令官と警務部長を兼任して憲兵と警官を一手に掌握している。味をしめたせいか、総理大臣になってから、陸軍大臣と内務大臣をも兼任するに至り、陸軍・警察・特高が、東條の飛耳長目となった。

加えて満州時代から培った憲兵司令官加藤泊治郎少将や東京憲兵隊の四方諒二隊長といった憲兵人脈を駆使し、クモの巣のように張り巡らされた憲兵や特高を使う。反東條の政治家、官僚、軍人、左翼、右翼、言論人は言うに及ばず、一般国民までを見張らせ尾行させる。さらに、言論出版集会結社等臨時取締法や戦時刑事特別法の改正をはかって思想弾圧や検挙なども行い、着々と独裁体制を整えた。

まさに、東條の憲兵政治は苛烈さを通り越して、泣く子も黙る「恐怖政治」となっていったのである。

十節　中野正剛の悲劇

第一節

中野の反東條言動

中野正剛は、初めは自由民権論者で、朝日新聞の記者から、大正９（１９２０）年衆議院議員となり、民政党などに属したが、脱党し、国民同盟また転身して「東方会」を結成した。その後翼賛政治会に所属するも、昭和18（１９４３）年６月に鳩山一郎らと脱退した。ちなみに、中野夫人の多美子は、文化勲章を受章した哲学者・思想家の三宅雪嶺博士の長女である。

中野は、才気煥発で六朝風の文章を能くし、雄弁家として青年たちを唸らせた。当初は日本的ファシズムを信奉していたが、東條内閣において軍閥官僚ファシズムになるに及んで、変説して反東條となり、軍閥攻撃に挺身する。

東條総理は、昭和18年の正月、元旦の行事や年賀を済まし、官邸の部屋で新聞の初刷りに目を通している時、突然顔色が変わる。宿敵中野の写真入り、囲み十段の論文が「朝日新聞」に掲載されていたからだ。その「戦時宰相論」なるものは、諸葛孔明、桂太郎、クレマンソー、レーニンら歴史上の人物に引っ掛けて東條を諷刺。「難局日本の名宰相は絶対に強くなければならぬ。強からんためには、誠忠に謹慎に廉潔に、しかして気宇壮大でなければならぬ」と痛烈に批判していたのであった。

東條は、直ちに傍の電話を取り情報局を呼び出し、怒気憤々「朝日を発禁せよ」と命じた。「朝日新聞」はこの総理大臣の直々の命令により、「発禁」になった。

しかし、中野は怯むことなく「東郷内閣打倒」を目指して、重臣工作等に奔走する。その反東條の言動に対する弾圧が日増しに激化し、言論の自由なるべき議会では全く発言の機会がなく、院外では一切の公開演説を禁止され、憲兵に厳しく監視されるようになっていったのである。

昭和17（1942）年11月10日、母校早稲田大学の大隈講堂での、「天下一人を以て興る」と題する講演会は、1000人の定員のところ5000人も押しかけた。東條内閣に対する公然の批判と中野自身のファシズムから自由主義への転向を示唆し、3時間に及ぶ生涯最高の演説と伝説化されている。そのよく広く流布された一部を引用する。

　近来、ユダヤ主義排撃とともに自由主義排撃が唱えられているが、この言葉もまた例の国民服の使徒たちにより、官僚的無邪気さをもってとんでもない方向へ用いられている。私は切にこれを遺憾に思うものである。「われに自由を与えよ、然らずんば死を与えよ」という言葉は壮烈な言葉である。私はかくの如き自由の精神を尊いものと思う。われわれはおのれの魂に目覚めて、自律により、自己責任により、千万人といえどもわれ行かん、の気概を有せねばならぬ。国家の大方針に対する正邪善悪の決定を、一に偶然の権力把握者に一任し、国策だ、全体主義だと怒鳴られるのであれば、無批判に拝趨するが如きは、決して忠良の臣民たるゆえんではない。私はこの日本人として、正しく生きんがために、自己の自由によりて死を選ぶ人物を友としたい。物の本質を見ずして自由主義は怪しからぬと唱え、およそ民間的言議行動を罪悪視するがごときは、思わざるのはなはだしきものである。さような便乗主義者が天下に跋扈して人の個性を奪う。囚われたるおのれの量見で小さく人を律する。権力のための権力に服従せざるものを自由主義というならば、わたしは「われに自由を与えよ、然らずんば死を与えよ」と叫びたい。

更に中野は、12月21日、日比谷公会堂において、「国民的必勝陣を結成せよ」と題する講演会を行ったが、入れたのは4000人で、8000人が入場できないほど盛況だった。また一部を引用する。

国家権力を背景としてあくなき利益をむさぼる統制社会、営団、戦時会社の幹部となり、配当こそは制限しているが、濫費は勝手放題、月給は驚くべき高給を取る。自動車代から待合の費用から料理屋の費用から一切官費である。先進統制経済諸国には、こういうものがたくさんできた。これを称して新興営利階級と言った。利益とともに権力、権力とともに名誉、何もかも取る営利階級、これは恐るべきものであると私は信じている。そこらで前垂れをかけて営々として働いているのが呪われるべき営利主義ではない。

中野は政府批判を展開し、「諸君、起とうじゃないか。気負って起とうじゃないか」と結び、4時間に及ぶ講演を終えたのである。

二項　鳩山一郎と共同行動

この東條内閣時代に、鳩山一郎と同じ政治の考えと行動を共にしたのが、三木武吉と中野正剛であった。昭和18（1943）年6月17日から3日間臨時議会が開かれ、その日の午後1時の翼政会代議士会で、鳩山一郎は、戦時中最初にして最後の演説をやった。

鳩山一郎著『鳩山一郎回顧録』では、次のように記されている。事件の核心に触れる重要な部分なので少し長く引用する。

この機会に申し述べて翼政会幹部諸君の善処を要望したい。今度の臨時議会で審議される議案は食糧緊急対策と企業整備に関する法案であるが、両案とも国民生活に直接重大な関係を持つ案件であると共に、戦争遂行の面から考えても極めて重大である。従って十分に慎重審議をして国民に対してもよく理解せしめ、政府においても実施に過ちなからしめることが、われわれ議会政治家に課せられた任務であると信ずる。単に命令服従の関係で国民を馬力で引っ張るということではなく、国民に十分納得させて国民の協力を求めることが肝要と言わなくてはならない。しかるに、今議会は僅かに会期3日間で衆議院における審議は実質的に1日間に過ぎない。これでは議会の審議は形式に終わって実際に審議したとは言えない。国民の立場からすればいよいよ窮迫してきた食糧問題がどうなるのか、また企業整備法案が成立したならばわれわれの事業はどうなるかなど非常な心配と関心が持たれるのは当然であると思う。政府の説明では戦時中だから速やかに審議して法案を成立せしめる必要があるというが、私はこの重大な戦争遂行に直接関係を有し、しかも国民生活に直接重要な影響を与える法案であるから、（中略）戦争を命令服従の力によって遂行するのと、国民の納得と支持とによって遂行するとでは雲泥の差がある。以上のような趣旨と理由から幹部諸君に要望したいのは、政府とよく懇談して場合によっては政府の反省を促し、会期を延長してこの重要案件の審議を十分に尽すよう努力して貰いたいことである。これが議会として当然の任務であり、国民に対するわれわれの責任であると考える。

この私の発言に対して、翼政会政調会長の小川郷太郎君が起って、「只今鳩山君よりの御発言一応もっともであるが、最近の議会運営は新しい方式によって所謂事前調査をやっているので、会期は3日でも実質的には十分審議を尽くしている。鳩山君折角の御要望であるが党幹部としては、会期延長について政府と話し合うことは考えていない。」と簡単に答えた。するとこの小川君の答弁を聞いていた中野正剛君が憤然と色なして立ち上がったのである。

議会の先輩鳩山君が条理を尽して議員としての責任と任務を説き、しかも謙虚な態度で極めて重要な発言をされたのに対して、今の小川君の答弁は無礼である。翼政会の幹部諸君が小川君によって示されたような態度で、今日の政局を考え議会の運営をしているところに、根本的な重大な問題がある。政府や軍部の要求通り議会を運営するならば、議会は有名無実となるではないか。

しかも現在日本の議会には政党として翼賛政治会がただ一つあるだけだ。その唯一の翼政会が幹部の専断により政府の意のままに動くとしたならば、東條内閣は完全なる独裁政府となるではないか。戦局は重大であり、政府の方針に過ちあらば実に全国民の運命にかかわる重大な結果を招くことを十分反省してみなければならない。凡そ権力の周囲に阿諛迎合のお茶坊主ばかり集まっているとするならば、善意の権力者をして不逞の臣たらしめ、遂に国を亡ぼすに至る。日本の政治を誤るものは全く政治上層部の茶坊主どもだ」と怒気含んで大声叱咤した。この中野君の演説に対して他の代議士から猛烈な妨害野次が飛んだが、この野次に対しては、今度は三木武吉君が肩を怒らせて立ち上り「茶坊主黙れ!」と怒鳴りつけ、代議士会は騒然となり、中野、三木、私の3人が恰も公然と東條内閣と対決するような場面になってしまった。しかし、多勢に無勢、われわれの要求もその場限りで無視されてしまい、臨時議会は政府の予定通り19日に終わってしまった。私と中野君はこうして議会終了の翌日即ち6月20日翼賛政治会を脱退し、東條政治に対する責任分担を打ち切ったのである。

三項　行政検束を受ける

昭和18年10月21日、東方同志会、まことむすび、勤皇同志会の3団体の一斉検挙が行われる。中野は、特高二課と代々木署によって、渋谷区代々木本町の中野邸から、令状なしの行政検束として警視庁に連行された。家宅捜索で押収された中に、憲政の神様と崇められた尾崎咢堂（行雄）翁からの、次のような手紙があった。

「日本はこのままでは必ず敗れる。戦争は全国民の下から盛り上がる力で戦わねばならないのに、日本では逆に、東條のごとき狂人独裁者が、国民を上から押さえつけて奴隷扱いしている。貴方はこれに対して最も勇敢に戦っておられる。誠に感謝に堪えない。自分はもう90に近い老齢で、第一線のお役に立たない。残念だ。中野さん、どうかシッカリやってくれ」

この一連の検挙には、東方同志会の三田村武夫代議士や、まことむすび主宰の天野辰夫弁護士らも含まれていた。猪俣敬太郎著の『中野正剛の悲劇』を引用し事件を追っていく。

中野に対する取調べに東條内閣は次第にイラ立って来た。というのは、第83回臨時議会の召集が25日に迫ったからである。行政執行法の検束について、その第一条に「検束は翌日の日没後にいたることを得ず」との但書が付いている。もうすでに「不法検束」であることはいうまでもない。ことに中野や三田村の場合は、衆議院議員としての身分の保障がある。旧憲法53条に、両院議員は現行犯、または内乱外患に関する罪を除くほか、議会会期中はその院の許諾がなければ逮捕されない、とある。しかるに中野と三田村は、正式の令状による逮捕ではなくて、行政検束に過ぎないのだから、議会が始まれば、いったん釈放した上で、衆議院の許諾を得てから逮捕しなければならないというややこしい問題となる。鳩山一郎や、衆議院書記官長大木操は、臨時議会が始まるから中野、三田村を直ちに釈放せよ、と内務省に抗議し、一方徳富蘇峰も釈放の運動を始めている。

中野が検束されてから4日目、議会召集日の前日に当る24日夜、首相官邸に、首相東條英機、内相安藤紀三郎、法相岩村通世、検事総長松阪広政、警保局長町村金五、警視総監薄田美朝、法制局長官森山鋭一、司法省刑事局長池田克、東京憲兵隊長四方諒二の9名が出席し、中野処分の大評定を開いた。

東條は神経質な顔をひきつらして発言した。

「中野の日比谷の演説といい、戦時宰相論といい、まったくけしからん。議会では翼政会から脱退し、自分の反対派となって、常に政府反対の言動を行っている。平時ならともかく、戦時においては、こういう言動は利敵罪を構成すると思う。検挙して以来、取り調べているが、あのまま令状を出して起訴し、社会から葬るべきである。検事総長はどう思うか」と、松阪検事総長の同意を求めたが、「今までの警視庁からの報告だけでは、検事局としては証拠不十分で起訴するわけにはいかない。内務省なら行政措置として検束は差し支えないかもしれぬが、検事局としては憲法違反という重大問題に逢着する。地方の青年が戦争に負けるということを中野から聞いたというが、中野は言わないと否認している。自白しないものを起訴できないし、それに正しい言論ならあまり圧迫しないで許しておくことも必要だ。また現職の代議士を造言《ぞうげん》蜚語《ひご》くらいで身柄を拘束し、議会に出席させないでおくわけにはいかぬ」と、真っ向から反対された。

それでも執拗に、検事総長に向かって、

「それなら、とにかく戦争に勝つために、どうしても検事局で起訴して、中野を議会に出さぬようにしてくれ」と要求した。しかし、松阪は、繰り返し繰り返し、今の取り調べでは証拠不十分だから起訴できない旨述べて、「総理大臣は、はなはだ失礼ながら、中野のことになると感情でものを言っておられる」と決め付けた。

こうして大評定は、午前1時に終わった。

東條は、薄田警視総監、四方東京憲兵隊長の二人だけを残し、「オイ、警視総監、君の方で25日午前中に中野をモノにできぬか」と威圧的に問うたが、薄田は「わたしの方では今のところ見込みがありません」と断った。

すると四方が「総理、自分の方でやりましょう」と言ったのである。

その早朝、中野の身柄は九段下の憲兵隊に移された。そこで憲兵がどういう手を使ったのかわからないが、ともかく中野は追い込まれて「自白した」とされた。

それを受け、午後9時30分東京地検から東京地裁に対し、陸軍刑法、海軍刑法違反の被疑者として拘置及び接見禁止処分の請求がなされた。

しかし、小林健治予審判事は、「議会の会期中とは、召集の後、閉会の前と明記されており、25日は会期中に入る。すると、憲法53条の規定によって、現行犯罪または内乱外患にかかわる罪以外は衆議院の許諾がなければ逮捕できないことになる。検事局の請求に応じて拘留状を出すことは憲法違反になる」と言い、「直ちに中野を釈放しなければならぬ」と言い渡し、拒否の通知書を検事局に送ったのは午後11時50分過ぎであった。

中野は、直ちに釈放されるかと、思いきや警視庁の宿直室に留め置かれ、朝6時になってやっと警視庁の玄関を出られた。しかし、その玄関前に、なんと四方東京憲兵隊長が私服で待ち受けており、再び憲兵隊に連行され、午後2時まで取り調べを受けた。ところが、どうにも裁判所に送るだけの材料が出て来ない。前日の早朝から、警視庁↓憲兵隊↓検事局↓警視庁↓憲兵隊と、フットボールの球のように転々としたのである。

ついに、東條は、首相官邸で、星野書記官長、大麻唯男国務相、四方東京憲兵隊長らの前で、「起訴は間に合いませんでした。私がこの場で裁断します。中野を出します。私が中野に負けました」と言った。

四項　中野正剛自決する

東條は、中野に対し、四方を通して、次のような「最後通牒」を突きつけている。

「お前は武士だ、ゆえに武士らしく自決の機会を与える、もしお前が自分で身の始末をつけないなら、われわれの手で適当に片付けるまでだ」

自決の機会を与えるとは、臨時議会の会期中に帰宅させることを意味する。そして閉会日の29日までに自分で身の始末をつけないなら、憲兵の手で「適当に片付ける」というのだ。

猪俣敬太郎著の『中野正剛の生涯』をさらに引用し事件を追う。

午後2時5分、車は代々木の中野邸に着いた。それには憲兵の国生と石井の2人が監視役として同伴して来た。夕食は、中野を中心に母トラ、泰雄、弟の秀人、妹の吉村ムラの5人が卓を囲んだ。

中野は、午後7時から10時まで書斎にいた。9時までは2人の憲兵も一緒だった。10時に居間に入ってから、家人や憲兵の寝静まるのを静かに待った。

遺書の一節に「此の最後の機を得た幸運を（家に帰って皆に訣別、刀が1本残って居た）神様に謝し奉る」とある通り、中野は自殺の手段として切腹を選び、そのための日本刀がただ一本だけ、押収を免れて残っていたことを神に感謝している。

遺書は、二つに分け、一つは習字用の支那紙に書いたものを刀で切った、とりどりの大きさの十三片を「護国　頭山先生」と表書した封筒に収め、隣室の仏壇に入れてあった。

そして、自分の名刺の裏に「断十二時」と書き、原稿用紙に書いた遺書の間に入れた。

中野は、10月26日午後12時、美濃国関兼貞の日本刀で、腹を切った。27日午前5時半頃、女中の本橋すずの「旦那様が大変です」という悲鳴を聞いて、隣室の二人の憲兵は飛び起きた。直ぐ居間に入って見たが、すでにこと切れていた。隣の部屋に寝ていてまったく気付かなかった。取りあえず上司の指揮を仰ごうと、中野邸の電話は遠慮して近所の電話を借り、大西中尉に報告すると、直接隊長に聞けという。そこで四方に電話したところ、「完全にこと切れているのか、そうか。遺書その他はもう捜す必要はない。遺族に丁重に挨拶してすぐ隊に帰って来い」と指令されたので、午前8時頃引き揚げて行った。中野に対する監視も思想転換ももはや無用となったからである。

中野急死の報に、緒方竹虎朝日新聞主筆がいち早く駆けつけた。やがて岳父の三宅雪嶺、頭山満、東部第十部隊入営中の三男達彦伍長が相次いで来た。

『中野正剛は生きている』によると、緒方は次のように伝えている。

「私は頭山先生ほどの偉人が、こういうときにどういう態度をされるかと思って見守っておった。頭山先生は中野君の枕元にドッカと座って、そうして中野君の顔に自分の顔をくっつけるようにして、しばしの間おそらく時計で計れば数分でありましょうが、顔をくっつけておられた。そうして起き直って、視線が中野君の額に食い入るほどにしげしげと見守っておられた。これが頭山先生という、あの偉大なる人格の、中野君に対する沈黙の別れでありました。

頭山先生は、自分に宛てた遺書を読み終わると、封筒だけ袂に入れて中身を緒方ほかみんなが回覧した。

10月31日、青山斎場で行われた中野正剛の葬儀には、東條政権の「そこまでやるか」という検挙・警告など執拗な妨害があった。それにもかかわらず、緒方竹虎葬儀委員長のもと、徳富蘇峰が弔辞を読み、岳父三宅雪嶺を始め頭山満翁夫妻、広田弘毅元首相、鳩山一郎代議士ら諸名士の列席も多く、会葬者は引きも切らず2万人に及んだ。その盛儀を見て、緒方葬儀委員長は、かつて東條が中野を釈放した際、「中野を出します。私が中野に負けました」と言ったように、それこそ最後に「中野が東條に勝った」と悔しさを込めて、勝ち誇ったのであった。

十一節　統帥権の確立と嶋田海軍大臣の更迭

この頃、特に翼賛政治会所属代議士会が、「東條不信任」「退陣要求」を公然と打ち出したことによって、それまでかげに籠っていた政治的不平不満が、一気に暴発し出したのである。

「東條内閣総理大臣機密記録」には、7月12日の項に、「数日来より流布せられ来れる内閣改造説、政変説等漸く顕著に抬頭《たいとう》す」と記録されている。

7月13日、東條内閣総理大臣は、重臣の阿部信行陸軍大将、米内光政海軍大将の入閣を含む腹案の内奏のため、木戸内大臣を訪問した。

東條は、「現下の情勢に鑑みて、自分は一たん辞任を考えたが、この際の政変は敗戦となる恐れがあり、それでは臣節を全うする所以でないとの結論に達したので、この際はサイパン失陥の責任問題は暫く御容赦を願い、戦争完遂に邁進する」とを決意した。さらに続けていう。

「右につき、嶋田海相とも意見の交換を行ったが、嶋田もこれまで、二、三回辞任を考えたことがあるが、首相の決意がそうなれば、自分も決意を新たにして戦争完遂に邁進すると申している。しかし、内閣もこのままではいかぬから、改造を行いたく、特に陸海軍の真の協力一致はこの際もっとも必要であるから、例えば航空機の指揮を地域的に統一するとか、航空の作戦部員は陸海軍同一場所で執務し、緊密に一体化するよう取り計らうつもりである。」

木戸は東條に強く切り返す。

「貴下は一億一心をいうが、そもそも重臣の気持ちさえも把握していない。まず重臣の心を掴み、これを包容すべきである。

それから嶋田海相は一体あれでいいのか。彼は、海軍全体の支持を些《いささ》かも得ていない。海相を何とかすべきである。

なお、貴下は総理にして陸軍大臣、参謀総長を兼ね、更に軍需大臣をも兼ねている。嶋田も海軍大臣と軍令部総長を兼ねている。いったい責任をもって所管の仕事を遂行出来るのか」

さらに、次の三条件が示されたのである。

一、総長と大臣とを切り離して、統帥権を確立させること。

二、嶋田海軍大臣を更迭すること。

三、挙国一致の内閣をつくること。

驚いた東條は「誰の案でありますか」と尋ねたところ「陛下の案によるものです」と木戸は答える。その毅然たる態度をもってする提言に対して、東條は、落胆して「今日は帰ります」と去っていった。

木戸は、「東條が陛下に直々に話すのではないか」という予感がしたので、会見直後、急遽参内して天皇陛下に東條との会談の様子を言上した。

その木戸の退出の1時間後に、東條の参内があった。

東條は、木戸との会談のあと、陸軍大臣官邸に戻り、「この三条件は私に詰め腹を切らそうとするものだ。内府の態度もまるで変わっておる。重臣ら倒閣運動の一味の手が回っておるようだ。そればかりでなく、これはお上のご意図を体しての言葉だと思われる。御信任は去った」と辞意を漏らした。それでも、佐藤賢了軍務局長から「御信任が去ったかどうか確かめもせずに軽率な真似はできませんぞ」と言われて、嶋田を同伴して、天皇陛下に拝謁した。

木戸の発言に関連しての内意を伺ったところ、「統帥権の確立はこの際行うべし。嶋田の不評は部下からばかりでない。伏見宮さえ動かれている。重臣の入閣は右二点に比べれば、さほど問題ではない」との御言葉に、東條も返す言葉もなかったのである。

嶋田は面前で解任された形となり、頭を上げることすらできなかった。

「御聖慮」とあれば、もはやどうすることもできず、それに従って応急の措置を執るしかなかったのである。

午後7時、木戸が参内したので、陛下は東條との面談について話した。

一方、午後9時半、東條は嶋田を呼び、海軍大臣の辞表の提出を求めた。嶋田はむっとした表情でしばらく黙っていた。

かくして、翌14日、嶋田は海軍大臣の辞表を提出し、呉鎮守府長官であった野村直邦大将が後任となり、嶋田は軍令部総長には留まった。東條も参謀総長を辞し、18日に梅津美治郎と交代したのである。

十二節　重臣工作によって東條内閣総辞職へ

東條総理としては、延命を図るため、この機会に起死回生の内閣改造をして、阿部信行と米内光政の国務大臣としての入閣を実現させ、重臣側との関係を調整しようと試みる。

ところが、この情報を入手した岡田大将は、直ちに近衛、若槻、平沼、広田、米内の各重臣を7月17日に参集、重臣側は一人も入閣しないことを決めた。「この難局を切り抜けるには人心を新たにすることが必要である。国民全部が相和し、相協力し一路邁進する強力なる挙国一致内閣を造ることが肝要である。内閣の一部改造の如きは何の役にも立たないと思う。」という申合せをしたのである。

岡田は、9時半、赤坂新坂町の木戸邸を訪問して、申合せ書を手渡し、会議の様子を話す。木戸も賛成して「内閣総辞職要請」の上奏文の案を作った。

岡田は、当時内閣勅任参事官となっていた迫水に対して、国務大臣軍需次官岸信介（のち内閣総理大臣）のところに使いに行けと言った。

その口上は、「今回内閣の改造があるようだが、おそらく貴方は辞表の提出を求められるかも知れないが、東條内閣がこれ以上存続するときは終戦の機会を失し、日本国のためこの上の不幸はないと思うから、この機会に東條内閣を退陣せしめたいと思う。ついては辞表の提出を求められても、これを拒否してほしい」というのである。迫水内閣参事官は、四谷駅近くにあった軍需大臣官邸に岸を訪問して、この口上を述べた。岸は東條にあきたらない思いをもっていたようで、「辞めさせられる理由はどこにもない。岡田閣下のご趣旨は了承致しました」と述べた。迫水参事官が「了承っていうことは承知して、その通りやるっていう意味ですね」と念を押し「そうだ、もし辞表を出すようにいってきても断る」と岸は応えた。そして、以下のような会話がされた、

「おい、君はどっちから入って来た？」

「玄関から入って来ましたが」

「帰りは玄関を通るな、四方（東京憲兵隊長の四方諒二）が来ているから裏から帰れよ」

と、裏の抜け道を教えてもらい帰ったのである。

当時の内閣は今のように各大臣を総理が任命するのでなく、個々に天皇陛下のご親任によるものであったから、総理が、閣僚に辞表提出を求めてもこれを拒否するときは、その要求を撤回するか、閣内不統一として総辞職するかいずれかの道をとるほかないのである。

岸信介著『岸信介の回想』には、この時の様子が次のように語られている。引用し状況を追っていく。

私が東條さんと最終的に意見が合わなくなったのは、要するにサイパンを失ったら、日本はもう戦争はできない、という私の意見に対して、東條さんは反対で、そういうことは参謀本部が考えることで、お前みたいな文官に何がわかるかというわけです。しかし実際にサイパンが陥落したあとでは、B29の本土への爆撃が頻繁に行われて、軍需生産が計画通りできなくなるし、私は軍需次官としての責任は全うできなくなった。だからもうできるだけ早く終戦する以外に道はないと思ったけれど、軍はなお沖縄決戦までもっていってしまったわけです。戦争の形勢が不利になっていらいらしているときに、私が言うことを聞かないから、内閣を改造するつもりで、私に辞めろと言われたのに対して、貴方は3、4か月前に途中で辞めるとは何ごとかと叱ったではないか、だから私は最後まで辞めませんよ、ということで私は頑張ったわけですからね。お蔭で私はずいぶん東京憲兵隊につけ回された。最後には大臣の官邸に四

方憲兵隊長がやって来て、軍刀を立てて、東條総理大臣が右向け右、左向け左と言えば、閣僚はそれに従うべきではないか、それを総理の意見に反対するとは何事かと言う。それで私は、「黙れ兵隊！　お前のようなことを言う者がいるから、東條さんはこの頃評判が悪いのだ。日本おいて右向け右、左向け左という力をもっているのは天皇陛下だけではないか。それを東條さん本人が言うのならともかく、お前たちのようなわけのわからない兵隊が言うとは何事だ、下がれ！」と言ったら、覚えておれとかいって出て行った。その後は私の家に出入りする人を憲兵隊がみな調べるようになったのですね。私の家の前には盗聴どころか公然と憲兵のボックスを作られ、で、ちっとも人が来なくなってしまった。

7月17日深夜、岸信介国務相のところに、東條の使いとして星野直樹内閣書記官長が行き、案の定「内閣を強化するため退いてくれ」と、辞表の提出を求めた。岸は「とにかく、東條総理と直接話し合ってからにする」と言って断った旨、岡田大将に電話があった。翌日、岸は東條に会い、国務相辞任をきっぱり拒否した。東條ははたと困った。東條の改造案は、これで行き詰まってしまった。この頃、閣内でも重光葵や内田信也など閣僚の多くが内閣改造より総辞職ではないかという雰囲気があったので個々に言われてもおいそれと辞職を承知するわけはない。

ここにきて東條独裁への反発は頂点に達し、四面楚歌の格好になっていたのである。

翌18日の朝早く、迫水内閣参事官が岡田大将邸へ行ったら、「お前、ひとつこれから重臣たちを平沼男爵の家に集めることに決めたから、米内と広田さんを迎えに行ってこい」と言った。

そこで、「内閣」という看板の付いた木炭自動車に乗り込み、最初に米内さんのところに、次に広田さんの家に行き、平沼男爵邸にお連れしたのである。

午前10時頃には、岡田、近衛、広田、米内、阿部、若槻、平沼らの重臣7人が集まる。

会議の座長をつとめた若槻が、「東條内閣は、もう信望を失っていると思われるが、それについて今日は皆の意見を伺いたい」と、まず切り出した。

しかし、昨日の申合わせの空気として、初めから東條は退陣してしかるべきだ、という結論が出ているようなものだった。ただ、阿部は少し考えが違っていて「一応東條のいうことも聞いて警告しよう。それでもだめだったら総辞職を促したほうがいいのでは」という。米内は、「東條から入閣の交渉を受けたが、拒絶した」という話をして、「今や内閣そのものの更迭が必要である」とはっきりした態度を示したのである。

若槻は「今更東條に警告することもあるまい。東條ではとてもだめだという結論が出ているから退いてもらうのであって、阿部が個人的に東條に話をするのなら、それは勝手であるが、重臣のみんなの考えとして東條に忠告する必要はない」ときっぱりと言い切った。

そして、「時局は極めて重大であって、それで東條内閣の改造をもってしても時局は到底乗り切れない。もって清新強力なる内閣を必要とする」という決議文を作る。会議は午後9時すぎに終わり、岡田大将が「決議文」を持って、木戸内大臣に伺候し、天皇陛下に執奏を請うた。

かつて木戸が言ったいわゆる〝世論〟が、このとき醸成されたのである。

迫水内閣参事官は、星野内閣書記官長に呼ばれ、「迫水、お前ところの親爺はなんか今日重臣を集めてぐちゃぐちゃやっているが、あれはなんだ」と詰問する。

迫水参事官もさすがに困って「実はこういうふうになっていまして、もうすでに決議文が木戸内府のところに届いているんじゃないか」と言った。途端、星野書記官長は激怒。

東條は、米内や阿部の取り込みに躍起になっていた。米内邸には、石渡蔵相、野村海相、岡海軍軍務局長ら入閣を勧めるものが次から次へと押し掛ける。東條は、最後に佐藤賢了陸軍軍務局長を派遣したが、米内は散歩中（実は重臣会議に出ていた）だということで、待っていると、帰って来た。佐藤は、そこで入閣を懇請したが、米内は「自分は本来海軍軍人だよ。軍事参議官なり何なり、海軍として働けというならともかく、無任所大臣として入閣して何が出来るか、よく東條君に伝えてくれ」と噛んで含めるように答えた。佐藤は「もうこれ以上無理だ！」と断念して、首相官邸に戻り、その旨を東條に報告したのである。

その夜、星野内閣書記官長が内田農相を訪ね、岡田を動かして、米内に入閣を勧めてもらおうとまでしたのである。

そうこうしているうちに、今日の重臣会議の様子が伝えられる。とうとう「万事休す！」と、佐藤はソファーの上に倒れ込んだ。東條も絶望に耐えながら、唇を噛んでいた。これで米内を入閣させようと思っても、岸が居座る限りもう椅子はない。ついに、東條内閣の終わりが来たのである。

東條は部屋の中を歩き回っていたが、その足取りは重たかった。

「総理、我らの負けですよ。いっそ総辞職しましょう」起き上がった佐藤が、力のない声でそう言った。「そうだなぁ、明朝参内しよう」東條も諦めたような表情で応えた。

「東條内閣総理大臣機密記録」において、「万策尽き総辞職を決意す」と記録されている通り、東條は重臣たちの上奏によって、息の根を止められたのである。

7月18日朝、東條は総辞職を言上するため、拝謁を願い出たが、木戸に会った際「後継内閣について何か考えはないか」と聞かれ、「今度の政変は重臣の動いた結果であるから、重臣に聞いてみたがよかろう」と答えた。辞任の理由に「重臣の支持を得ることができず」という文言が入っているが、正にその通りであった。かくして東條内閣は辞表捧呈となり瓦解したのである。

顧みれば、昭和16年10月18日、開戦をためらう近衛内閣を倒して、一路戦争への道を直走《ひたはし》りに走った2年9ヶ月にわたる好戦的独裁者東條英機はついに倒れたのである。

十三節　小磯内閣の成立

昭和19（1944）年7月18日午後4時から、東條内閣の後継選びの重臣会議が開かれる。若槻礼次郎、岡田啓介、広田弘毅、近衛文麿、平沼騏一郎、阿部信行、米内光政の元総理大臣と原枢密院議長、木戸幸一内大臣が御召により参集したのである。

まず、百武侍従長が御召の趣旨を伝えた。次いで木戸内府が、東條内閣の総辞職するに至った経緯を詳細に説明した。米内は、東條内閣から入閣の交渉を受けた経緯を報告し、石渡蔵相、野村海相、岡海軍軍務局長、佐藤陸軍軍務局長が、来訪し、交々《こもごも》入閣の勧奨を受けたが、応じなかった事情を話し、協議に入ったのである。

阿部は、現役軍人が適当であり、この際海軍から出されては如何ですか、と言ったが、米内は海軍から出すことには反対し、文官が当たるがいい、文官に適任者がなければ、陸軍から出されるのがいいと主張したのである。

広田は、皇族内閣を主張したが、近衛、平沼、若槻は、これに反対。

岡田は、「外から見ても内から見ても強力挙国一致の内閣であらねばならぬ、陛下の内閣であらねばならぬ。陛下の御気持ちを解り、国内の情勢も十分判っている内大臣がやるのが一番良い」と言った。原もこの岡田の提案に賛成する。が、木戸は諸般の事情から「陸軍軍人でなくてはならぬ」と言ってこれに応じなかったのである。

木戸は、「国土防衛態勢の強化、陸軍の内地における配備増強、憲兵の強化から見て、この際、陸軍より出す外はない」と主張した。

阿部は、陸軍から出すのは人心一新にならぬと反対した。阿部は、梅津美治郎を挙げたのである。

しかし、これは参謀総長になったばかりだというので、それ以上問題にならず、鈴木貫太郎の名前が近衛から出たが米内は反対した。鈴木案について岡田は、人としては立派だが、前線の将校のことを考えると、陸軍の方がよろしい、と言った。

協議の結果、陸軍から寺内寿一元帥（南方軍総司令官）、小磯国昭朝鮮総督、畑俊六元帥（支那派遣軍司令官）の三人を後継候補に絞る。その中から、寺内と畑については、東條から「反抗の苛烈なる際、第一線の総司令官を一日たりとも空けることは不可能なり」と反対論が出て、それで朝鮮総督の小磯が残ったのである。

重臣会議で小磯が特に総理大臣として適任であると発言した人は誰もなかったし、米内と平沼は、自分の内閣で小磯を閣僚に起用したときに「陛下は三月事件と小磯の関係を御尋ねになられた」といって、気乗りしない風だった。また、東條に同情的だった阿部信行元首相などは「それ見たことか、といってやりたかった」とうそぶいたくらいで、誰しも後継の小磯に期待したわけではなかったのである。

会議は、午後8時45分に終わり、木戸内大臣は御文庫において陛下に拝謁し、重臣会議の模様を委曲奏上する。寺内を召すについては、折柄梅津の新参謀総長親補式のために参内しに来た東條参謀総長に御下問あるように言上した。そこで、蓮沼蕃侍従武官長を通じ、東條にこの事で御下問があり、御下問に対し、東條は、「反抗苛烈な際、第一線の総司令官は一日たりとも、空けることは不可能なり。寺内を動かすことは、前線の士気に影響し、東亜共栄圏その他中立国に影響するところも甚大である。」と奉答した。結局陛下は小磯をもって後継内閣首班たらしめることに御決定になり、再び木戸を召され、この旨申し渡された。一度小磯に決まったが、後に近衛は、小磯一人では最近の中央の事情も知らず心細い。もう一人、米内を加え、小磯・米内の連立内閣にしてはどうだろう、という考えを立てた。そこで、近衛は木戸のところに来て、この事を諮った。木戸も近衛同様の懸念を持っていたので、この提案に賛成した。近衛は「米内に対しては自分が話し説伏するが、他の重臣には君から話してくれ。今からも一度会議を開くわけにゆかぬから個々に歩いて了解を求めてくれ、今晩一晩かかってもいいではないか」ということで、各重臣が持ち廻って、意見をまとめることになった。松平内府秘書官長が呼ばれて、木戸邸へ行くと近衛が来ていて、この話であった。松平は、それから重臣の邸を歴訪したのである。

松平は一連の経過を述べる。「米内さんには近衛さんが行く、あとは君が行ってくれ、というので、私がそれぞれ廻った。順序はわすれたが、阿部さんのところに行ったら、阿部さんは、私はすぐ賛成出来ない。二頭の馬の手綱はとれない。もっともな意見だが、ともかく賛成出来ない、という。広田さん、若槻さんは賛成してくれた。ただ皆が、阿部さんのいうような懸念があるなと言っていた。しかし、こういうときだから、そのような弊害は排除してゆかねばならぬ、という意見であった。

岡田さんは、個人的にも知っており、郷里の先輩ですから、一番あとにした。岡田さんのところへ行ったのは、12時頃だったが、岡田さんは賛成すると思っていたら、私は不賛成です、と言う。岡田さんの癖であまり理由はいわない。私は米内を出したくない、反対だ、と言われる。それでは岡田さんは反対という報告をしてもよろしゅうございますか、というと結構です、と言うので帰って来た。すると翌日の6時か6時半頃岡田さんが見え、会うと、夕べ、私は反対したが、撤回し、賛成します。と言ってサッサと帰って行った」

岡田は米内をいずれ使うべき時がくるので、とっておく必要がある、と考えていた。しかし、その夜のうちに近衛が米内を口説き、米内も海相への入閣を決意したことを聞き一晩で考えが変わった。阿部も前夜の留保から賛成に転じてきたのである。

確かに、近衛の思いとは、「小磯一人に国家興亡の運命を託して、国民は果して不安を感じないか。大いに不安に相違ない。そこで、米内の海軍における圧倒的な信望を加えての連立内閣は妙案ではないか。」というものであった。

重臣会議の翌日、近衛は、小磯・米内連立内閣を考えて、自ら米内を口説いた。米内は、ちょっと躊躇したが、「海軍大臣としては、おこがましいが、自分が適任だ。自分なら海軍部内を抑えて、戦争終結に持っていける自信がある」と引き受けた。近衛が連立内閣を考えたのは、陸海軍の感情的対立をこの二人に調整させようという狙いがあったのである。

御召により飛行機で、朝鮮から上京した小磯は、東京の複雑な政情を知るべくもなく、宮中に入るまでは、大命は自分一人に降下するものと思っていた。木戸から小磯・米内二人建てと聞かされたとき、小磯は嫌な顔をする。小磯は「それでは、一体誰が総理か」と訊く。木戸は「それは貴下である」と答えたのである。

かくして7月19日、朝鮮総督小磯国昭陸軍大将、米内光政海軍大将の両名列立にて大命が降下され、22日に、小磯大将が総理大臣、米内大将が現役に復されて海軍大臣となり、内閣が成立したのである。

ところが小磯内閣は、「木炭自動車」と呼ばれるほど政治力に乏しく、急迫する戦局に対して何ひとつ適切な対策を立てることができなかった。小磯は戦争継続の意志が固く、直ちに「最高戦争指導会議」を設置し、陸海軍の総力を挙げて米軍に決戦を挑む姿勢を執った。しかし、日増しに戦局は苛烈というより悲惨になってきたのである。

政府は「本土決戦計画」を立て、米軍を本土に迎え撃って大打撃を与え、戦争終結の機会を掴もうとした、小磯内閣の8ヶ月、戦局は好転の兆を見せず、却って悪化の一路を辿ったのである。

十四節　神風特別攻撃隊と大西海軍中将

世界に冠たる連合艦隊を築き上げた日本の海軍は、マリアナ沖海戦で空母をほぼ全部喪失し、航空戦力は基地航空隊だけしか残っていなかった。圧倒的な敵戦力に立ち向かうには、捨て身しかない。大西瀧治郎中将は、「神風特別攻撃隊」の生みの親である。彼は山本五十六元帥の下で、海軍航空を育成してきた根っからの飛行機屋だった。海軍では、この隊の名を〝しんぷう〟と呼び、〝かみかぜ〟とは言わなかったのである。

大西中将が、軍需省航空兵器総局長より第二航空艦隊司令長官に親補されて、フィリピンのマニラに着任したのは、昭和19年10月7日であった。彼は敵の制海・制空のもと、レイテ決戦に如何にして、敵に一大痛撃を与えるかに腐心する。手許にはわずかに戦闘機32機しかなく、もはや「体当たり特攻」以外に敵に打撃を与えることは不可能だと考えたのである。

大西長官は、10月19日、第一航空艦隊の戦闘機隊山本栄大佐を司令とする第２０１戦闘機隊を、ルソン島ユバラカット飛行場にある本部宿舎に訪ねた。司令は不在であったが、玉井副長以下を交えて「特攻攻撃」を明らかにし、これに同意を求めたのである。

高木俊朗著『陸軍特別攻撃隊・上巻』には、次のように記述されている。

大西長官は、「栗田艦隊の突入作戦が失敗すれば、それこそ、ゆゆしい大事を招くことになる。一航艦としては突入を成功させねばならぬが、そのためには、敵の機動部隊をたたいて、少なくとも一週間ぐらい、空母の甲板を使えないようにする必要があると思う」

大西長官の考えは、米国の航空母艦の飛行甲板を破壊して、飛行機の発着をできないようにすれば、栗田艦隊はレイテ湾に突入できるというのであった。

「それには、零戦に二百五十キロの爆弾を抱かせて、体当たりをやるほかに、確実な攻撃法はないと思うが、どんなものだろう」

この時、大西長官とともに、テーブルをかこんでいたのは、一航艦の猪口先任参謀のほか第26航空戦隊の吉岡参謀、201空副長玉井中佐、指宿、横山両飛行隊長であった。

大西長官から、体当たりの攻撃法を聞いて、いならぶ全員は全身を固くして、無言でいた。玉井副長の胸には、その瞬間にひびくものがあった。

やがて、玉井副長は落ち着いた声で、隣にいる吉岡参謀にきいた。

「一体、飛行機に二百五十キロぐらいの爆弾を搭載して体当たり攻撃をやって、どのくらいの効果があるものだろう」

「高い高度から落とした、速力の早い爆弾に比較すれば、効果は少ないだろうが」と、吉岡参謀は答えた。「航空母艦の甲板を破壊して、一時使用を停止させるくらいのことはできると思う」

こうして、次の命令が発せられた。

（一）現戦局に鑑み、艦上戦闘機26機（現有兵力）を以て体当たり攻撃隊を編成す（体当たり機13機）。本攻撃はこれを4隊に区分し、敵機動部隊東方海面出現の場合、これが必殺（少なくとも使用不能の程度）を期す。成果は水上部隊（連合艦隊の艦艇部隊）突入前にこれを期す。今後、艦載機の増強を得次第編成を拡大の予定。

本攻撃隊を神風特別攻撃隊と呼称す。

（二）２０１空司令は、現有兵力をもって体当たり特別攻撃隊を編成し、なるべく10月25日までに比島東方海面の敵機動部隊を撃滅すべし。

司令は今後の増強兵力を以てする特別攻撃隊の編成を予め準備すべし。

かくして、その夜遅く玉井副長の人選で、関行男大尉以下24名の「神風特別攻撃隊」がつくられ、敷島、大和、朝日、山桜の四隊が編成された。　編成指揮官、海軍大尉、関行男

20日には、フィリピンのレイテ島に米軍が上陸を開始した。この時レイテ湾に突入した米艦隊の艦船の数は、輸送船、上陸用舟艇、戦車揚陸船の各種艦艇を合せて７００余隻であった。

上陸を開始して4時間後に、米国の南西太平洋方面最高司令官ダグラス・マッカーサー大将は、レイテ島タクロバンの海岸からラジオ放送で、歴史に残る演説をする。

ダグラス・マッカーサー著『マッカーサー回想記』下巻から、抜粋引用する。

私は帰って来た。全能の神の恵みによりわれらの部隊はフィリピンの土、米比両国民の血で清められたこの土に、再び立っている。私たちはやってきた。……立ち上がって、打て。機会があれば、逃さずに打て。皆さんの家庭のために打て。息子さんや娘さんたちのために打て。皆さんの聖なる戦死者たちのために打て。たじろいではいけない。鋼鉄の腕をもってもらいたい。道は神が示している。

25日に、「敷島隊」を指揮した関行男大尉（海軍兵学校70期）、中野盤夫一等飛行兵曹、谷暢夫同、永峰肇飛行兵曹、大黒繁男上等飛行兵ら5人が、フィリピンのユバラカット基地のクラーク飛行場を出撃。スルアン島附近に迫った米空母群に体当たりし、護衛空母セントローを沈没させ、同カリニン・ベイ、キットカン・ベイ、ホワイトプレインの3隻に損傷を与えたのが最初の特攻であった。この5人は、11月12日付けで二階級特進した。

フィリピン海戦では、我が海軍は軍艦77、飛行機７１６機を動かし、軍艦24隻を失い、敵の護衛空母1、駆逐艦2を

撃沈したに過ぎなかったが、特攻の成果はそれなりにあったのである。

特攻は、２５０kg爆弾や５００kg爆弾を抱えて敵艦に体当たりする航空特攻がよく知れる。他に、直径1メートル、全長約15メートルの大型魚雷に操縦席を設けた人間魚雷「回天《かいてん》」、モーターボートに爆弾を搭載した水上特攻艇「震洋《しんよう》」、爆弾を積みロケット噴射で滑空して体当たりする「桜花《おうか》」などの兵器も、開発し投入された。

防衛庁公刊の「戦史叢書」には以下のように記されている。

「フィリピンのレイテ沖海戦に始まり、終戦直前の関東近海への出撃まで続いた航空機による特攻攻撃の戦没者は、海軍が１３６５機・２５０７人、陸軍が１０９４機・１３６５人で、総計２４５９機・３８７２人に達する。

このうち沖縄戦への出撃戦没者は、海軍９７０機・１９０１人、陸軍８５８機・９９６人で、総計１８２８機・２８９７人。実に全特攻戦没者の75％までが沖縄戦に集中したのだった。」

日本軍の作戦参謀は、海軍と陸軍それぞれの特攻隊などの「肉弾攻撃作戦」が、敵の侵攻部隊を混乱状態に陥れられるとの期待に縋《すが》っていた。それは、人命尊重を至上とする欧米人のはるかに理解を超えるものであった。しかし、今であるから言えることかも知れないが、若き兵隊が命を賭けて敵に体当たりし、日本の命運のために散華していった。純真な若者がすべてを国に捧げんとした、その尊い犠牲の上に今日の日本の平和があることに、われわれは思いを致し、決して忘れてはならないのでる。

われわれは戦場におけるギリギリの状態での狂信・悲惨、そして人間の非情な性《さが》を嘆かざるを得ない。戦争とはそういうものだ。それは戦争が終わるまで止めどなく続いたのである。

十五節　近衛公爵と岡田海軍大将の上奏

天皇陛下は、苛烈な戦争の収拾を如何にすべきか、重臣たちを個別にお召しになって忌憚ない意見を求められる。この重臣等の拝謁は、昭和20年2月7日の平沼騏一郎男爵から始まり、9日に廣田弘毅元首相、14日に近衛文麿公爵、19

日に若槻礼次郎男爵と牧野伸顕伯爵、23日に岡田啓介元首相、26日に東條英機元首相と続いたのである。

ここでは、近衛公と岡田海軍大将に絞って、いかなる上奏であったのかを検証する。

『木戸幸一日記』下巻の2月14日の項に以下のように記されている。「午前10時　警報　近衛公参内、御文庫にて拝謁、藤田侍従長風邪につき代わりて侍立す。」

しかしこれには内幕があり、読売新聞社編『昭和史の天皇』第1巻に藤田尚徳侍従長の回想として以下のように書かれている。

この朝、木戸内府が侍従長室に来て、「藤田さん、きょうの近衛公の参内は私に侍立させてほしい。近衛公はあなたをよく存じあげていない。それで侍従長の侍立を気にして、話が十分できないと困る」私に遠慮しろというのである。先日来の陛下の和平への真剣な御態度もよくわかっていたし、陛下と近衛、木戸という方々の従来の深い関係を考えて私も快諾した。

陛下の前に進み出た近衛公は、型通り天機奉伺を言上、これに対し陛下は「近衛も元気であるか」とお尋ねになったそうだ。思えば重臣とはいえ、開戦以来はじめての上奏である。近衛公も胸がつまったろう。機会があればこうも、ああも申し上げたいと思いつめていたこと、それをたん念に8枚の奉書に清書してここにもって来てはいる。いまさら陛下の前にひろげるまでもなかったろう。

近衛公は、13日、平河町の吉田茂邸に一泊し、上奏案文の起草に当たり、和紙に自筆で綴った。吉田茂著『回想十年』第1巻にはその時の様子が詳述されている。

近衛公が平河町の私の家へ訪ねて来た。当時米国軍はフィリピン戦線でルソン島のリンガエン湾から上陸を敢行し、日本軍は漸次山岳地帯に後退していた。一般に、戦争も最終段階に入ったという印象を与えるに至った頃であった。開戦以来一度も重臣をお召しにならず、木戸内府、東條、小磯両総理大臣および大本営の陸海軍の責任者以外、何人にもお会いにならなかった天皇陛下が、俄《にわ》かに各重臣をお召しになった。そして近衛公の来訪は、そのお召しに応じて参内するという前日のことであった。あとで伺ったことだが、近衛公と牧野伯の場合には、いつもの藤田尚徳侍従長の陪席でなく、とくに木戸内府が侍立したということだ。如何に両氏の意見に重きを置かれたかが察せられる。

それはともかく、近衛公は、その夜、翌日拝謁の際に捧呈する内奏文の草稿を示し、二人してその補校に努めるとともに、私はその写しをとり、夜の更けるまで語り合った。私が写しをとったのは、これを牧野伯に見せて欲しいという公の希望に従ったものであるが、これが憲兵隊に捕われる証拠品の一つになろうとは、夢にも考えなかった。

公は翌14日予定通り参内したが、帰りに寄るからというので待っていたら、午後4時頃笑顔を見せながらやってきて、『今日は木戸内府が侍立してくれたので、思い切って申し上げることが出来た。1時間ぐらいであったが、陛下からも詳しくいろいろ御下問があった』と、そのときの模様を細かに話してくれた。

それによると、陛下の御下問の中心は、「梅津美治郎参謀総長の見解は、米国は日本の国体を破壊し、日本を焦土にしなければ飽き足らないとしているから、ソ連の好意ある後援の下に徹底して対米抗戦を続けるを可とせんというのであったが、これは近衛の意見とは全く正反対だが……」という点であった。そこで公は「私は米国と講和する以外に途はないと思います。無条件降伏しても、米国ならば国体を変革し、皇室をなくすようなことはないと確信いたします」という趣旨のことを申し上げたら、陛下も御納得になったとのことである。

公はさらに「何をするにしても、激化する陸軍を抑えなければなりません。陛下の御英断こそ必要であります」旨をも申し上げたということだった。

この近衛公の上奏に侍立していた木戸内府が、後で侍従長藤田尚徳海軍大将に、その時の内容をメモにして渡していたので、藤田侍従長の『回想記』に一問一答がさらに詳しく記されている。

伝聞ではあるが、補足資料として紹介する。

近衛公の熱っぽい上奏が終わったあと、陛下はすぐおっしゃった。

「先の話で、近衛はアメリカはわが国体の変更までを考えていないようだといったが、梅津参謀総長の説明では、米国こそ、日本の国体の変革までも考えていると観測しているが、近衛の考えとは異なっている。その点はどうか」

近衛公は答える。

「軍部は国民の戦意を昂揚させるために、表現を強くしているものでございます。グルー次官（当時の米国務次官）らの本心は左に非ずと信じます。グルー氏が駐日大使をやめ、帰国する際、秩父宮の御使に対する大使夫妻の態度、言葉からみても、わが皇室に対しては十分な敬意と認識を持っていると信じます。ただ米国は世論の国でございますから、今後の戦局のいかんによっては、将来変化がないとは断言できませぬ。だからこの点からも、戦争終結の策を至急に講ずる要ありと考えるわけであります」

陛下はさらに続けられる。

「さきほど、軍の粛正が必要だといったが、何を目標にして粛軍せよというのか」

近衛「ひとつの思想がございます。これを目標といたします」

陛下「それは結局、人事の問題になると思うが、近衛はどう考えておるか」

近衛「それは陛下のお考え……」と、ここで言葉をにごした。

陛下はすかさずおっしゃった。

「近衛にもわからないようでは、なかなかむずかしいと思う」

近衛公の上奏文の全文は、『昭和史の天皇』第1巻に掲載されているが、かなりの長文なので、ここでは、特に重要と思われる部分のみ、猪木正道著『評伝吉田茂』下巻から引用する。

「敗戦はわが国体の瑕瑾《かきん》たるべきも、英米の輿論は今日までのところ国体の変革とまで進みおらず（もちろん一部には過激論あり、また将来いかに変化するやは測知しがたし）、したがって敗戦だけならば国体上はさまで憂うる要なしと存じ候。国体の護持の建前よりもっとも憂うるべきは敗戦よりも敗戦に伴うて起こることあるべき共産革命にござ候」

このあとソ連勢力の異常な進出について、東ヨーロッパ、イラン、西ヨーロッパ等の情勢を論じた後、
「かくのごとき形勢より推して考うるに、ソ連はやがて日本の内政に干渉し来る危険十分ありと存ぜられ候（すなわち共産党公認、ドゴール政府、バドリオ政府に要求せしごとく共産主義者の入閣、治安維持法、および防共協定の廃止等々）。

ひるがえって国内を見るに、共産革命達成のあらゆる条件日々具備せられゆく観これあり候。すなわち生活の窮乏、労働者発言度の増大、英米に対する昂揚の反面たる親ソ気分、軍部内一味の革新運動、これに便乗するいわゆる新官僚の運動、およびこれを背後より操りつつある左翼分子の暗躍等にござ候。右のうち特に憂慮すべきは軍部内一味の革新運動にこれあり候」

「少壮軍人の多数はわが国体と共産主義は両立するものなりと信じおるもののごとく、軍部内革新論の基調もまたここにありと存じ候。職業軍人の大部分は中流以下の家庭出身者にして、その多くは共産主義を受け入れやすき境遇にあり、また彼等は軍隊教育において国体観念だけは徹底的に叩き込まれおるを以て、共産分子は国体と共産主義の両立論を以て彼等を引きずらんとしつつあるものにござ候」

続いて近衛上奏文は、「そもそも満州事変、支那事変を起し、これを拡大して遂に大東亜戦争にまで導き来られるは、これ等軍部内の意識的計画なりしこと今や明瞭なりと存じ候」と断定し、

「このことは過去10年間、軍部、官僚、右翼、左翼の多方面にわたり交友を有せし不肖が、最近静かに反省して到達したる結論にして、この結論の鏡にかけて過去10年間の動きを照らし見る時、そこに思い当る節々すこぶる多きを感ずる次第にござ候」と告白する。（中略）

「敗戦必至の前提の下に論ずれば、勝利の見込みなき戦争をこれ以上継続するは、全く共産党の手に乗るものと存じ、したがって国体護持の立場よりすれば、一日も速やかに戦争終結を講ずべきものなりと確信仕り候」

次に、岡田啓介元首相の上奏であるが、2月23日の『木戸幸一日記』下巻には、「10時、岡田大将参内、天機奉伺の後、

奏上する」とある。

『岡田啓介回顧録』には、この上奏について記述がないが、岡田大将記録編纂会の『岡田啓介』に若干記録されている。

岡田は、東條を除く各重臣の意見をまとめてゆく幹事役をつとめていた。そして、この東條以外の重臣全体の考え方は、ひたすら終戦への志向にまとまっていた。福田耕（岡田総理の秘書官・元衆議院議員）が、当時岡田から聞いたところによると、それまでは、「方向転換」といった表現を用いていたのが、この重臣拝謁を契機として、はっきり、「終戦」という言葉を使うに至った。岡田は陛下に奏上した言葉の中に「終戦」という言葉を使った。

「もういよいよ終戦を考えねばならぬ段階に参りました。その場合、心配なのは国内のことです。国内が混乱する恐れがあります。殊に軍の内部の混乱が、最も憂うべきことと思います」と奏上した。」

岡田の上奏に侍立した藤田尚徳侍従長がメモを取っていて『回想記』に記録されている。

「敵大型機の来襲、艦載機の大挙来襲の結果、国内の生産力の維持も容易でなく、今後、わが戦力は漸次、減殺されることは覚悟しなければなりませぬ。国際情勢も、昨年11月のスターリン演説、連合国巨頭会談からすれば、日本の戦力が減退し、国民が戦局の前途に不安を抱く時期に、ソ連は英米と歩調を合わせ、外交攻勢に出ることが考えられます。

戦局を担当する陸海軍は、誰がやっても同一かも知れませぬが、その状況判断が希望的、楽観的に過ぎる点が少なくなく、国民もまた明確な判断材料がないため、やや楽観的気分に傾いているのではないか、とおもわれるのであります。このような状態でも可能な限り急速に国力を結集して、残された全力をあげて戦争遂行に全身することはもちろんでございますが、一面には、われに有利な時期をとらえ、戦争を止めることも考えるべきでございます。ただこれは容易に口外できぬことで、このため思想の分裂混乱をきたすおそれがあり、政局の衝に当たるもの、よろしく腹中に考えを定めおくことだと存じます。

国力を結集するには、因習を打破することで、それはまず陸海軍がその垣根を取り外すことでございます。（中略）

岡田「仰せの通りでございます。ドイツ、アメリカにおいては、科学の枠を戦力化することに大いなる努力をなしております。わが国はこの点に不十分で、民間の技術者も、その工夫考案を陸海軍に提供し、陸海軍は、率直にこれを包容せねばなりません」

科学技術の結集は、今まで上奏した重臣の誰も指摘しなかった点である。精神力至上主義の陸軍と違い、海軍はもともと、近代戦争は機械と機械、物量と物量の戦いと割り切り、精神力はそれに加えるプラスアルファと考えていた。その伝統的軍事観をここに表明したのであろう。

十六節　小磯内閣の苦境と日本のあずかり知らぬヤルタ協定

小磯内閣は、全ての方策が行き詰る。重慶工作に手をつけたものの、陸、海、外三省の反対があり、対ソ外交工作についても小磯総理と重光外務大臣の意見が合わない。

敵の米国は、硫黄島から沖縄に侵攻してきており、特に3月に入ってからの無差別空襲は極度に達し、東京は焼け野原となり、近畿、中部まで被災地が広がるといった状況であった。

本土決戦に備えて、軍は、それまでの防衛総司令部（総司令官東久邇宮大将）を廃止し、第一総軍（東北・関東・東海）司令部、及び航空総司令部を東京に、第二総軍（近畿・中国・四国・九州）司令部を広島に置くことを決める。第一総軍司令官に東久邇宮殿下を、第二総軍司令官に朝香宮殿下を任命する予定で、3月28日、陸軍省人事局長額田坦中将が、その構想を東久邇宮殿下のもとへ伝えたが、東久邇宮殿下は今敵が眼前に迫っている時国土防衛機構を改変することに反対し、新機構が実施されてもその職に就くことを断ったのだった。翌日杉山陸軍大臣が訪ねて再度要請したが固辞して受けず、朝香宮殿下もまたこれに倣って受けなかったのである。

戦後、巣鴨プリズンで小磯国昭元総理が書いた『葛山鴻爪』には、当時の状況が記されている。

4月2日、陸海外の三大臣が宮中のお召を受けたという報告に接したが、これら三人から何の報告もなかった。午後になって私をお召しになったので御文庫に伺候すると、拝謁のためまた参内していた杉山陸軍大臣と待合所で一緒になった。

「なんだ今度の用件は」と尋ねると、

「実は今度全国を東西二部の軍管区に分かち、西部軍には畑元帥、東部軍には自分が軍司令官として出ることになったので、後任の陸軍大臣に阿南大将を当てたいという三長官の決定となり、陸軍人事異動の内奏に来たのだ。ちょうどよい機会だからここで君の諒解を得ておきたいと思う」というのである。「こといやしくも閣僚の更迭を必要とする問題であるにも関わらず、総理大臣に一言の断りもなく、陸軍の人事異動だからといって、先に内奏するというのは順序が間違っている」と、小磯総理は、杉山陸軍大臣が自分に相談する以前に内奏したことに腹を立て釈然としないものが残ったのである。

4月1日午前6時、沖縄本島西側海域を埋め尽くしていた米戦艦、巡洋艦群から嘉手納地区に向けて一斉に艦砲射撃を受けた後、8時には上陸を開始され、以後3ヶ月にわたって壮絶悲惨極まる「沖縄決戦」が始まった。

4月5日、ソ連は「日ソ中立条約は延長しない」旨を通告する。もちろん締結国一方の破棄通告後1年は有効という規定であり、あと1年残っているが、その時「いずれ、対日参戦?」という一抹の懸念も感じ取られたのである。

当時の日本としては、知りようもない米英ソの密約が展開され、日本は8月9日まで全く知らなかった。もし、どこかの時点で知っていたら、ソ連に日米戦争の仲介など頼みはしなかったであろう。

ソ連が最初に対日戦参加を口にしたのは、昭和18（1943）年10月、モスクワで開かれた米、英、ソ三国外相会談の最終日、晩餐会の席上である。スターリン首相ソ連最高指導者は、米国のハル国務長官に「連合国軍がドイツを屈服させたあと、ソ連は日本との戦争に参加したい。このことはルーズベルト大統領にだけは話してもよいが、他の者には絶対に秘密にしてほしい」と耳打ちした。

1ヶ月後の昭和18年11月末、連合国の首脳がイランのテヘランに集まる。スターリン首相は、「ドイツが最終的に敗北したあかつきには、われわれはともに戦線に立って、日本を倒すことができるだろう」と語っている。

翌19年の9月23日、米国のハリマン大使と英国のカー大使の二人はスターリン首相と会い、ソ連の対日参戦を具体的に話し合う。このとき、スターリンは「南樺太及び北海道を空軍によって無力化したあと、北海道を占領する」と語ったのである。

昭和20年（１９４５）2月、ソ連領クリミヤのヤルタで米英ソの3国首脳会談を行い、11日に「秘密協定」を結んだ。いわゆる「ヤルタ協定」で、以下に内容を引用する。

ソ連、米国及び英国の指導者は、ドイツが降伏し、かつヨーロッパにおける戦争が終結したのち、２ヶ月又は３ヶ月をへて、ソ連邦が左の条件により連合国に味方して日本国に対する戦争に参加することを協定した。
一、外蒙古の現状はそのまま維持されるものとする。
二、明治37年（１９０４年）日本国の背信的攻撃によって侵害されたロシア国の旧権利は、次のように回復されるものとする。
イ、樺太の南部及びこれに隣接する一切の諸島はソ連邦に返還されるものとする。
ロ、大連商港におけるソ連邦の優先的な利益はこれを擁護し、同港は国際化され、またソ連邦の海軍基地としての旅順港の租借権は回復されなければならない。
ハ、東清鉄道及び大連に出口を供与する南満州鉄道は、中ソ合弁会社の設立により共同運営されるものとする。但し、ソ連の優先的利益は保障せられ、また、中国は満州における完全なる主権を保有するものとする。
三、千島列島はソ連邦に引き渡されなければならない。
前期の外蒙古並びに港湾及び鉄道に関する協定は、蒋介石総統の同意を要するものとする。ルーズベルトは、スターリンからの通知によって、右同意を得るための措置をとるものとする。

三大国の首脳はソ連邦の要求が、日本国の敗北したのちにおいて確実に実施されることを協定した。ソ連邦は、中国を日本国から解放する目的をもって、自己の軍隊によりこれに援助を与えるため、ソ連邦―中国間友好同盟条約を中国と締結する用意のあることを表明したのである。

この頃になると、本土の各地にも連日爆撃が繰り広げられ、容易ならざる情勢に、小磯内閣は、苦境に陥り、米軍の沖縄上陸後の4日目の4月4日午後2時、小磯総理大臣は、木戸内大臣を訪ねて、内閣総辞職の意向を表明した。『木戸幸一日記』下巻によれば、小磯は次のように述べている。

予ねて御相談も致せしことなるが、戦局今日の状況に於ては、国家最高の機関として政府の組織性格はどうしてもこのままではいけないと思う。そこでお許しを得て大本営に列することにもなり、戦争指導について自分も意見を言うても見たが、とても充分とは行かない。どうしても、これからは大本営内閣、戦争指導内閣でなければいけない。そこで先月の末頃、米内とも話して改造ということも考えられるが、改造して強化された試しがないから、これも考えものだと種々話合った。実は先月末に、陛下にも御話申上げた次第なり。当時は第二回大東亜会議を中旬に開催するという考えもあり、沖縄の戦況等に鑑み、月末位には進退を決したしと考えて居たところ、第二回大東亜会議を中止することとなり（これに代わる大使会議は目下研究中）、たるのみならず、沖縄の戦況も数か月を要するやも知れず、偶々陸軍に於ては、防衛態勢強化の為杉山・畑両元帥が総司令官として出ることになり、従って阿南大将を陸相に奏請するとのことで、之を6日頃には実現したしとのことであった。そうすると今此更迭を認めて、そうして月末に総辞職するは如何にも裏切る様な形となるので、今日、米内海相とも相談の上、別紙の様な理由により総辞職したしとのことなりき。（中略）

よって2時45分拝謁、右の趣を奏上す。尚、今回は重臣の会同に先ち、内大臣に於て陸海両大臣・両総長と会見致度旨を言上、御許しを得たり。

翌4月5日、杉山元陸軍大臣が第一総軍司令官になるからといって、辞表を提出した。陸軍が代わりの大臣を出さず、閣内のいざこざ、重慶との和平問題などの諸原因で、ついに総辞職の止むなきに至ったのである。

十七節　終戦のための鈴木内閣の成立

岡田啓介大将は、今度こそ枢密院議長鈴木貫太郎男爵を内閣総理大臣として、戦争終結への決断を考えていた。

鈴木貫太郎は、慶応3（1867）年12月24日、和泉国久世村（大阪府堺市中区）の久世家の陣屋で生まれる。鈴木が生まれた時、父鈴木由哲が下総関宿（千葉県野田市）に城を持つ大名久世家の代官として、飛び地の泉州に出向いていて、後に関宿に戻った。海軍兵学校第14期生で、日清戦争のとき海軍大尉、大正3（1914）年海軍次官、6（1917）年中将・練習艦隊司令官、7年海軍兵学校校長、10（1921）年第二艦隊司令長官・第三艦隊司令長官、12年大将、13年連合艦隊司令長官・軍事参議官、14年海軍軍令部長、昭和4（1929）年侍従長、11（1936）年枢密院顧問官といった輝かしい軍歴を持つ大将であった。

昭和20年4月5日、小磯内閣の後継を決める「重臣会議」が、宮中表拝謁の間で開かれる。木戸内大臣と近衛、若槻、岡田、平沼の四重臣と欠席した米内の間では、すでに「鈴木総理」が決まっていた。知らぬは東條と鈴木自身のみであった。

まず平沼が筋書き通り鈴木の名前を持ち出す。

天皇陛下は、昭和20年4月5日夜、海軍大将、枢密院議長鈴木貫太郎男爵に小磯内閣の後継として、「卿《けい》に組閣を命ず」と大命を下す。鈴木大将は昭和4年1月から11年の2・26事件で重傷を負った後の11月20日まで8年間、侍従長として天皇陛下の身近に仕えていた。

鈴木大将は、「聖旨のほど、誠に畏れ多く承りました。ただこの事は何卒拝辞の御許しをお願い致したく存じます。鈴木は一介の武弁、従来政界に何の交渉もなく、また何の政見をも持ち合わせておりません。」と応える。鈴木を見つめていた陛下は、直ぐ後、莞爾《かんじ》として仰せられた。「鈴木がそういうであろうことは、想像しておった。鈴木の心境もよくわかる。ただし、この国家危急の重大な時機に際して、もう他に人はない。頼むから、どうかまげて承知してもらいたい」77歳の鈴木大将を任命したのである。

侍立していた藤田侍従長は、目を見張った。「陛下が〝頼む〟と言われた。御信任は並大抵ではないのだ。鈴木こそ、陛下の持ち駒として唯一の人であった」と驚嘆したと『昭和史の天皇』第1巻にて述懐している。

翌朝10時頃、迫水久常大蔵省銀行保険局長に、岳父の岡田啓介大将から「私は今、鈴木大将の組閣本部にきているのだが、誰も内閣組織の手伝いができる者が周囲に一人も居ないから、君はすぐここに来て手伝いをしてほしい」と電話がある。迫水局長は、内心躊躇《ためら》ったが、岳父の非常に強い要請についに負けて、時の大蔵大臣津島寿一さんの許しを受けて、組閣本部に入り、手伝いを始めたのである。

鈴木貫太郎大将は、組閣について万事岡田啓介大将に相談する。鈴木大将と岡田大将とは共に海軍において1年違いの同僚であり、2・26事件の生き残りでもあった。

岡田啓介海軍大将は、連合艦隊司令長官、海軍大臣、そして内閣総理大臣等の要職につき、2・26事件のクーデターの真っ最中、首相官邸から奇跡的に救出された。その後重臣として国務の枢機に参画し、大東亜戦争末期においては、その識見と声望とを通じて困難な終戦工作に奔走し、日本再建の基礎を作ったのである。

鈴木、岡田、迫水の三家は、親戚である。岡田啓介大将の妻郁は、迫水久常の父久成の妹であった。迫水久常の妻は、岡田大将の二女万亀であり、そして三女喜美子は、鈴木大将の実弟鈴木孝雄陸軍大将（長く靖国神社の宮司を務めた）の二男英《すぐる》に嫁いでいた。

岡田大将は、「自分は、今度こそ戦争をやめてもらわねばならないと思っているので、大いに手伝うつもりでいるが、自分の身代わりとして迫水久常を、内閣の番頭である内閣書記官長（今の内閣官房長官）として入れて、協力することにしたい」と提案する。

その当時迫水は、大蔵省銀行保険局長であり、山際正道事務次官の次の次官と自他共に認めていたので、非常に躊躇したが、岡田大将の「お前は自分一身を省みずに生きてないぞ。国が滅びるかどうかの時だ」と言われ、一大決心。内閣書記官長に就任し、8月15日の戦争が終わるまで、国運を賭けた「終戦工作」に心血を注いだのである。
加瀬俊一著『日本がはじめて敗れた日』に、以下のように記されている。

岡田大将の女婿迫水（久常）が内閣書記官長に起用され、早期講和の有能にして熱心な提唱者たる松谷大佐が、総理秘書官に任命されたのは、単なる偶然によるものではない。松谷大佐が東条大将の激怒を買い中国戦線に左遷《させん》されていたことは、読者も記憶されていよう。東条内閣の崩壊後、彼は主として重光の工作によって東京に呼び返され、陸相秘書官となった。この資格で、彼は始めて杉山元帥、次いで阿南大将のもとに、勤務した。故に、彼こそは早期講和について鈴木総理を援けるべきうってつけの人物であった。彼と迫水は共に私の親友であったから、私は平和のためにこの両名と十分協力した。

鈴木内閣は、4月7日午後10時30分、満州から到着の遅れた運輸相と未決定の外相及び大東亜相は暫定的に適時兼任として、次の閣僚の親任式が通り行われた。

内閣総理大臣兼外務大臣	鈴木貫太郎
兼大東亜大臣	鈴木貫太郎
内務大臣	安倍源基
大蔵大臣	広瀬豊作
陸軍大臣	阿南惟幾
海軍大臣（留任）	米内光政
司法大臣（留任）	松阪広政
文部大臣	太田耕造

厚生大臣　岡田忠彦
農商大臣　石黒忠篤
軍需大臣兼運輸通信大臣　豊田貞次郎
国務大臣（情報局総裁）　下村　宏
同　左近司政三
同　桜井兵五郎
内閣書記官長　迫水久常
法制局長官兼綜合計画局長官　村瀬直養

4月9日に、外務大臣兼大東亜大臣東郷茂徳の親任式を行い、4月11日に運輸通信大臣小日山直登及び国務大臣安井藤治の親任式がそれぞれ行われた。また4月16日には陸軍中将秋永月三を現役のまま綜合計画局長官に専任したのである。

十八節　戦艦大和撃沈

鈴木内閣が成立する前日の4月6日、海軍は沖縄周辺にいる米艦隊に対し、最後の決戦に挑んだ。連合艦隊司令長官の豊田副武大将は、最後まで温存していた艦艇を集めて第一邀撃《ようげき》隊を組織し、沖縄海域への特攻突入を命じる。いわゆる菊水第一号作戦である。戦艦「武蔵」とともに海軍が誇っていた6万4千トンの巨艦「大和」は、巡洋艦「矢矧《やはぎ》」ほか8隻の駆逐艦に護られ、出撃した。戦艦「大和」は山口県三田尻港から出て行ったが、南下を始めて間もなく、豊後水道で早くも敵の潜水艦に発見されたのである。

翌7日宇垣纏《まとめ》中将の率いる海軍航空隊の護衛のもと、更に南下を続ける。昼過ぎ米国の航空戦隊はスプルーアンス大将の指揮する航空母艦群から飛び立ち、鬼界ヶ島付近で「大和」を発見する。直ちに200機ないし300機の爆撃機、戦闘機が2時間も執拗に襲いかかり、20本の魚雷の突撃も受け、あえなく午後2時33分「大和」は海の底に沈んだのである。

『昭和天皇実録』には以下のように記録されている。

4月7日午後3時過ぎ、沖縄突入の海上特攻隊の第41駆逐隊司令より、海軍大臣・軍令部総長に対し、午前11時41分より数次にわたる敵艦上機大編隊の攻撃を受け、大和・矢矧・磯風が沈没、浜風・涼月・霞が航行不能、その他各艦多少の損害あり、冬月・初霜・雪風は救助の後、再起を図るべき旨を報じる電信が接到する。翌8日午後5時、大本営は、我が特別攻撃隊航空部隊並びに水上部隊が4月5日夜来、沖縄本島周辺の敵艦船並びに機動部隊を反覆攻撃し、特設航空母艦2隻ほかを撃沈又は撃破したが、我が参加部隊のうち戦艦1隻、巡洋艦1隻、駆逐艦3隻が沈没した旨を発表する。

これによって、海軍の戦闘能力は潰滅したが、4月12、13の両日、特攻機220機を含む392機を繰り出して決戦を挑む。戦果は敵の艦船47隻を撃沈と報ぜられたが、戦後発表された米国の資料によると、17隻とされていた。どちらにしても〝無敵海軍〟はここに終焉したのである。

米国では、4月12日にルーズベルト大統領が病死し、トルーマン副大統領が大統領に就任する。

十九節 「国力の現状と国際情勢の分析」の調査

鈴木内閣の組閣の翌日の4月8日、鈴木総理大臣は、迫水書記官長を呼んで、「陸軍は徹底抗戦を主張しているが、今の日本には、本当に戦争を続けていくだけの力があるかどうか調べる必要がある。和戦いずれの道をたどるにしても政府としては国力の現状を掴んでおかなければならないので、なるべく広範囲にわたって調べてくれ」と、ご下命する。

迫水書記官長は、この調査をするには、秘密一点張りの軍部の協力を得る必要があると考える。そのため、内閣綜合計画局の機能を発揮させ、この計画局の長官を軍部も信頼する軍人をもってあてることが望ましいと考えた。鈴木総理に上申して、迫水の企画院第一課長時代に第一部長として尊敬していた陸軍中将秋永月三を任命した。迫水と秋永の二人が幹事となり、その補佐役に内閣から毛里英於兎《もりえおと》、参謀本部から種村佐孝大佐、海軍から末沢慶政大佐、外務省から曽祢益《そねえき》（のち民主社会党書記長）ら、有能な官僚及び将校を簡抜する。秘密的な委員会を作り作業に着手したのである。

この調査の結果は、「国力の現状」と「世界情勢の推移についての判断」という二つの部門に分けて整理し、5月中旬に出来上がった素案を、総理に説明した。少し長くなるが重要なので全文引用する。

国力の現状

一、要旨　戦局の急迫にともなって、陸海交通と重要生産はますます阻害せられ、食糧の窮乏は深刻さを加え、近代的物的戦力の総合発揮は非常に困難となり、民心の動向はまた深く注意を要することになった。したがってこれらに対するもろもろの施策は、まったく一瞬を争うべき情勢になっている。

二、民心の動向　国民は胸のなかに深く忠誠心を抱き、敵の侵略などに対しては抵抗する気構えを示してはいるが、一方、局面の転回を希望する気分もある。軍部および政府に対する批判が次第に盛んになり、ややもすれば、指導層に対する信頼に動揺をきたしつつある傾向がみられる。かつ、国民の道義が廃《すた》れてくる兆《きざ》しをみせている。また、自己だけを防護するという観念が強く、敢闘奉公精神の高揚は十分ではない。庶民層では、農家においても、あきらめと自棄的な風潮がみられる。指導的知識層には、焦りと和平を求める気分が底流していることがみられる。このような情勢に乗じて、一部の野心分子は、変革的な企図をもって動いている形跡がある。沖縄作戦が最悪となったときの民心の動向に対しては、特に深甚な注意と適切な指導とを必要とする。なお、今後敵の方から、わが思想を乱すような行動が盛んになることも予期しなければならない。

三、人的国力

（イ）人的国力は、戦争による消耗もまだ大きくはない。物的国力に比べれば、なお余裕がある。ただ、その使用は、概して効率的でない。動員及び配置は、生産の推移に即応していなくて、人員の偏在、遊体化を示しつつある有様であって、徹底的な配置転換及び能率増進を強行すれば、人的国力の面で、戦争遂行に大きな支障はないし、これが活用のいかんによっては、まだ、戦力をつくり出す余地があるとみとめられる。ただし、今後において、大規模な兵力動員がある場合は、必ずしも楽観を許さないものがある。

(ロ)戦争に基づく人口増加率の低下のきざしがようやく現れ、また、体力の低下は特に戒心を要する。

四、輸送力及び通信

(イ)汽船輸送力については、使用船舶量が急激に減少して、現在では、約百数万総トンになっており、しかも燃料の不足、敵の妨害が激化するとともに荷役力も低下しているため、運航が著しく阻害されている。もし、最近における損耗の実績をもって推移するなら、本年末においては、使用船舶量はほとんど皆無に近い状態になるであろう。また、大陸との交通を確保できるか、できないかは、沖縄作戦の如何によるところが大きく、最悪の場合には、6月以降計画的な交通を期待することができなくなるだろう。機帆船の運輸力もまた燃料不足及び敵の妨害によって、急激に減少するおそれが大きい。

(ロ)鉄道輸送力は、最近における車両、施設などの老朽化に加え、空襲の被害によって、次第に低下しつつある。今後、敵は交通破壊のための空襲を激化させてくるだろうし、そのため、鉄道輸送力の確保にはあらゆる努力を尽しつつあるが、前年度に比べ、2分の1程度に減退するだろうし、特に本年中期以降は、一貫性を失い、局地輸送力となってしまうおそれが強い。

(ハ)陸上の小輸送力並びに港湾の荷役力は、資材、燃料、労務事情及び運営体制の不備などを伴って、末端の輸送及び海陸輸送の接続だけでなく、鉄道および海上輸送自体についても重大な支障が出てきつつある。なお、港湾については、今後敵襲によってその機能が停止させられるおそれが大きい。

(ニ)通信は、資材、要員などの事情並びに空襲の被害により、その機能が妨げられつつある。

今後、空襲がひどくなるにつれ、本年中期以降においては、各種の通信連絡は、著しく困難になるものと思われる。

五、物的国力

（イ）鉄鋼の生産は、主として原料炭及び鉱石の輸送、入手難などのため、現在はだいたい前年の同期に比べ、4分の1程度に減っており、鋼船の新造、補給は本年中期以降、全く期待できない状況にある。なお、今持っている資材の活用、戦力化についても実行の途中で、多大の困難を克服する必要がある。

（ロ）東部及び西部地域に対する石炭の供給は、生産及び輸送力の減退に伴って、著しく低下し、空襲の被害の増大に伴って、中枢地帯の工業生産は、全国的に下降線を辿りつつある。中期以降の状況によっては、中枢地帯の工業は、石炭の供給が途絶えることによって、相当の部分が運転休止になってしまうおそれが大きい。

（ハ）大陸からの工業塩の輸送量が減ってきたので、ソーダを基盤とする化学工業の生産は、加速度的に低下しつつある。特に中期の原料塩の供給は危機に直面することが予想される。このため、軽金属及び人造石油の生産はもとより、火薬、爆薬の確保にも困難が生まれてくるのは間違いない。

（ニ）液体燃料は、今後、日本、満洲、支那からの自給に待つほかはなく、貯蔵油が底をつくのと増産計画の進行が遅れることによって、航空燃料などのひっ迫は、中期以降の戦争遂行に重大な影響を及ぼす情勢にある。

（ホ）航空機を中心とする近代兵器の生産は、空襲の激化による交通及び生産の破壊、並びに前に述べた原材料、燃料などの入手難のため、在来の方式による量産は遠からず難しくなるものと思われる。

六、国民生活

（イ）食糧のひっ迫は、だんだん深刻さを加え、この端境期は開戦以来最大の危機に見舞われている。大陸からの糧穀及び食料塩の計画的な輸入を確保したとしても今後国民の食生活は強く規制された基準の糧穀といのちをつなぐに必要な最小限の塩分をようやく摂取する程度になることを覚悟しなければならない。更に海外からの輸移入の妨害、国内輸送の分断、天候及び敵襲などに伴う生産の減少といった条件を考えるとき、局地的に饑餓状態が出てくるおそれもある。治安上からみても楽観を許さない。なお明年度の食糧事情が本年度に比べて、更に深刻になることは想像に難くない。

（ロ）物価の値上がり状況が一段と激しくなり、ヤミの横行、経済道義のすたれたことなどによって、経済の秩序が乱れる傾向が著しくなってきている。今後の推移によっては、インフレーションの進行がその極に達し、ついには戦争経済の組織的な運営を不可能にすることも十分考えられる。

世界情勢の推移についての判断

一、敵側の情勢　当面の主たる敵である米国は物心両面の出血が増えたり、ルーズベルト大統領の死去、あるいは欧州戦争の終結に伴う厭戦気分や戦争指導上の悩みを内に秘めながらも、なお、豊富な物力をもって、単独で、速やかに対日戦争を終わらせようとする戦意が盛んで、今後も対日作戦に強行に邁進してくるものと思われる。英国は欧州戦争が終わったのち、なるべく早い時期に終戦を希望はしているだろうが、対日戦争の指導は、米国が主導権を握っているので大勢を左右するところまではいかない。つまるところ英国は全世界における米国との協調の必要性並びに彼の予想する戦後の東亜処分に際しての自国の発言権を確保するため、対日戦争参加を続行し、かつ、在東亜の兵力を増強するであろう。重慶（蔣介石のこと）は、延安（毛沢東のこと）との抗争及びソ連の動きについて苦悩しているが、なお、米国を利用しての対日戦の完遂とその国際的地位の向上をはかり、米国の中国大陸または日本本土作戦に呼応して、積極的に反攻を展開するであろう。以上の大勢にかかわらず、特に欧州においては、米英対ソ連の角突き合いがようやく表面化してきた。また、米英と重慶との間にも戦争目的の不一致があって、反枢軸側の結束は弱くなる傾向にある。しかしながら、妥協によって当面の問題を糊塗するよう努力するだろうから、彼らの陣営の結束は、にわかに崩れることはないだろう。但し、日本が毅然として長期戦遂行に邁進し、彼らの大出血を強要して、本年の後期までがんばれば、敵側の戦争を続けようとする意志に相当な動揺を与えることがあるような気もする。

二、ソ連の動向　ソ連は、欧州戦の終結に伴い、欧州に対する戦後処理並びに自国の復興に努めると共に大東亜戦争に対しては、自主的な立場を持続しつつ、機に応じて東亜、なかんずく満支方面に対して勢力を伸ばすよう企図するものと思われる。日本に対しては、これまで積み重ねてきた措置によって、必要とあればいつでも敵対関係に入ることができるような外交態勢を整えるとともに東部ソ連の兵備を強化しつつあるから、ますます政略的圧迫を加え、大東亜戦争の戦況が日本にとっては甚だしく不利で、自国の犠牲が少ないと判断する場合には対日武力の発動による野望達成に出てくる公算が多い。しかし、米国の東亜進出に対する牽制的な意味の立場に立てば、比較的早期に武力行使に出ることがないとも言えない。その時期については、米軍の日本本土、中北支方面への上陸のとき、北満の作戦的気象条件、及び東部ソ連への兵力集中の状況などからみて、本年の夏、秋の候から後は特に警戒を要する。なお、ソ連としては、米国の希望の実現を助けるとともにかねてからの自己の意図達成を目途として、日本に対し米国との和平を強要する場合もないとはいえない。

三、東亜の情勢

（イ）太平洋方面　米英は有利な戦争の情勢に乗じて、日本本土をなるべく速やかに大陸から分断すると共に熾烈な航空作戦により、日本の無力化を策し、一挙に日本全土に対して短期決戦を挑んでくるものと思われる。このため、南西諸島でわが軍が徹底的な戦果を上げない場合には、米英は南西諸島攻略に引き続いて、付近の基地を拡充し、6月下旬以降真っ直ぐに九州、四国方面、状況によっては朝鮮海峡方面での上陸作戦を強行し、ついで、初秋以降、決戦作戦を関東地方に目指す公算大である。また、対日基地の獲得及び対ソ、対支攻略を目的とする中北支要地作戦を行う可能性も出てきている。なお、失地回復及び対ソ、対支補給などを目的として、本土及びその他の作戦と並行的に中南支沿岸作戦を企てることも考えられる。欧州戦の終結に伴い、夏以降は相当量の敵、ことに大型飛行機の来攻を予期しておくことが必要である。

（ロ）支那方面　重慶は米国の支援により、基幹戦力の米国式化をはかる一方、空軍力の増勢と相まって米国の作戦に策応して、秋以降には対日全面的反攻を実施する公算が大である。このように米国の進出が積極化するのに伴い、大陸の戦線もまことに重大な局面にぶつかるものと予想される。また、わが占領地域に対する敵、特に延安側の遊撃反攻（ゲリラ攻撃）はますます激化されるであろう。重慶と米国との関係の現況に照らし合わせ、当面、日支間全面和平を実現させることは大変難しい問題だが、支那の再戦場化、米国完勝による東亜制覇の前途に対しては、一抹の不安を抱いていると共に、他面、延安勢力が次第に浸透し、拡大して行き、特にソ連の圧力が増大する可能性については深刻な苦悩を内蔵しているとも言える。

（ハ）南方方面　ビルマ方面に対しては、引き続き陸海軍の圧力加重により、同方面におけるわが戦略及び政略態勢は縮小しなければならなくなると思われる。また、敵は太平洋方面の敵勢力と関連して、ボルネオ上陸作戦を強行し、更に近くマレー半島、スマトラ及びその他の要地に上陸し、政略及び謀略を強化しつつ、逐次その他の各域を蚕食《さんしょく》し、その要域の奪回を狙ってくるに違いない。

（ニ）大東亜の諸国は、戦局の推移と敵側の謀略の激化と相まって、対日非協力的な態度が少しずつ表面に出てきており、なかには、ついに敵性化するものも出てくるようになるであろう。

この調査結果は、日本の生産の実態は、発表されている諸種の統計よりもはるかに悪いものであり、要約すれば次の通りである。

「鉄の生産量は月産10万トンに満たず予定量の3分の1程度にすら及ばず、飛行機の生産の如きは予定数の半分程度である。外洋を航海しうる船舶は、どんどん撃沈せられる一方、その補充はつかず、傾向線をたどると、年末には零の点に達すると見込まれる。そのために海外より原料補充しなければならない油やアルミニウムは、その生産が激減し、ガソリンの代わりに松根油を用い、海軍の艦艇すら燃料に重油と大豆油とを混用する有様である。アルミニウムは、9月以降には計画的な生産の見込みが立たない。石炭は生産低下と輸送難で、工業中心地の工場は相当数運休に至る。大陸からの工業塩が来ないから、ソーダを基礎とする化学工業生産は加速度的に低下し、このままでは本年中期以降は、軽金属、人造石油、火薬、爆薬の確保は困難になる。液体燃料はもはや自給以外になく、中期以降は、戦争の遂行に重大な差し支えがくる。という状況である。空襲による本土の被害は全く予想以上に大きくB29一機当たり平均の焼失戸数は270戸余りであり、この状況で行けば9月末までには全国の人口3万以上の都市にある家の総数に相当する戸数の家が皆無くなってしまう計算である。」

要するに、日本の生産は9月まではどうにか組織的に運営されるであろうが、それから先は全く見当がつかないということが判ったのである。

一方ヨーロッパ戦線は、どうなっているかを知る必要があろう。

3月7日、米軍がレマーゲン附近でライン渡河に成功、ベルリンへの破竹の進撃に移る。東方より進攻するソ連軍は4月13日、ウィーンを占領、同23日、その戦車隊の先頭がついにベルリン市街に突入、西側からの米英などの連合軍とともに惨烈な市街戦を展開していた。

4月28日、イタリアのムッソリーニ総統が処刑され、イタリアは完全に敗戦した。

同30日、ヒトラー総統は、総統官邸の地下壕で自殺し、5月7日にベルリンが陥落して、ついにナチス・ドイツは完全に崩壊。これによって、欧州における戦争は終わりを告げたのである。

しかしソ連は、その軍隊を自国に復員させることなく兵力をソ満国境に集め始め、9月末までにいつでも満州国に進入し得る態勢を整えていった。

先程の調査の話とソ連の動向を考え合わせると、結論は、9月までに何としても戦争の結末をつけなければならない状況であった。

迫水書記官長は、この調査の素案を、鈴木総理に報告したところ、鈴木総理は、この結論を得て意を決された。

6月6日午前9時からの最高戦争指導会議において、午後6時まで審議され、「戦争指導の基本大綱」が決められた。

阿南惟幾陸軍大臣、米内光政海軍大臣、東郷茂徳外務大臣、梅津美治郎陸軍参謀総長（大連出張中の為河辺虎四郎参謀

次長が代理出席）、豊田副武海軍軍令部総長という正規メンバーの他に、石黒農商務大臣、豊田貞次郎軍需大臣、幹事として迫水久常内閣書記官長、秋永月三内閣総合計画局長官、吉積正雄陸軍軍務局長、保科善四郎海軍軍務局長らが出席した。

この会議は、この後起こる「国体護持」のための「終戦」をめぐる陸軍対宮中グループの抗争の始まりとなったのである。

冒頭、秋永計画局長官と迫水書記官長が、「国力の現状」と「世界情勢の判断」について、説明。この後あと河辺参謀次長が、戦局の見通しを述べる。国力と世界情勢について作成に当たった迫水書記官長が、「率直にいって、戦争継続が著しく困難になるというよりも、むしろ不可能であることを示すもの以外のなにものでもない」と状況を述べる。

豊田軍需大臣は、「敵は空襲によってわが方の生産を漸減させたのち上陸を企図しているものと思うが、軍需生産については、陸軍その他で、自分の希望するような条件が容れられれば増産も不可能ではありません」と反論した。

東郷外務大臣は「今、軍需大臣が述べた条件の実行は殆ど不可能と思う。従って、生産の増強ができれば戦争を継続するという考え方はあまり意味がないのではないか」とさらに反論。

阿南陸軍大臣は、これについて「いや、陸軍としては軍需生産についてはできる限りの協力を惜しまない。軍としては戦争の決意を持続することは、ただいまの戦況が思わしくなくても当然と思います」と反駁した。

東郷外務大臣は冷静に判断し厳しく問いかける。

「この二つの資料から見れば、戦争継続の可能性は全然ないから、もっと率直な基本方針を定むべきであって、提出された資料と案文との間にはまったく連絡がつかない。統帥部は本土に近づけば有利といわれるが、それは優秀なる空軍がある場合に限るのであって、その条件が満たせない以上、有利とは言えない。」

「幹事の説明ではこの際、外交的活動によって窮地を救えるようにいうが、日本の外交は今や八方ふさがりでそのような空想を抱くのは禁物だ。」

「かくの如き決定を今頃なすのは無意味ではないか」

これに対し、河辺参謀総長代理は、「当面は戦争継続の決意でもって進むのは当然ではないか」と反論した。

結局、「今後採るべき戦争指導の基本大綱」には、「国力」や「世界情勢」の分析は全く生かされず、本土決戦を主とした戦争完遂の方針が決まったのである。

二十節　6月8日の御前会議

6月8日午前10時5分から、宮内省第二期庁舎の表拝謁の間で「御前会議」が開かれた。

出席者は、最高戦争指導会議の正規メンバーと幹事の11人、加えて石黒忠篤農商務大臣、平沼騏一郎枢密院議長の13人である。

天皇陛下が「出御」して会議が始まる。

鈴木総理大臣が議事進行役で、「本日の議題は「今後採るべき戦争指導の基本大綱」であります。本問題を研究する前提と致しまして、まず国力の現状に関して一応検考致したいと思います。総合計画局長官をして朗読致させます」と言って開会した。

まず、秋永長官が「国力」を、そして「世界情勢判断」について迫水書記官長が読み上げる。

その後に河辺参謀総長代理と豊田軍令部総長が、本土決戦への決意を述べる。続いて豊田軍需大臣が軍需生産について、石黒農商務大臣が食糧事情を説明する。そして、東郷外務大臣が、迫水書記官長の読み上げた「世界情勢判断」より、一段と厳しい考え方を三点にわたって述べ、注意を喚起したのである。

「第一点は、米国は、帝国を比較的に短期間に屈服せしめ得べしとの自信を固め、対日戦意の喪失を近き将来に期待することは不可能である。

第二点は、大東亜戦争継続中に米英ソ三国の協調が破局に陥ることは、容易に期待し得ざる。

第三点は、ソ連の対日同行に関連してでございますが、ソ連をして厳正中立以上に我方に好意的なる態度を執らしむるが如きことは、ほとんと不可能と申すくらい至難でございますから、この種好意的態度を見越して指導方針を決定するが如きは厳に慎むべきことと考えらるる次第でございます」

鈴木総理は、引き続いて平沼枢密院議長、阿南陸軍大臣、米内海軍大臣に所見を求めたが、平沼議長のみが発言した。

「万難を排しあくまで戦争を続行することに邁進せざるべからず。最も大切なる戦局の推移とくに戦況我に不利なる場合には民心緩し易きものなるを以て、これに対する制圧の処置を充分講ずること、即ち権力を以てこれに臨むこと肝要なり。

戦争完遂せんとする時に和平を唱うるが如きは最も戒むべし。国民の間に和平の瀰漫《びまん》するが如きは最も戒むを要し、これを国民の教化と権力とにより制圧を要す」

次に、鈴木総理は、「戦争指導の基本大綱」の読み上げを迫水書記官長に命じ、議題とし、出席者の意見を求める。しかし、東郷外務大臣の問題提起にもかかわらず、誰の発言もなく、天皇陛下自身も御下問されない。こういう会議の中「今後採るべき戦争指導の基本大綱」は決定されたのである。最後に鈴木総理が「大綱」の第二、第三項（対ソ政策の推進と国力の充実）について「必死の決心で完遂する」と述べて、天皇陛下の「入御」で午前11時55分終了した。

戦争終結の方途についてもいろいろと協議された。東郷外務大臣が極力反対されたのにかかわらず、ともかくソ連に対してもう一度日米間の仲裁を打診してみようということになった。当時箱根に疎開していたソ連のマリク大使に対し、広田弘毅元総理に依頼して密かに接触打診していたのである。

当時海軍はその艦艇も飛行機もその殆ど全部を失っており、終戦論に傾いて、陸軍は、戦争継続の意向が強かった。ただ一部には早くやめてほしいと考える人もいたのである。

二十一節　迫水書記官長と瀬島参謀の会談

参謀本部第二課という作戦の一番中心にいた瀬島龍三中佐が、4月中旬密かに迫水書記官長のところにやってきた。

この瀬島龍三の妻は、2・26事件で岡田総理の身代わりになった松尾伝蔵大佐の長女である。その松尾伝蔵大佐の長男である新一陸軍大佐の妻は、迫水書記官長の妹であり、義理の兄弟になる。瀬島さんは、迫水先生のことを「兄さん、兄さん」と呼んで親しんでいた。

瀬島龍三著『瀬島龍三回想録・幾山河』には、会談の様子が記されている。

4月半ば、私は作戦業務連絡のため鹿屋基地から上京した。久しぶりに迫水久常書記官長に電話した。迫水さんは「ぜひ会いたい」と言い、私は翌日夜12時ごろ、書記官長官舎を訪ねた。迫水氏は防空幕を下ろした官舎の応接間で国民服を着て待っていた。緊張・苦悩のためか、大きい目がさらに大きく見えた。まず、沖縄作戦について聞かれ、状況を説明した。

迫水さんは「龍三さん、内外の戦局は我が国にとって極めて悪い。鈴木内閣としては、まさに正念場だ」と前置きし、「陸海軍は本土決戦を強く主張しているが、本土決戦で本当に勝ち目はあるのだろうか」と聞いた。

瞬間、私は困った。私は大本営陸軍参謀であり、連合艦隊参謀でもある。返答に窮した。しかし、国家、民族にとって重大事であると思い、「現在の私の立場を離れて個人としての本心を申し上げる」と切り出し、次のように話した。

「今、考えなければならないことは二つある。一つは『ソ連の対日参戦』、もう一つは『本土決戦』の問題である。私の判断するところ、特に伝書使旅行のときのソ連軍の東送状況、ソ連の中立条約不延長通告などよりして、必ずや北満が厳冬期を迎える前の9月以前に対日参戦するであろうと考えられる。これは我が国の戦争遂行に決定的な影響を与えると思う。また、本土決戦については、従来の太平洋における離島作戦と異なり、陸軍の大兵力をある程度集中使用し得るので、その点は有利であるが、その成否の見通しは四分六分と言わざるを得ない。それは陸海軍の航空戦力がほとんど無力に近いからである。ことに本土決戦の場合は婦女子を巻き込み、全国土は完全に焦土と化し、その結果戦後日本の復興も国体の護持もともに不可能となるであろう。要はソ連参戦前に戦争終結を策すべきである」

「龍三さん、ありがとう。本当のところがよくわかったような気がする。鈴木総理にもこのことを報告し、一身を顧みず戦争終結に全力を尽くしたいと思う。いつ会えるかも知れないが、お互いに国のために頑張ろう」

私は、迫水さんから冷えたお茶を一杯いただき、別れた。

その頃、瀬島龍三中佐は、沖縄戦を陸海軍の兵力を一元的集中して戦う方針に基づき、大本営陸軍参謀、海軍参謀兼連合艦隊参謀という3つの肩書で、鹿児島県鹿屋の連合艦隊基地に勤務していた。ついに沖縄陥落となり、その報告のため6月27日帰京した。ちょうど近所に住んでいた迫水書記官長から「龍三さんね。明日28日、どうしても貴方に会いたい。申し訳ないが、軍服でなくて略服で夜中12時にきてくれ」との電話が入り、翌日二人は会ったのである。

迫水書記官長は、「龍三さん、大本営政府連絡会議などの公式会議においては、陸軍大臣や海軍大臣も、参謀総長や軍令部総長も皆、本土決戦をやって戦争を継続すべきだという意見ですが、本土決戦の勝ち目はあるのか。貴方の本音を聞きたい」と質問をした。

瀬島中佐は、「ご希望通り、僕個人の本音を申しましょう。迫水さん、本土決戦に勝ち目はありません。なんとなれば本土決戦はアメリカにとっては上陸作戦で、日本にとっては上陸防御です。上陸作戦も上陸防御も戦いの勝ち負けを制するのは制空権ですが、陸海軍とも航空兵力は非常に傷んでしまい、上陸作戦で勝ち目を取るだけの力はありません」と、残念の涙を流された。

続き、迫水は「ソ連はどういうふうに出てくると龍三さんは判断しますか」と質問した。

瀬島さんは、「遅くも今年の8月、9月までにはソ連は対日参戦してくると思いますよ。私は19年の暮れから20年2月まで外交伝書使としてシベリア鉄道で日本とモスクワを往復したことがある。それで、対独戦線のソ連兵力がシベリア鉄道でどんどん東走されているのを現実にこの目で見ていたんです。すでにソ連は対独戦線から対日戦線に方針を変えておると僕は判断していた。

ただ、シベリア鉄道の輸送力から考えて、極東に兵力が集中されるのは8月から9月ぐらい、遅くても北満の天候気象から考えて、10月になれば寒くて戦ができなくなるので、それまでの間にソ連は満州に出てくると思う」と答えた。

次に、迫水は、「龍三さん、仮に政府なり国家なりが終戦の命令をここで出したならば、陸海軍の第一線はそれに従うでしょうか」と聞いた。

瀬島中佐は、「戦勢は悪いけれども、わが国の軍隊は陛下の軍隊であって、陛下の御命令があればそれに従うと思います。承詔必謹と思います」と答えた。

最後に、迫水書記官長は「龍三さん、本当にありがとう。今日のお話は非常に有益だった。鈴木総理に報告をして政府としては最善の努力をして終戦を急ぎましょう」と言ったのである。

二十二節　凄惨を極めた沖縄の陥落

話を沖縄戦に戻す。

沖縄の守備隊は、5月4日全兵力を結集して最後の攻撃を決行した。米軍の砲撃にあい損害を大きくしたので、その後は陣地に立て籠もりながらの持久戦による抵抗を続けることはできたが。もはや積極的な攻撃力は残っていなかったのである。

それでも、5月23日の夜、鹿児島県鹿屋の飛行場を発進した決死部隊の義烈空挺隊が、沖縄の北及び中の飛行場に強硬着陸して、数日間占領した。米軍の使用を不能にしたが、後続の増援部隊なく、この空挺部隊は玉砕してしまったのである。

海軍は6月13、14の両日全員突撃を敢行し、太田実少将とその幕僚たちは自決。陸軍の残存部隊も6月17日には絶望的な状態に陥る。そこで、第32軍司令官牛島満《みつる》中将は、各方面に別れの電報を打ち、23日の朝、海岸に面する坑道陣地の入り口で、参謀長の長 勇《ちょういさむ》中将とともに自刃して果てた。米軍上陸以来83日間、軍人、住民ともに大奮闘、全島一丸となって言語に絶する激しい攻防を展開したが、力尽き、凄まじい惨状を残して死闘は終わった。日本軍の死者10万人、一般人15万人が戦火に斃れたのである。

二十三節　今後採るべき戦争指導の基本大綱

もう一度6月8日の「御前会議」の話に戻す。

内閣側は、終戦の方向を考え、陸軍側は本土決戦の方向を考、中々論議がまとまらなかった。

結局、「今後とるべき戦争指導の基本大綱」として、「七生尽忠の信念を源力とし、地の利、人の和を以って飽くまで戦争を完遂し、以て国体を護持し、皇土を保衛し、征戦目的の達成を期す」との方針が決まったのである。

また、その要領は次の通りである。

①速やかに皇土戦場態勢を強化し、皇軍の主戦力を之に集中す。爾他《じた》の彊域《きょういき》における戦力の配置は、我が実力を勘案し、主敵米に対する戦争の遂行を主眼とし、兼ねて北辺（ソ連）情勢急変を考慮するものとす。

②世界情勢変転の機微に投じ、対外諸政策、特に対ソ支施策の活発強力なる実行を期し、以て戦争遂行を有利ならしむ。

③国内に於いては挙国一致、皇土決戦に即応し得る如く、国民戦争の本質に徹する諸般の態勢を整備す。なかんずく、国民義勇隊の組織を中軸とし、ますます全国民の団結を強化し、いよいよ戦意を昂揚し、物的国力の充実、特に食糧の確保並びに特定兵器の生産に、国家施策の重点を指向す。

④本大綱に基く実行方策は、それぞれ、担任に応じ具体的に企画し、速急に之が実現を期す。

このような「方針」と「要領」には、「国力の現状」と「世界情勢の判断」の分析が全く生かされていなかった。迫水書記官長の記録によると、東郷外務大臣は、「この二つの資料をみれば、戦争継続の可能性は全然ないから、もっと率直な基本方針を定めるべきであって、提出された資料と案文との間にはまったく連絡がつかない」と痛論したという。更に、東郷外務大臣は「この決定に頭を悩まし、あれが残っている限り、具体的には仕事が進められん」と嘆いた。

この御前会議終了後の午後2時前、天皇陛下は木戸内大臣を「御文庫」に呼び、「こういうことが決まったよ」と本土決戦方針を見せた。

木戸は、「其の案の内容（御前会議にかけられた大綱）を見るに依然として強硬なる方針である。かくては平和の招来は何時の事となるべきか、あるいは時期を失して遂に国体を破壊するに至るやも知れずと深憂し、ここに意を決し御前会議開催の日に之を起草せし」と思い、次のような「時局収拾の対策試案」を作成したのである。

一、沖縄戦は遺憾ながら不幸な結末になるだろう。それも極めて近い将来であろう。

二、御前会議に出された国力の研究から見て、戦争遂行の力は本年下半期にはほとんど喪失するだろう。

三、敵の今後とるべき作戦は、もとよりこの方面の素人たる余の的確に判断し得ざるはもちろんなるが、今日、敵の空軍力、大量焼夷弾攻撃の威力よりみて、全国の都市といわず部落に至るまで、シラミつぶしに焼き払うことはさしたる難事にあらず、また、それまでの時を要せざるべし。すなわち、住居の破壊戦術に出らるる時は、これは貯蔵の衣服、食糧の喪失を同時に伴う。ことに農村方面にては、従来、空襲に慣れおらざるゆえ、不意にこの種の攻撃に遭遇するときは、あらかじめ貯蔵品の疎開等は、到底、実施困難なるべく、結局は、ほとんどその全部を喪失するものと見ざるべからず。いわんや全国の小町村に至りては、対空防御は皆無というべく、地上の民防空の施設も極めて貧弱なるにおいてをや。

四、以上の想定にして大なる誤りなしとせば、本年下半期以降の全国にわたる食糧、衣料等の極端なる不足は、寒冷の候に向かう季節的関係もあり、容易ならざる人心の不安を惹起すべく、事実は真に収拾しあたわざることとなるべし。

五、天皇陛下の御親書を奉じて仲介国と交渉す。相手国たる米英と直接交渉を開始し得れば、これも一策ならんも、交渉上のゆとりを取るために、むしろ今日、中立関係にあるソ連をして仲介の労をとらしむるを妥当とすべきか。

六、御親書の趣旨、宣戦の詔勅の御趣旨を援用し、常に平和を顧念あそばさるところ、今日までの戦争の惨害に鑑み、世界平和のため、難きを忍び、極めて重大なる条件をもって局を結ばんことをご決意ありたることを中心とす。

条件の限度

名誉ある講和（最低限たることはやむを得ざるべし）

宣戦の目的に考え、太平洋をして真に字義通り太平洋たらしむることの保障を得れば、わが占領地の処分は、各国家、及び各地域における国家民族の独立を達成せしむれば足るをもって、わが国は占領指導等の地位を放棄す。占領地に駐屯せる陸海軍将兵は、わが国において自主的に撤兵す（この場合、武装を現地において放棄する必要に迫らるることあるべきも、これは交渉の結果に待つこととす）

七、軍備の縮小については、相当強度の要求を迫らるるは覚悟せざるべからず、これは国防の最少限度をもって満足するのほかなかるべし。

八、軍部が和平を提唱し、政府が交渉するのが正道である。しかし、現状ではそれは不可能であり、またその機を待っていれば時期を失し、独と同様の運命になり、皇室の御安泰、国体の護持という至上の目的を達することはできない。

九、従来の例からすれば異例で畏れ多いことであるが、天皇陛下の御勇断を御願い申し上げ、戦局を収拾する以外にないと信じる。

木戸内大臣は、９日午前11時に、まず松平康昌内大臣秘書官長に「試案」を見せ対策を話し合った。その時秘書官長は、次のような助言をする。

「あの御前会議の決定について、陛下がもういっぺん関係者を呼ばれ、本土決戦を止めるとは今までの習慣上おっしゃれなくとも、あの時は黙っていたが、どうも前提と結論がおかしいからといろいろ質問の形で持ち出されては如何でしょうか」

また、外務省の加瀬俊一、松谷誠（首相秘書官、陸軍大佐）にも相談。

木戸内大臣としては、この松平の助言を生かすには、まず「試案」について、天皇を始め政府や陸軍の同意を得る必要があると考えた。

木戸内大臣は、6月9日午後1時30分から30分間、天皇陛下に拝謁し、「この試案」を示して、これをたたき台にして鈴木総理そして陸、海、外務の大臣と協議してみたい、と述べた。

天皇陛下は、即座に「速やかにやってみるがよい」と同意された。

木戸内大臣は、6月13日午後から、動き始め、最初に米内海軍大臣を呼んで「試案」を説明し、「国体護持」を中心とした「終戦」へ動いてほしいと依頼。米内に異論はなかったが、「どうも今もって鈴木総理の考えが充分判らないので、閣内にあって和平に踏み出すことも出来ない」という。

そこで木戸は、「後で総理とも話すので、その辺のところを確かめてみよう。とにかくお互いに協力してやっていこう」と話した。

次に、午後3時30分、鈴木総理が内大臣室に現れた。木戸は、総理に「戦力がいつまで続くか」と訊ねる。「8月になったらガタ落ちになるだろうとみている」と答える。

そこで、木戸は「試案」を提示して説明し、天皇の意向を伝え、「皇室の御安泰・国体護持のため、この際是非、戦争終結に尽力してほしい」と説いた。

総理も「それはいい考えです。是非とも実現させましょう」と力強く応じたのである。

6月15日夕方、木戸内大臣は、東郷外務大臣を内大臣室に招き、自分の「収拾案」を見せ、天皇陛下の許しを得た経緯を説明する。鈴木総理、米内海軍大臣との会談の模様を伝え、和平推進の協力を請うたのである。

東郷外務大臣は、「貴方の試案の趣旨にはほぼ賛成だか、先日の御前会議で決定された〝戦争完遂〟の方針との関係はどうなのか。あの決定がある以上、外交事務的にみれば和平工作はやりにくいと思う」と述べる。

これに対して、木戸は説得する。

「もちろん私もその点はよく承知している。しかし、あのような強硬な方針が出たからこそ、こんな異常な決意をしたのである。したがって、御前会議の決定と収拾策の関係については外務大臣がやり易いようにできるだけの協力はする。とにかく至急、具体的に立案して頂きたい」東郷も承知した。

6月18日朝、木戸内大臣は、ついに闘将に和平の鈴をつけるべく、阿南陸軍大臣と懇談する。沖縄戦の事実上の終結について語ったのち、「われわれは今こそ戦局の収拾について、果断な手を打つ必要があると思うのだが……」と話を切り出す。

阿南陸軍大臣は、しばらく黙って聞いていたが、「木戸さん、貴方の今の地位からいって、今言われたことを考えるのは至極当然なことと思うのです。しかし、われわれは軍人なのです。軍人としては、本土決戦において敵に一大打撃を与えてから和平を交渉すべきだ、と考えるだけなのです。その方が日本にとって有利な条件で和平を結べると信じるのです」と答える。

対して、木戸内大臣は、「お上は、戦争を結末まで続けるのは無駄なことだと考えられ、憂慮されておられる」と詰め寄り、忠義心の厚い阿南陸軍大臣は言葉を失ったのである。

この日の午後、最高戦争指導会議の構成員による懇談会を開いた。

阿南陸軍大臣と梅津参謀総長は、「敵に決定的打撃を与えた上で、外交交渉を始めるべきだ」と力説。特に阿南陸軍大臣の「古来、民族興亡の跡を顧みれば、徹底抗戦して最後の一兵まで戦い貫いた民族は必ず復するが、中途半端で降伏した民族は滅びるのである」という論は、軍人である鈴木総理の胸を強く打った。しかし、総理としては、あらゆる雑念を振り切って、6月8日の御前会議で決定した対ソ交渉の決定に同意した。和するも戦うも、国体を護持し皇土を防衛するためであり、その一念で進む以外になかったのである。

この会議では、次のような申し合わせを行った。

「連合国が無条件降伏に固執する限りは、日本帝国としては戦争を継続するほかはないが、なお国力を相当に保持している間に、中立国特にソ連を通じて和平を提議し、少なくとも国体を維持し得る条件のもとに戦争を終結させることが賢明であると考える。

この考えに基いて、戦争をでき得れば9月までに終結する目的をもって、7月初旬頃までに、ソ連の態度を打診することを外務大臣に依頼する」

6月20日午前11時30分、鈴木総理大臣は、木戸内大臣を訪ね、「18日の最高戦争指導会議で、方向としては全員、和平へ進もうということで一致した」と伝えた。

その会談後、木戸内大臣は、天皇陛下に拝謁し、「東郷外務大臣が6月8日の御前会議の決定と和平工作の関係を心配しております。6月8日の方針を解除して頂かないと、この先和平工作を進めるのが難しい。この際最高戦争指導会議の構成員を御召願い、戦争の収拾について御下命をお願い致したいと思います」と、奏上した。

天皇陛下は「それでよろしい」と仰せられた。

二十四節　陛下の戦争終結の御言葉

かくして、6月22日午後3時に、天皇陛下は、最高戦争指導会議のメンバーである総理、陸軍、海軍、外務の4大臣と陸軍参謀総長、海軍軍令部長を加えた6人を召集した。

これまでの御前会議と違えて、天皇陛下を中心にU字型に用意した椅子に座って、懇談という形をとった。憲法の定める責任内閣制に抵触しないように配慮したのである。

そこで、天皇陛下は、「今日は親しく懇談したい」と仰せられた。

最初に、天皇陛下からお言葉があった。

「これは命令ではないが、戦争指導について6月8日の会議であくまで戦争を継続するとの方針を決定し、本土決戦について万全の準備を整えなくてはならないことは、もちろんであるが、他面戦争の終結について、この際従来の観念にとらわれることなく、速やかに具体的研究を遂げ、この実現に努力することを希望するが、皆はどう思うか」

今まで誰もが公然と〝戦争終結〟を口にするのを憚ってきた。それを天皇陛下が御言葉にされたのである。長い沈黙のあと、天皇は、親しそうな視線を鈴木に向けた。

「それでは聞こうか。総理大臣の意見はどうか」

鈴木総理は、穏やかな目差しで応えて、ゆっくり立ち上がり応える。

「御言葉を拝しまして恐懼《きょうく》の至りに堪えません。国力の点では困難であります。しかしあくまで戦争完遂につとむべきは言うまでもございませんが、また、御言葉のようにこれと並行して外交的な方法をとることを必要と考えております。その点につきましては、海軍大臣よりご報告させます」

突如名指しされた米内海軍大臣は奏上する。

「これは外務大臣から奉答申し上げるのが順序かと存じますが、便宜上私から申し上げます。

5月に6人の構成員のみで会議を開き、ソ連と中立関係を維持すること、できればソ連から好意的中立を取り付けること、そしてソ連を仲介して戦争の終結を図ることの三つが決まりました。ただ三番目については暫く発動を見合わせることで一致しました。しかし先の戦争指導会議で国力が憂慮すべき状態にあることがはっきり致しました。そこで18日の構成員会議で三番目を発動することになりました。なお、重慶に対しても対ソ交渉と平行して工作してはどうかという意見もございますが、私は賛成できません。蒋介石は米英によってがんじがらめに縛られており米英に対してクーデターを断行する力もありませんし、カイロ会談以来、米英と緊密な関係ができておりわが方に引きつけることは到底できません。以上でございます」

次に、東郷外務大臣が指名される。

「只今、海軍大臣が申し上げた通りでございますが、補足致します。和平の提唱はわが方に余力が残されているうちにやらなければ効果はありません。仲介国としてはもちろん、中立国や重慶についても考えられますが、バチカンやスイスは消極的で、また、重慶については海軍大臣が申し述べた通りで適当とは思われません。スウェーデンを通じましても敵は無条件降伏の考えを譲歩するとは考えられません。結局相当の危険が予想されようとも、ソ連の仲介による和平工作以外に方法がありません。ただ、ソ連を通じる場合は、ソ連に対する代償や講和条件については相当の覚悟が必要であります。ところで和平への動きについては、早晩、世間にも明らかになると思われますので、その際、憂慮されることは国民の士気に影響を与え、結束が乱れることです。しかし、和平交渉が成功しなかった場合にはかえって国民に最後の決意を固めさせることも可能と思われます」

天皇陛下は、「では、外交的解決の日取りは、いつごろに、予定しているのか」と聞かれる。

東郷外務大臣は、「連合国首脳によるポツダム会議が7月半ばに開かれるので、そのことを考慮すれば、7月の初めには、何とか和平の協定に達したいと望んでおります」と答えた。

天皇陛下は、視線を移し、「海軍大臣や外務大臣の意見に対して、軍部はどうか」と、天皇は梅津に訊ねる。

梅津参謀総長が直ちに答える。

「只今、海軍大臣のご説明申し上げました通り、われらも意見の一致をみました。ただ、和平提唱につきましては内外に及ぼす影響がすこぶる大きいと考えられますので、十分に事態を見極めました上で、慎重に措置致さねばならないと思われます」天皇陛下の追及は厳しかった。

「慎重を要するというのは言うまでもないことだが、敵に対して更に一撃を加えたのちに、というのではあるまいね。そのためにかえって時機を失するということはないか」と梅津に迫ったのである。

梅津参謀総長は逃げられず「はい、慎重に措置と申し上げましたのは、必ずしも敵に一撃後を与えた後ということではございません。そのためにも速やかなる外交交渉をやらねばならないと存じます」と奏上する他はなかった。

「阿南はどうか」と天皇陛下は続けられる。

阿南陸軍大臣は、一言「特に申し上げることはございません。ただ、あまり功を急ぎすぎて敵に弱みを見せることがないように注意しなければならないと思います」と答えたのみであった。

「他に意見のあるものはないか」と、天皇陛下は、6人を見回し、「それでは予定の方針でソ連との交渉を進めるように」と仰せられた。

最後に、鈴木総理大臣が「思し召しを戴して十分努力致します」と発言し、6人は天皇陛下の御言葉に対し、異存なき旨を奉答し、会議は35分で終わったのである。

陛下が御退室されたあと、鈴木総理が立ち上がって強い意気込みを表明する。

「今日は思いがけない御言葉を拝しました。われわれが口に出すことをはばからなければならないようなことを、陛下がおっしゃって下さった。誠にありがたいことであります。陛下が、これは命令でなく懇談であると仰せられたのは、憲法上の責任内閣の立場をお考えになってのことと察せられ、恐懼にたえない。しかし、これで勇気百倍です。断固やりましょう。今後は、この6人が集まって十分にその方策を練ることとしたい」

阿南陸軍大臣は、即座に「賛成です」と打てば響くように言った。そして、「しかし、これは極秘にしなければなりません。陸軍の若いものは自分たちの考えのみが正しいと思い込んでおります。陛下が終戦の決意を遊ばされるのは、側近に騙されておるため、としか考えませんから……」と率直に続けたのである。

確かに、この天皇陛下の御言葉が、もし軍特に陸軍の下の者に漏れると、2・26事件を上回るクーデターが起こるので、極秘にしてこの6人で工作していこうということとなり、その後連日6巨頭の会議が開かれた。

『昭和天皇実録』には、このことについて次のように記録されている。

22日午後3時5分、表拝謁ノ間に最高戦争指導会議構成員の内閣総理大臣鈴木貫太郎・外務大臣東郷茂徳・陸軍大臣阿南惟幾・海軍大臣米内光政・参謀総長梅津美治郎・軍令部総長豊田副武をお召しになり、懇談会を催される。天皇より、戦争の指導については去る8日の会議において決定したが、戦争の終結についても速やかに具体的研究を遂げ、その実現に努力することを望む旨を仰せになり、各員の意見を御下問になる。首相より戦争終結の実現を図るべきこと、ついで海相より戦争の終結に関して我が方に有利な仲介をなさしめる目的を以て日ソ両国間に協議を開始すべきこと、また外相はソ聯邦に対する代償及び講和条件については相当の覚悟を要すべきこと、さらに参謀総長より対ソ交渉に異存はなきも、その実施には慎重を要することなど、それぞれ意見の言上あり。天皇は重ねて参謀総長に対し、慎重を要するあまり時期を失することなきやとお尋ねになり、速やかな交渉の実施を要する旨の奉答を受けられる。

二十五節　ソ連に仲介依頼

近衛内閣の松岡洋右外相は、昭和16（1941）年4月13日、ソ連・モスクワを訪問し、スターリン最高指導者の立会の下において、モロトフ外相との間で「日ソ中立条約」を調印した。

その背景には、ドイツのソ連攻撃が迫っていることを知り、ソ連としては日独による挟撃を最も恐れていた、背景がある。ここで日本と中立条約を結んでおけば、東方の安全が保障されるという思惑があったのである。

重光葵、東郷茂徳二人の外務大臣秘書官だった加瀬俊一著『日本がはじめて敗れた日』には、その条約文とこの時の様子が書かれている。

第一条は、両国は平和と友好の関係を維持し、相互に領土保全する。

第二条は、現在の戦争が続く間もし締約国の一方が、一またはそれ以上の第三国の軍事行動の目標となった際は、

　両国は中立を守る。

第三条は、有効期間は5か年

第四条は、批准についての規定。

この中立条約の公表と共に、松岡、モロトフの署名した声明書が発表された。これは一方においてはソ連が満洲国領土の不可侵を尊重し、他方において日本が外蒙共和国の領土の不可侵を尊重する旨を取り決めたものである。これ

は、米・英両国が終始承認を拒否した満洲国の独立を、ソ連が正式に承認したのに等しい。

条約を厳粛に署名調印した後で、クレムリン宮で盛大な立食の饗応に預かった。美酒は惜しみなく流れ、歓談にはつきぬ花が咲いた。乾杯また乾杯。盃を挙げては、裕仁天皇、カリニン、スターリン、松岡、モロトフ……の健康を祝した。スターリンは善意を発散して、惚れ惚れするほどよく主人役をつとめたから、この小宴はまことに華やかだった。

松岡の乗る筈の国際列車の出発時間は迫っていた。スターリンは微笑して、足早につかつかとモロトフの机まで歩み、受話器をとると、ゆっくり二言三言。そして「諸君、国際列車は出発を延期します」と言った。一同はまた盛んに飲み出した。これこそ典型的なスラブ独裁の真骨頂というべきであろう。

その頃スターリンは、決して外国の賓客を見送らなかった。だから、独裁者がプラットホームに現われた時には、誰しも我と我が眼を疑ったものである。しかし、わけても驚いたのは、独・伊大使であった。スターリンはさも親しげに松岡を抱擁して、その写真まで撮らせた。そして誰彼の差別なくキッスした。皆熊のような抱擁から脱し得なかった。明らかに、中立条約は日本に対すると同時に、ソ連にとってもまた天与の贈物であったのだ。

ドイツの対ソ攻撃は、6月21日に始まり、昭和20年5月8日ドイツの降伏より終わった。

昭和20年6月、鈴木内閣は、対米戦争の終結に向けて、中立条約を締結している関係（4月5日に満期後の不延長を通告してきてはいるが）にあるソ連に、仲介を依頼する意向を決めていた。

東郷外務大臣は、まず広田弘毅元首相をわずらわし、ソ連のヤコブ・マリク駐日大使との接触を図るよう頼む。広田は元ソ連大使をしていたのでマリクとは親しくしていたのだ。マリクは当時箱根の強羅に疎開していたので、6月3日にその疎開地を訪れ、日ソ関係の親善の話をし、翌4日も会談を続けた。しかしマリク大使の応答は極めて不得要領で一向に話は進まなかった。

東郷外務大臣としては、実のところソ連をあまり信用していなかったのだ。

鈴木内閣としては、ソ連を仲介役として和平工作に入る方針を公式に決めたのであるが、その時でさえ、東郷外務大臣は迫水書記官長に、次のように言っている。

「日本が本当に和平を考えるなら、ソ連に仲介を頼まないで、米国と直接交渉するのが一番よい。軍の連中は、米国に対して直接和平の話を切り出すと、無条件降伏を強制されるということを恐れているのであろうが、もし、仲介者を立てるならば信用の置けないソ連に話を持っていかないで、中国の蒋介石などに頼んだ方がよいと考えている」

もちろん、軍部としては軍部の思惑があった。ソ連に仲介を頼めばこれまでの日ソ関係が少しでも友好的になり、ソ連が大東亜戦争に介入することを回避する効果もあるだろうと考えていたのである。

6月23日、東郷外務大臣は、広田弘毅元首相を呼んで「御前会議の方針に従って対ソ交渉の促進方」を督促する。広田は、翌24日午後、ソ連大使館でマリク大使と会い、前回までに申し入れていた日ソ関係の好転についてのソ連側の回答を求める。しかしマリク大使は、「貴方の提案は抽象的だから具体的な提案をしてほしい」と、逆に要求。広田は「しかしアジアにおいては日ソ関係が安定していることが必要である。」と、繰り返したが物別れに終わったのである。

そこで、広田は28日、東郷外務大臣と話し合って具体的提案をすることとし、29日再びマリク大使と会談し、2通の文書を手渡す。一つは前文で、あと一つは3条件を示したものである。

「日ソ間に鞏固なる永続的親善関係を樹立し、東亜の恒久的平和維持に協力することとし、これがため、日ソ両国間に東亜における平和維持に関する相互支持、並びに両国間における不侵略関係を設定すべき協定を締結するものとす」

「(1) 満州国の中立化（戦争終了後、日本軍撤兵。両国が満州国の主権、領土を尊重し、内政不干渉とする）

(2) 石油の供給があれば漁業権を放棄してもよい。

(3) その他ソ連の希望する条件についても協議する。」

この日の話し合いの後、広田は回答を求めて何度もソ連大使館を訪ねたが、マリク大使は病気と称して会うことを拒み続ける。

それに業を煮やした東郷外務大臣は、6月28日、モスクワの佐藤尚武大使に対して、次のような訓電を発した。

「今月初めから広田元首相に頼んでマリク駐日大使と何回か会ってもらったが、事態はなかなか進展しない。ソ連の政府関係者がどのような考えでいるのか、少しもわからないので、はっきりした回答をもらってほしい。日本政府としては、この際、有力な人物を特派大使として派遣し、我が方の真意を伝えるとともにスターリン首相の気持ちも確かめたいと思っている。特派大使には元首相の近衛文麿公爵を起用する予定なので、よろしく頼む」

ところが、佐藤大使からなかなか返事がこない。

鈴木総理は、気が気でないらしく7月初め、ため息をついて、迫水書記官長にこう漏らした。

「迫水君、外交というものは、思ったより時間がかかるものだね。東郷外務大臣は、先方の腹つもりを探るためには、しばらく時をかけなければいけないし、こちらの準備が十分でなかったら、よい結果が得られないので、あわてなくてもよいと言っているが、外務省はいったい何をしているんだろうね」

思うように進展しないことに対し、天皇陛下もだいぶご心配になっておられ、7月3日に藤田尚徳侍従長に催促した。

「対ソ交渉はその後どうなっているのか。木戸に聞くように」

早速、藤田侍従長は、病で臥せていた木戸内大臣を訪ね、陛下の御言葉をお伝えしたところ、

「私は動けない。この上は陛下より直接に首相に対してご督促遊ばされるのが、一番いいと思う」とのことであった。

これを受けて、天皇陛下は、7月7日に鈴木総理をお召しになられ、このように仰せになられた。

「鈴木のことだから信頼はしているが、ソ連から何の回答もないらしいが、その後の交渉はどうなっているのか。難しいであろうことはわかっている。しかし、ソ連の腹を慎重に探るといっても、今は大事なときで、時期を失したら、せっかくの努力が水の泡になる」

途中から天皇陛下は椅子から立ち上がると、一歩前に進んでいた。鈴木総理は一歩退きながら低く頭を下げ「ごもっともでございます」と低く頭を下げる。

天皇陛下は更さらに一歩進んで仰られる。

「この際、まわりくどい方法を排して、むしろ率直にありのままにソ連政府に和平の仲介を頼むようにしてはどうか。そのためにスターリン首相には私が親書を書こうと思っているので、一日も早く特使を派遣するようにした方がよいと思うが、どうか、鈴木、もう下がらんで答えよ」

鈴木総理は、止まり、ほっとして天皇陛下を見ていった。

「陛下のそこまでの御決心、誠に有難く、恐懼に堪えません。ちょうど本日、外務大臣をして近衛公爵のもとに遣わし、特使就任を依頼する手はずになっております。外務大臣はただいま軽井沢に向かっております」

この報告に、天皇陛下は喜んだ。

「それはよい。この上とも急ぐように」天皇陛下と鈴木総理の想いは一致していたのである。

『昭和天皇実録』には、その時の様子が以下のように記されている。

7日午後1時40分、御文庫に内閣総理大臣鈴木貫太郎をお召しになり、対ソ交渉のその後の進捗状況につき御下問になる。またその際、時機を失することなく、ソ連邦に対して率直に和平の仲介を依頼し、特使に親書を携帯させて派遣しては如何と御提案になる。これに対し、首相より、軽井沢において公爵近衛文麿と会談中の外相が帰京次第、これまでの外交交渉の報告を得たうえで、改めて奉答すべき旨を言上する。

それから3日後の7月10日には、早朝から東京とその周辺は米機動部隊艦載機による空襲に見舞われた。その午後5時、首相官邸の地下防空壕において、最高戦争指導者会議が開かれる。

鈴木総理は、皆に陛下のお気持ちを伝え、ソ連へ特使を派遣することを決める。ただ誰にするかについては、近衛公の名前があがっただけで、本決まりになったわけではなかった。

続けて『昭和天皇実録』から引用する。

11日午前10時15分より同50分まで、御文庫において内閣総理大臣鈴木貫太郎に謁を賜う。首相より、去る7日の対ソ交渉促進に関する天皇の御提案に対し、昨10日の最高戦争指導会議構成員会議（午後5時より9時5分まで開催）においてソ連邦へ特使を派遣することを決定した旨の奉答を受けられる。午後、御文庫において内大臣木戸幸一に謁を賜う。

近衛公が上京してきたのは、7月12日の朝であった。木戸内大臣は、この時のことを『木戸幸一日記』下巻に次のように書いている。

午前9時20分、突然鈴木首相が来訪。左の要旨の話ありたり。

対ソ特使の人選については、外相とも種々相談したるが、この際近衛公を煩わしたしと思う。ついては、近衛公には昨日上京せられるはずなりし故、自分より勧めたく思いおりしが、今朝上京せられる由にて、一刻を争う今日、とやかくと勧めるよりも、翻って考えるに、かえって直接御上より御下命というか、御委託になる方が、近衛公にとりても名誉であり、よしからんと存じ、その旨今朝内奏したし云々。右につき、今日は既に御上御自身御乗出しになりおり、御親書云々迄の御決心なれば、かえってそれも宜しからんと同意す。

10時10分、御文庫にて拝謁予め右の趣を言上す。極めて天機麗しく御嘉納相成り、本日午後、近衛公御召のことに御決定被遊《あそばされ》たり。

10時55分、再び拝謁、近衛公拝謁の際の、侍立は今回は特例として無きことと致しては如何と言上す。右に対し、御上は国務大臣以外の者の拝謁の際、侍立を要することとなりたるは、濱口内閣にて減俸問題のありたる際、学友の堤［經長］が鉄道省に勤務し居り何か申上たとの非難を生じたるに端を発したるものなるが、其後形式化したるものなれば、近衛の如き場合には其の必要はなしとの仰せあり、御許しを得たり。

11時、鈴木首相参内、拝謁前面談。其の際、首相に於て其後外相と連絡の結果、差当りソ連駐在佐藤大使に特使派遣のこと、右は戦争終結に関するものなることを電報し、先方に伝えしめ置くこと、特使の氏名、御親書云々等は追って申遣すこととする方可ならんとのことにして（幣原氏等の意見）不取敢《とりあえず》、右の取計をなすこととす。従って近衛公に対しては終結に対する意見を御尋ね被遊《あそばされ》、万一使節派遣等の場合には宜しく頼むかも知れないから云々位にゆとりを取り置かれたしとのことなりき。

午後2時、近衛公参内、来室、余より今朝来のことにつき連絡す。25時50分、近衛公拝謁前拝謁、今朝鈴木首相より話のありたる点につき念の為申上ぐ。3時、近衛公拝謁、3時15分退下、来室、大要左の如き話ありたり。

陛下より戦争終結についての意見につき御尋ねあり。よって最近、陸軍より度々人が来り、戦争遂行の可能につき説明あるも、その用いる数字が間違いなければ兎も角、一方、海軍方面の説明によれば、必ずしも信を措く能わず。一方、民心は必ずしも昂揚せられあらず。御上におすがりして何とかならぬものかとの気持ち横溢しおり、又、御上をお憾み申すというが如き言説すら散見する状態にあり、此の際速に終結することは必要なりと信ずる旨、言上す。御上よりソ連に使いして貰うことになるやも知れざる故、其の積りにとの仰せあり、謹んでお受けせり。

御召により3時35分、御文庫にて拝謁す。大要左の如き御話ありたり。

近衛に対し、大体自分の考えを話して、近衛の戦争の見通しに対する意見を尋ねたるに、此際終結の必要を説いていたから、ソ連に行って貰うかも知れぬからと言ったところ、第二次近衛内閣の時、苦楽を共にせよと言ったことを援用して、こういう際故、御命令とあれば身命を賭して致しますとはっきり御受けした。今度は近衛も大分決意している様に思う云々。

皇居から退出した近衛公は、鈴木総理、東郷外務大臣らに会い、ソ連への特使を引き受けたことを報告した。そこで、外務省は午後8時、在モスクワの佐藤尚武大使宛に、次のような電報を打つとともにマリク駐日ソ連大使にも同じような趣旨を本国政府へ伝えてもらうよう申し入れた。

「モロトフとの会談電報に接せず。したがって、偵察十分ならずして兵を進むるきらいあるも、この際に歩武を進め、三国会談開始前にソ連側に対し、戦争終結に関する大御心を伝えておくこと適当なりと認めらるるについては、左記の趣旨を合わせ、直接モトロフに説明せられたい。

『天皇陛下におかせられては、今次戦争が交戦各国を通じ、国民の惨禍と犠牲を日々増大せしめつつあるを御心痛あらせられ、戦争が速やかに終結せられんことを念願せられおる次第なるが、大東亜戦争において米英が無条件降伏を固執する限り、帝国は祖国の名誉と生存のため、一切を挙げて戦い抜くほかはなく、これがため、彼我交戦国民の流血を大ならしむるは誠に不本意にして、人類の幸福のため、なるべく速やかに平和の克服せられんことを希望せらる』

なお、右の大御心は民草に対する仁慈のみならず、一般人類の福祉に対する思し召しに出づる次第にして、右御趣旨をもってする御親書を近衛文麿公爵に携帯せしめ、貴地に特派使節として差遣せらるる御内意なるをモロトフ委員に申し入れ、右一行の入国方につき、大至急先方の同意を取り付けらるるよう致されたい。右一行の氏名は追って電報すべし。なお、また、同使節は貴地首脳部が三国会談に赴く前に貴地に到着するは不可能なるも、その帰国後は直ちに面談のことにとり運ぶ要あるにつき、なるべく飛行機によることと致したく、先方飛行機を満州里またはチチハルまで乗り入れるようお取り計らいを得たし」その後、外相より佐藤に対し、本件申し入れについては絶対極秘とするよう、ソ連邦へ申し伝えるべき旨の訓令の発電をした。

この訓電を受け取った佐藤大使は、7月13日ソ連のモロトフ外相に直ぐ会いたいと申し出たが、今は忙しくて都合がつかないので、外務次官のロゾフスキーに用向きを伝えてくれと返事してきた。佐藤は取りあえずその日午後5時、ロゾフスキー外務次官に会って訓令の趣旨を伝達する。佐藤は、直ちにその時の報告をすべく、東郷外務大臣宛に次のような電報を打ったのである。

「早速モロトフに面会を申し込みたるも、如何にするも都合付き兼ねるに依りロゾフスキーに用向き伝え返事あり。よって13日5時ロゾフスキーに面会し、貴電の聖旨を露文に認め、これにモロトフあてコンフィデンシァルの本使よりの書面を添付したるものをロゾフスキーに差出し、その一読を経てモロトフに至急転交方依頼せり。右書面には貴電中の近衛公爵御差遣の御内意をも併せ記載し、同公爵の来訪に対し、ソ連政府の同意を求むる旨、並びに同意の場合、飛行機提供等の便宜供与方、併せて依頼せり。

なお本使より今回の特派使節は従来再三回に亙り、モロトフに申し入れたる特使とは全然その性質を異にし、今回は特に、陛下の御内意に依り派遣せらるるものなる点、ソ連政府において特に含み置かれたき旨申し入れ、且日本政府においては、本件に対するソ連側の主義上の同意だけにても急ぎ承知したき希望なるにつき、出来得ればモロトフの出発前回答を得たく、右特使はソ連側当局が伯林より帰来次第なるべく速やかに会見のことに取運びたき希望なる旨附言せり。ロゾフスキーは今回の日本皇帝のメッセージはソ連政府の何人にあてられたるものなるべきやと質問したるに付、本使は今回のメッセージは陛下の御内意をお伝えする趣旨につき、特に宛て先を指定しあらざる次第なるも、ソ連の首班たるカリーニン氏及び人民委員会議議長スターリン氏、モロトフ氏へお伝え願いたしと答え置けり。ロゾフスキーは更に日本政府においてお急ぎの次第は了解せるにつき、なるべく御希望に副い回答を促進したきも、何分政府の一部は今夜にも出発の筈に付、モロトフの出発前回答するは事実上不可能なるべしと伝えるに依り、本使は、特使一行準備の都合もあるべきにつき、モロトフの出発前回答間に合わざる場合は、直接伯林と電話等にて連絡の上御返事を希望すと述べ、ロゾフスキーも、当然右様取り計らうべしと答え、何れにするも時を移さず、本使の書面をモロトフに交付すべき旨約束せり。以上取急ぎ電報す。」

その日（13日）遅く、外務部のゲネラーロフ日本課長から、佐藤大使に対して、「スターリン首相及びモロトフ外相の出発により回答は遅延することを了承してくれ」とロゾフスキーの言葉を伝言している。

しかしこの時すでに、スターリン、モロトフらは、14日午後モスクワを列車で出発し、米英ソの三国会談が17日から開かれるベルリンには到着していたのである。18日になってロゾフスキー次官から、佐藤大使宛に正式文書の返事が来る。「お申し出の範囲では日本皇帝の御意向は、ソ連の誰にあてたものかもわからないし、何ら具体的提議を包含していない。特派使節を送るとはいっても、何のために来るのか使命が不明瞭であるから、確たる回答をすることは不可能である」

その事を佐藤大使から電報で連絡を受けた外務省は、7月21日次のような電報を返電した。

「近衛特派使節の使命は、大御心を体し、ソ連政府の尽力により戦争を終結せしむるよう斡旋を依頼し、これに関する具体的意図を開陳すると共に、戦時及び戦後を通じ帝国外交の基本たるべき日ソ間協力関係樹立に関する事項を商議するにあり。右ソ連側に申入れソ連政府の特派派遣に同意するようご努力相成りたく。

一、我方においては、無条件降伏は如何なる場合においても受諾し得ざるものにして、戦争遷延の場合敵も味方も更に多くの出血を見ることは明らかなるも、敵にして無条件降伏を強要せんとするにおいては、全国一丸となり敵に当たらんとするものなり。

しかしながら大御心に従い、右の如き事態に立ち至ることを避けんが為に、ソ連の斡旋に依り此の際敵の所謂無条件降伏に非ざる和平を招来せんとするものにして、此の意図が結局米英側に徹底するよう極力努力する要あり。従って、此の際無条件に、ソ連に和平の斡旋を依頼することは、固より不可能且つ不利なるに付、その間の機敏なる事情の下に近衛公をして大御心に基づく我方の具体的意図をソ連邦に伝達し、東亜に対するソ連の要求と睨み合わせつつ、話合いの上米英側に当らしめんとする次第なり。

二、本件が帝国の安危を決するに鑑み、貴電先方の回答の如きに就いても充分ソ連側の説明を求め、其の真意把握に万全の措置を講ぜられたし。

三、本件特使派遣は、政府に輔弼の責任あるは勿論のことなるも、特に仁慈を旨とする大御心に依る特別の使節として差遣いせらるる次第なるに付、要すれば此の点先方に説明せられたく、尚近衛公が宮中に於ける御信任並びに我国政界に於ける地位が卓越せることに付いても、充分先方に印象せしむるよう御留意相成度し。

四、本件申入れは、絶対必要にあらざれば書面申入れは避けられ度し。

五、尚貴電の御意見も了承せるも、往電に付廟議決定せる次第なるに付、此の上とも御尽力仰ぎ度し。」

佐藤大使は、この訓電を受けて、25日、ソ連のロゾフスキー外務次官に会い、当方の申入れを行い、次のようなやり取りがあったことを、日本へ打電している。

「佐藤　以上申入れの次第に依り、御承知の通り日本政府は戦争を終結に関し、ソ連政府の好意的斡旋を求むると同時に、日本政府の具体的意図に関しては、近衛公爵をして直接説明せしめんとするものに付、右様御了解置きありたし。

ロゾフスキー　唯今貴大使お申出のテキストを預かりしが、右申出の内容は正に重要なり。貴大使より書き物にて預かればより正確に了解し得べく、聴取り書だけにては正確を期し難く、又書き物を手にし得ば政府に対し報告上にも便宜あるべし。

一、二質問したき点あり。（1）日本政府は英米との戦争終結の為ソ連政府の斡旋を求むるものと了解す。（2）右に付近衛公爵が何等か具体的提議を齎らすものと了解す。然る処、右具体的提議とは戦争終結に関するものなりや、将又日ソ関係強化増進にかんするものなりや、この点明瞭ならざるに付、貴大使の御説明を得て政府に報告したし。

佐藤　第一の点に付いてお答えすれば、近衛公がソ連政府に対し説明せんとする具体的意図は、本使の了解するところによれば貴代理の言われたる双方の点に関係ありと思考す。即ち一はソ連政府の斡旋依頼の問題なり。二は日ソ関係の増強問題に関するものと了解す。次に本使本日の申入れを書き物を以て差上ぐることは、本使の有する訓令以外のことなれども、唯今貴代理の言の如く問題そのものが重要なる上、ソ連政府の首脳部が目下伯林に在るに鑑み、本使限りの取計らいとして、貴代理御参考の為、後刻書き物にして差上げるべし。但し申す迄もなきこと乍ら、本問題の極めて機微なるに鑑み、ソ連政府より回答を与えらるる迄は、右書き物は真に極秘の取扱いをなさるるよう願いたし。なお一言附加したきは、近衛公の使命に付いては、唯今本使よりお話したる通りなるが、同公は我宮中の御信任厚く、又本邦政界に卓越せる地位を占めらるるに鑑み、本使の考えにてはその使命広汎にわたり、ソ連政府に斡旋を依頼すると同時にその斡旋を容易ならしむる為、日ソ両国間の問題に付いても意見を交換し、両国将来の関係に迄立入り、話せらるることと思われ、右様了解し誤なしと考える。

ロゾフスキー　問題の機微なる点良く了解せり。又貴大使の申出が極秘のものなることも良く了解せり。貴大使より書き物を受け次第直ちに政府に報告し、又政府より何等指示あらば即刻御通知致すべし。

佐藤　御好意を謝す。本使個人としても御返事の早からんことを希望す。」

いずれにしても、佐藤大使としては、特派大使とソ連首脳部との会談は、三国会談が終わってモスクワへ帰ってきてからになると考えていた。そのため、ベルリンに電話してでも交渉を進めたいと主張。佐藤大使は、その後も留守番役のロゾフスキー外務次官に何度もかけあってみたが、これといった具体的な回答は得られなかったのである。

佐藤大使は、東郷外務大臣宛に何通も長文の電報を打ってきているが、その中で情勢判断の的確なものを一つだけ取り上げ引用する。

「ソ連が日本と米英との間に立って和平の斡旋をしてくれると思うのは、余りにも観測が甘すぎる。おそらく、絶望的ではないだろうか。これまでの日本とソ連との関係やソ連と米英の間柄を考えてみるとよくわかる。ソ連は、戦争が終わったあとの利害をちゃんと計算しているので、和平の斡旋には乗り出さないような気がしてならない。ソ連と米英とは、もともと政治体制上相容れないものがあるので、戦争が終わったあかつきには、ソ連が日本をして米英に対する防波堤的な役目を果たさせるため、弱体化されないという見方もあるようだが、それはあまりにも皮相的な考えである」

ソ連は、申し入れに対して、いろいろと質問してきた。もしソ連が仲介をした場合には、日本はソ連に対して何をしてくれるのかという、いわば仲介手数料はいくらくれるのか、というようなことまで言ってきたのでる。

鈴木総理も東郷外務大臣も一日千秋の思いで、ソ連からの回答を待ち続けていたが、何時まで待っても来なかった。

日本としては、結局「戦争終結に関する天皇陛下の大御心」をソ連側に伝えて、その影響を見つつ特使派遣を取り運びたい、とにかく目下のポツダム会議の状況を注視するしかなかったのである。

しかし、ソ連の首脳がモスクワに帰ってきたのは8月に入ってからだった。モロトフ外相が佐藤大使を呼んだときは、我方の申し出に対する返答ではなく、対日宣戦の布告であったのである。

日米戦争を終結するため、日本と中立条約を締結しているソ連に和平の斡旋を仲介するという日本の目論見と工作は、客観的にみて、孵《かえ》る見込みのない無精卵を抱いていた雌鶏の努力であったのだろうか。いずれにしても、ソ連の日ソ中立条約違反を責め、信義と道義にもとるソ連の不法・不当行為（北方領土と捕虜・抑留、暴行・略奪を含めて）を断じて許すことはできない。しかし、そうであっても、日本政府が、そんなソ連をひたすら信じ、仲介を頼んだ和平工作が完全に失敗し、取返しのできない事態に陥った冷厳な現実を猛省しなければならない。やはり日本はソ連にも敗けたのである。

二十六節　ポツダム宣言の発表

一項　原案は親日家のグルーとドゥーマンによる

このポツダム宣言は、日本と戦っていた米、英、中3国の対日最後通告である。日本はそれを受諾することによって、国にとっても国民にとっても破滅悲惨な戦争を何とか終らせることができた。それは戦後日本のあり方そのものを根本から変える重要な宣言であった。

7月17日、ポツダムでトルーマン米国大統領、チャーチル英国首相、スターリンソ連首相の三巨頭が一堂に会して会議が始まったが、英国の総選挙のため24日一旦休憩となり、チャーチルは25日帰英した。その翌日の7月26日に、トルーマン大統領、チャーチル首相、蒋介石中華民国主席の三首脳の名をもって「ポツダム宣言」が発表されたのである。

このポツダム宣言の草案を書いたのは、元駐日大使で、当時国務長官代理ジョセフ・C・グルーであるが、その基となる原案を作ったのは国務長官特別補佐官ユージン・H・ドゥーマンであった。ドゥーマンは日本生まれで、九段の暁星小学校、奈良の郡山中学校の出身である。

読売新聞社編『昭和史の天皇』第3巻に以下のように書かれている。

「ドゥーマンが、天皇制の問題を含めた日本占領政策の論文を書いた（中略）彼はこれをグルーさんの手もとに差し出したそうです。これがポツダム宣言の骨子となったものなんだそうです」さらに以下のようにも知られている。

「グルーさんは、5月28日に、日本に対して降伏をうながす宣言案を作成し、トルーマン大統領に見せ、すぐにこれを発表するようにすすめている。この宣言案には、日本に対する13項目の条件が明らかにされているが、その一つに天皇と天皇制を残すことが明記されている。そして大統領への説明に当たってグルー長官代理は、このことの明記がない限り、日本人は降伏しないだろう、と述べている。そしてトルーマン大統領もこれを原則的に承認、陸、海軍長官とも相談し、その同意を得るように、グルーさんにいいつけたので、翌29日、グルーさんは彼らと会い、了解を得ている。ただ発表の時期を少し延ばしたい、というのが陸、海軍長官たちの意向だったので見送られ、結局はポツダム会談のときまで延期されたうえ、天皇制の問題についても、ポツダム宣言では表現がぼやかされてしまったわけです。表現のぼやかしは、要するに反対派の意見が加味されたためですが、大統領へのこの宣言案を示したあと、グルーさんや、ドゥーマンさんは、この宣言案がきっかけになって生まれた対日占領政策のための小委員会の席上などで、各省の反対派と激しく渡り合って、天皇制を守ることはアメリカの利益にもなるのだ、と主張したのでした」

グルーは、5月28日のトルーマン大統領との会見の模様を、次のように詳しく書いている。

「この朝、国務長官代理としての私の提唱で、トルーマン大統領のアポイントメントを求め、そして前もってその問題を話しておいたサミエル・ローゼンマン判事（大統領特別顧問）を伴って、午後0時35分、大統領に会いに行った。私は次のようにわれわれの訪問の目的を説明した。

対日戦で、現在から将来にわたって犠牲者を出さないことが基本である。すなわち、それは目前の戦闘で、アメリカ人の生命の損失を最小限に留めるばかりでなく、今後も日本が世界平和を脅かすことができないようにすることで、彼らの武器を破壊し、武器を作る能力を破壊し、可能な限り彼らの軍国主義を一掃することである。それには日本人を無条件に降伏させねばならない。いや、日本人に無条件をより容易に受け入れさせるよう措置することである。

ところが、われわれは、日本人が熱狂的な国民であり、最後の瀬戸際まで、そして最後の一人まで戦う可能性があることを思い起こさねばならない。もし彼らがこれをなすならば、アメリカ人の生命の犠牲は予想もつかないだろう。日本人にとって無条件降伏への最大の障害は、降伏が、天皇と天皇制の永久の排除と破壊を求めるだろう、という彼等の考え方である。」

グルーは、6月18日午前9時30分、トルーマン大統領のところに行き、「例の草案を沖縄陥落を公表するときに一緒に発表したらどうか考慮されたい」と提案する。大統領は、「その考えは好むが、近く行われるポツダムの三巨頭会談まで発表を保留することに決定した」と答えた。

特に問題とされた原案の第十二項には、「そのあとでもし、平和を愛する日本国民が、攻撃的な軍国主義の将来の発展を不可能にするような平和政策を、その政府がとっていると確信するならば、現在の皇室の下での立憲君主制を含みうる」となっている。しかし、最終的には「天皇制存続」という直接的な表現は消された。また、第二項から「無条件降伏」という言葉は消えており、ただ第十三項に「無条件降伏」という言葉があるが、それは日本国の軍隊に対してだけの要求であった。

二項　天皇に関する文章と原爆投下の決定

このポツダムの連合国首脳会談では、日本が全く知りようもない二つの重要な決定がなされた。

その一つは、前項で述べた通り、トルーマン大統領が、グルー国務次官が起案してバーンズ国務長官に手渡した宣言案の中の第12条の後半部分の「天皇に関する文章」を削除したのである。

その天皇の問題について、連合国の参謀総長の間で細かく検討された。

英国のアラン・ブルック元帥は「アジアの各地に散在している日本軍に対し、降伏命令を下すことのできるものは天皇の他にない。天皇の地位の保障をはっきり宣言に盛り込んだ方がいい」と主張。

しかし、マーシャル参謀総長は「戦闘が完全に停止されるまでは、天皇制の問題にはふれない方がよい」反対する。

そこでトルーマン大統領は「天皇に関する文章は1字も入れないことにしよう」と決断した。

もう一つ重要な決定とは、「原爆の投下」の決定が行われていたことである。

7月24日午後6時30分、マンハッタン計画（原爆製造計画）の総指揮官レスリー・グローブス少将が、正式に作成された原爆投下命令書の写しを、ポツダムへ送り、大統領の承認を求めた。以下にその内容を引用する。

「第20空軍509爆撃隊は、1945年8月3日頃以降、天候が目視爆撃を許す限り、なるべく速やかに、最初の特殊爆弾を次の目標の一つに投下せよ。目標は、広島、小倉、新潟及び長崎……」

7月25日朝、「陸軍長官はグローブス命令案を承認す」という、ポツダムよりの至急報がワシントンの国防総省に届いた。原爆投下命令は、トルーマン大統領、スティムソン陸軍長官、マーシャル参謀総長、アーノルド陸軍航空軍総司令官らの承認を得て発動された。

今であるから言えるのかも知れないが、この歴史的な「二つの真実」を日本は当時知る由もなく、何もできずに、哀れにもただひたすらソ連からの返事を待ち続ける他なかったのである。

そうこうしているうちに、突然「運命」が訪れた。7月26日、米英支の三国の共同宣言の形で「ポツダム宣言」が発表される。日本外務省は、27日午前6時のサンフランシスコのラジオ放送によって知った。松本俊一外務次官は、直ちに、迫水久常内閣書記官長に連絡したのである。少し長いがその全文を引用する。

ポツダム宣言

一、われわれ合衆国大統領、中華民国政府主席およびグレート・ブリテン国総理大臣は、われらの数億の国民を代表し、協議の上、日本国に対し今次の戦争を終結する機会を与えうることに意見一致せり。

二、合衆国、英帝国及び中華民国の巨大な陸、海、空軍は、西方より自国の陸軍、空軍による数倍の増強を受け、日本国に対し最終的な打撃を加える態勢を整えた。これらの軍事力は、日本国が抵抗を終止するに至るまで、日本国に対し戦争を遂行するいっさいの連合国の決意によって支持せられ、かつ、鼓舞されるものである。

三、決起した世界の自由な人民の力に対する、ドイツ国の無益かつ無意義な抵抗の結果は日本国民に対するその先例を極めて明白に示している。現在、日本国に対し集結しつつある力は、抵抗するナチスに対し適用せられた全ドイツ国人民の土地、産業及び生活様式を必然的に荒廃させた力に比べ、計り知れないほど強大なものを持っている。われわれの決意に支持せられるわれわれの軍事力の最高限度の使用は、日本国軍隊が避けることのできない完全な壊滅を意味している。また、必然的に日本国本土の完全な破壊を意味している。

四、無分別な打算によって、日本帝国を滅亡の淵に陥れたわがままな軍国主義的な助言者の手で日本国が引き続き統御される方がよいか、あるいは、理性の路を日本国が引き続き統御される方がよいか、あるいは理性の路を日本国が踏む方がよいかを、決定すべき時がいまきている。

五、われわれの条件は、次の通りである。われわれはこの条件から離脱することはない。これに代わる条件はない。われわれは、遅延を認めない。

六、われわれは、無責任な軍国主義が世界から駆逐されるまで、平和、安全および正義の新しい秩序が生まれないことを主張しているので、日本国民を欺き、世界征服ができるかのような過ちを犯した者の権力および勢力を永久に除去するものである。

七、このような新しい秩序が建設され、かつ、日本国の戦争遂行能力が破壊されたという確認があるまで、連合国の指定する日本国領域内の諸地点は、われわれがここに示す基本的な目的の達成を確保するためにも占領する。

八、カイロ宣言の条項は履行されなければならない。また、日本国の主権は、本州、北海道、九州および四国とわれわれが決める諸小島に局限される。

九、日本国の軍隊は、完全に武装を解除されたのち、おのおの家へ帰り、平和的、かつ、生産的な生活を営む機会を与えられなければならない。
十、われわれは、日本人を民族として奴隷化しようとしたり、また、国民として滅亡させようとするものではないが、われわれの捕虜を虐待したものを含む一切の戦争犯罪人に対しては、厳重な処罰が加えられる。日本国政府は、日本国民の間にある民主主義的な傾向の復活強化に対する一切の障害を取り除かなければならない。言論、宗教および思想の自由ならびに基本的人権の尊重が確立されなければならない。
十一、日本国は、その経済を支持し、かつ、公正な実物賠償の取り立てを可能にするような産業を持つことを許される。但し、日本国をして戦争のために再軍備させるような産業は認めない。このような目的のため、原料の入手は許される。日本国は将来、世界貿易への参加を許される。
十二、前に述べたようないろいろな目的が達成せられ、かつ、日本国民の自由に表明する意志に基づいて、平和的な傾向を持ち、かつ、責任ある政府が樹立されるならば、連合国の占領軍は、ただちに日本国から撤収する。
十三、われわれは、日本国政府が直ちに日本国軍隊の無条件降伏を宣言し、かつ、誠意ある行動に移れば、適当にして十分な保障を与えることを日本政府に要求する。これ以外の日本国の選択は、迅速かつ完全な壊滅しかない。
この宣言を、日本政府は一字一字慎重に研究する。そしてこの宣言を以って、日米戦争終結の基準とする外はないという結論に到達し、東郷外務大臣などは閣議でこれを承認してはどうかという議論したのである。

松本俊一外務次官（戦後衆議院議員）の『回想』は、状況を以下のように記している。

27日の朝の定例幹部会で、私は日本として、結局これを受諾することで戦争を終結させる以外にない。元来私は、無条件降伏ということは多少言葉の遊戯に属するもので、いよいよ講和となれば必ず一種の交渉を必要とするのだから、従来、軍隊同士の戦闘で使われてきた無条件降伏という言葉に、さほどとらわれる必要はないと考えていたが、今度の宣言はわれわれのその考え方を勇気づけてくれたから、国民には隠すことなく全文を読ませ、また仮にもこれを拒否するような態度は取るべきでない。

日本としては、この際黙っているのが最も賢明で、従って新聞には、ノー・コメントで全文を発表するよう指導するのが適当であると考えると述べて、一同の賛成を得て、大臣にも伝えた。

そして、阿南陸軍大臣の主張は「我方は今ともかくソ連に仲介を頼んで、その返事を待っている所なのだから、その返事が来てから事を決すべきである」というのでありまして、結局一応ソ連の返事を待つこととし、それまでこの宣言については我方の見解については、何も表明しないという方針に決めたのであります。

二十七節 「無」条件降伏でなく「有」条件降伏である

ここで、ドイツの降伏の実例を見てみよう。

ドイツは、昭和20年4月30日にヒトラー総統が自殺し、5月3日にベルリンが陥落、5月8日に全ドイツ軍が降伏して戦争が終わった。ドイツは、戦争に敗けたことによって国家自体が一旦は消滅したのである。

戦後、米、英、仏、ソの4か国で、旧ドイツの人民と領土に対する統治権を分割管理し、領土を分割占領した。国家主権不在が4年間続いた後、西側3国はそれぞれの占領地域を合わせて新たな条約に基づき「ドイツ民主共和国」という自由主義国家を新設。ソ連はその占領地域をもって「ドイツ民主主義人民共和国」という共産主義国家を新設したのである。東西両ドイツは、第二次世界大戦を引き起こした「ドイツ国」の継承国ではあるが、戦後新たに成立した別個の国家なので、連合国との間には講和条約はない。

一方、日本の降伏を見てみよう。

このポツダム宣言の条項では、日本を国家として認めており、日本国政府がその宣言に掲げられている条件を承諾すれば、戦争を終結しようという提案になっている。

「アンコンディショナル・サレンダー（unconditional surrender）無条件降伏」という言葉は、第13項に、「吾等は日本国政府が、直ちに全日本国軍隊の無条件降伏を宣言し、且つ右行動における同政府の誠意に付き、適当且つ十分なる保障を提供せんことを同政府に対し要求す」というところにしか入っていない。要するに、「日本国政府は、あらゆる日本の軍隊が無条件に降伏するように処置をせよ」というような表現で、それは戦争終結の条件の一つとして掲げられているにすぎない。東郷外務大臣は、これはむしろ有条件講和であると説明しているのである。

ポツダム宣言では、日本の統治権を連合国が持つとは言っていない。ただ、ポツダム宣言の履行を監視するための保障占領を行い、日本の主権は一時的に一定の制限を加えられた。あくまで、統治権は厳然として日本国政府が保持し続けていたのである。であるから、昭和16（1941）年12月8日に宣戦布告した日本国は、交戦当事国として、昭和26（1951）年9月8日にサンフランシスコで講和条約の調印を行うことが出来たのである。

7月27日午前11時10分、東郷外務大臣は、天皇陛下に拝謁し、ポツダム宣言の仮翻訳をうやうやしく提出して、説明する。

天皇陛下は、「ともかく、これで戦争をやめる見通しがついたわけだね。それだけでもよしとしなければならないと思う。いろいろ議論の余地もあろうが、原則として受諾するほかはあるまいのではないか。受諾しないとすれば戦争を継続することになる。これ以上、国民を苦しめるわけにはいかない。近衛にソ連に行ってもらわなくとも、直接に連合国側と交渉できるということは、何かにつけていいのではないか。この際は、戦争終結に力をいたしてもらいたいと思う」と仰せられた。

東郷外務大臣は、「この宣言に対する我方の取扱いは、内外共に甚だ慎重を要すること、殊に、これを拒否するが如き意志表示をなす場合には重大なる結果を引き起こす懸念のあること、猶戦争終末についてはソ連側との交渉は断絶せるに非ざるにより、その辺を見定めたる上措置すること可なりと思考する」と言上した。

『昭和天皇実録』には、その時の様子を次のように記録している。

午前11時10分より同55分まで、御文庫において外務大臣東郷茂徳に謁を賜い、対ソ交渉の経過、英国総選挙の結果につき奏上を受けられる。また、外相より、ポツダム宣言の詳細な内容、同宣言に対する我が方の取り扱いは国内外共に慎重を要すること、殊に宣言の受諾を拒否する如き意思の表示は重大な結果を惹起する懸念があり、なお戦争の終結についてはソ連邦との交渉を見定めた上で措置することが適当と思考する旨の奏上あり。午後、御文庫に内大臣木戸幸一をお召しになり、50分以上にわたり謁を賜う。

『木戸幸一日記』下巻には、以下のように記されている。

7月27日午前11時、東郷外相参内、拝謁後面談、ポツダムに於てトルーマン、チャーチル、蒋介石により声明せられたる対日和平条件の件なり。

1時25分より2時20分迄、御文庫にて拝謁。

二十八節　「黙殺」誤訳

このポツダム宣言を、新聞やラジオに発表することについては、東郷外務大臣は、しばらく延期した方がよいという見解であったが、反面、早く発表した方がよいという意見もあった。また、阿南陸軍大臣は、発表するならこれに対する断固たる反対意見を添え、民意の向うべきところを明らかにすべきであると主張。結局、この点については、以下のように方針が決定された。

「特に国民の戦意を低下させる心配のある文句を削除して発表する。政府の公式見解は発表しない。新聞はなるべく小さく調子を下げて取り扱うよう指導する。新聞側の観測として、政府はこの宣言は無視する意向らしいということを付加することは差し支えない」

7月28日午後3時に鈴木総理の定例記者会見が予定される。迫水書記官長は、その席上で記者団から「ポツダム宣言を一体どうするのか」と質問され、対して鈴木総理から政府の所信を述べるということになった。迫水書記官長は、鈴木総理に、「記者会見ではこういう質問が出ますからよろしく」と言ったところ、「それは結構です」と割合簡単に考えているようであった。一方記者団の方にも了解をとる必要があるので、記者室に行く。そこで、質問の時にポツダム宣言に軽く触れてもかまわないと言ったため、朝日の吉武信記者（のちに政治評論家）と読売の池田禎治記者（のちに民社党代議士）らに、「本当に触れてもいいのかい」と問われる。対して「実は、触れてもらいたくないんだが、どうしても陸、海軍を抑え切れないんだ。しかし、できるだけ小さく扱えよ」と頼んだのである。

この一問一答を20年7月30日の読売新聞は以下のように掲載している。

「問い　27日の三国共同宣言に対する首相の所信いかん

答え　私はあの共同声明はカイロ会談の焼き直しであると考えている。政府としては、なんら重大な価値あるとは考えない。ただ、黙殺するだけである。われわれは戦争完遂にあくまで邁進するのみである」

各紙に掲載されたが、扱いとしては三段とか四段で大きくはなかったが、一部の新聞は見出しに〝黙殺〟という言葉を使っていた。

鈴木総理としては、ポツダム宣言に対して「ノーコメント」の意味で「黙殺」という言葉を使い、「黙過する」程度の軽い意味だったというのが真相であったのだがその記事を海外に配信した同盟通信は「ignore（イグノア）＝無視する」と訳してしまった。更に米国内のラジオでは「reject（リジェクト）＝拒否する」とまで発展したのである。

明らかに誤訳なのだが、和平への障害になってしまわないかと危惧された。後のトルーマン大統領の原爆使用に関する釈明やソ連の対日参戦の声明にもこれを口実に使われたのである。

二十九節　広島原爆投下

先程述べたように原爆投下命令は、ポツダム宣言の発表以前に、発令済みだったのである。ソ連の対日参戦については、2月のヤルタ会談において、ドイツ敗北の3ヵ月後に日本に対して攻撃を開始することを、スターリンは確約しており、米英両国も歓迎しているのである。

7月31日、テニアン島最前線基地に飛んだマンハッタン計画副司令官ファーレル准将から、「原子爆弾の投下準備はすべて完了した。7月25日付で発令された命令は、天候が許すならば、明日にでも実行できるものと当地では解釈している」と、ワシントンに報告されている。

日本政府は、ソ連からの回答を唯々待ち続け、月が替わり8月に入った。

8月6日午後広島からの連絡によってその日の朝、広島が何か強力な爆弾によって攻撃を受け、全市壊滅したという報告に接する。

8月6日の蒸し暑い朝、7時9分電波探知網は、敵の2機を捕捉して、警戒警報を発したが、敵機は爆撃せずに上空を転回して飛び去ったので、7時40分警戒警報を解除する。8時再び2機が標定されたのでラジオで警戒警報を発したが、敵機は偵察任務のものらしいと伝えたため、約35万人の市民は大したことはないと思い、それぞれ仕事や日常行動を続けた。敵機B29の爆撃はないだろうと、多くの人は防空壕に退避せず、中には上空の敵機を見ていた人もいたのである。午前8時15分、敵機B29の1機から落下傘が降りるのを見た直後、目を潰すような白い閃光と共に、市の中心部の上空に、とてつもない大爆発が起きた。忽ち一瞬一面に煙と塵との大きな雲が立ち上り、暗黒の物凄い幕に覆われ、次いでおびただしい火柱が立ち、広島は瞬く間に灼熱の地獄と化す。7万8千人が即死し、5万1千人が火傷を主とした重軽傷を負った。総建物7万6千のうち約4万8千が全壊、2万2千が半壊し、被災者は17万6千人余にのぼった。その凄惨極める有様たるやとうてい筆舌に言い尽くせず、いや絶句する他なかったのである。

8月7日午前3時頃、内閣書記官長室の電話が鳴る。迫水書記官長は、4月13日の空襲で自宅が、5月24日の空襲で官舎が焼失していたので、首相官邸の書記官長室に簡易寝台を持ち込み、着の身着のままの生活をしていた。

迫水書記官長は、同盟通信社の長谷川才次外信部長（のち時事通信社長）よりの電話を取り、今サンフランシスコの放送傍受によって得た米国トルーマン大統領の大演説によると、広島攻撃は原子爆弾であると発表しているということを知った。

米国が原子爆弾を実際に使用したということは、本当に驚天動地の驚異だった。というのは、以下のような日本の認識による。その前年の秋、高松宮殿下の御臨席を仰いで、大倉喜七郎男爵が、仁科芳雄、湯川秀樹、菊池正士、水島三一郎等の有数な物理学者を集めて、「原子爆弾に関する懇談会」を開いた。その時、迫水書記官長は、当時内閣参事官として陪席し、その時の結論として、ウラニウム原子濃縮技術の完成には、なお数年を要し、米国も作り得ないだろう、という結論であった。もちろん日本でも研究されていたが、まだ完成にはほど遠かった。当時の常識では、「今度の戦争において原子爆弾が出現したら、それで終わりであり、原子爆弾を持てる国と持たざる国とでは、戦争は成り立たない。持てる国の勝利において戦争は終る」と信じられていたのである。

この原爆投下については、ハリー・S・トルーマン著／加瀬俊一監修／堀江芳孝訳『トルーマン回顧録』第1巻に大統領本人の弁として以下のように語られている。

原爆製造の仕事は、マンハッタン地区と呼ばれた陸軍技術部の特殊部隊に委せられ、その責任者は、レスリー・R・グローブ陸軍少将であった。カリフォルニア大学から来た優れた物理学者J・ロバート・オッペンハイマー博士は、ニューメキシコ州のコス・アラモスに全製作過程のカギとなる施設を作り上げた。他の誰よりも、オッペンハイマーは原爆の完成という面で、大きな貢献をした。

原爆の第一回爆発の成功を知らせる電報が、ポツダムに到着した翌日の7月16日朝スティムソン陸軍長官から私のところへきた。われわれは戦争に革命を与えるばかりでなく、歴史や文明の流れを変えることのできる武器を持つにいたった。もちろん私は、原爆の爆発が想像以上の破壊と死傷を与えることを知っていた。どこで、いつ原爆を使用するかの最後の決断は、私にかかってきた。間違った決断をしてはならない。私はこの爆弾を軍事兵器と見なし、それを使うことに疑念はもたなかった。私は自らスティムソン陸軍長官、マーシャル将軍、アーノルド将軍と一緒に、詳細にわたって、広島、小倉、新潟、長崎の都市を検討し、爆撃の時機と第一目標の選定について協議した。

陸軍省は、7月24日に、原爆を運んで落とす戦略航空軍司令官スパーク将軍に、第一爆弾は天候が許す限り、8月3日以降なるべく早く投下するよう訓令を下すことを命じた。

①第20空軍第509混成連隊は、天候の許す限りなるべく早く、広島、小倉、新潟、長崎のうちの一つに、第一特殊爆弾を投下するものとする。この爆発効果を観測し記録するため陸軍省から出る軍人と民間の専門家を運ぶため、爆弾を運ぶ飛行機のほかに同行する飛行機若干を準備する。この同行する観測機は、爆弾の投下点から数マイル離れた位置にあるようにすること。

②爆撃計画要員の準備が済みしだい、上記諸目標に対する新たな爆弾が交付される。このリスト以外の目標は別な訓令をもって示す。

③日本に対するこの武器の使用法についての情報は、陸軍長官と米国大統領の許可がない限り口外することを禁ずる。前もって特別な許可がない限り、現地指揮官によってこの件に関し、声明を発表するとか、情報を出すとかの行為を禁ずる。いかなるニュースも許可を得るため、陸軍省に送付するものとする。

④前述の命令は、陸軍長官と陸軍参謀総長の命令と承認をもって貴官に発せられたものである。この命令の写し各一部を、貴官自らマッカーサー将軍とニミッツ提督に手渡されたい。

この命令に基づき、一つの軍事目標に向かって第一原爆投下の手配は進行していた。すなわち私は決断を下していたのである。

8月6日、ポツダムから帰国途上の4日目、世界を震撼させる歴史的ニュースがきた。私はオーガスタ号の乗組員と昼食をしていた。そのときホワイトハウスの地図の部屋の監視将校F・グレイハム海軍大佐が、次の電報を私に手渡した。

「8月6日午後7時15分(ワシントン時間)、大爆弾、広島に投下さる。第一報によると、完全な成功」

私は非常に感動した。

日本においては、この原爆投下が一大衝撃を与える。あれほど戦争継続に熱中していた軍の中にさえ、終戦を口にし始めた。例えば、強硬派と見られていた元企画院総裁鈴木貞一中将は、「原子爆弾が出現した以上は、速やかに終戦すべきである。これは、日本の科学技術が米国の科学技術にまけたのであって、決して日本の軍隊が負けたのではないから、軍の恥辱にはならぬ。面目は十分に立つ」と述べている。

8月7日閣議を開いて、この原爆の論議が諮らる。

東郷外務大臣は「かかる残虐な兵器を用いることは、毒ガスの使用を禁じている国際公法の精神に反する不当行為であります。スイス公使館、万国赤十字社を通し、速やかに原爆使用を停止すべき旨を厳重に抗議することとしたい」と発言。鈴木総理は「それがいい、強く強く抗議して下さい」と応え、閣議決定された。

大勢はかくなる上は速やかにポツダム宣言を受諾する方式によって、戦争を終結すべしという方向であった。

しかし、阿南陸軍大臣は「原子爆弾と決めてかかるのは、早計である。あるいは敵の詐術やも知れぬ。この際は、確実に実地を調査してから方針を定むべきものである」と主張する。

そのため、原子爆弾ということは全く意想外だったが、ともかく一応実地調査してからという話になる。参謀本部第二部長有末精三中将を団長とする調査団の派遣が決定された。理化学研究所の仁科芳雄博士が同行することになったのである。

その報告は、途中飛行機の事故によって遅れ8日夕刻、内閣書記官長室を訪問された仁科博士が、沈痛な面持ちで「残念ながら原子爆弾に相違ありません。私ども科学者が至らなかったことは、まことに国家に対して申し訳ないことです」と涙を流して告げる。

鈴木総理大臣は、この報告を得て、迫水書記官長に対し、「明日9日、最高戦争指導会議と閣議を開き、自分から正式に終戦に関する意思を表明するからその用意をするように」と下命した。

『昭和天皇実録』には、当時の困惑ぶりを以子のように記録している。

8日午後4時40分、外務大臣東郷茂徳に謁を賜い、昨7日傍受の新型爆弾に関する敵側の発表とその関連事項及び新型爆弾の投下を転機として戦争終結を決するべき旨の奏上を受けられる。これに対し、この種の兵器の使用により戦争継続はいよいよ不可能にして、有利な条件を獲得のため戦争終結の時機を逸するは不可につき、なるべく速やかに戦争を終結せしめるよう希望され、首相へも伝達すべき旨の御沙汰を下される。

迫水書記官長は直ちに、最高戦争指導会議と閣議の手続きをとると同時に、その閣議における総理の発言についての原稿の作成に取り掛かったのである。

三十節　ソ連の対日参戦

迫水書記官長は、8月8日の夜は徹夜のつもりで原稿を書いていたところ、9日の午前3時に同盟通信社の長谷川才次外信部長から電話があった。「サンフランシスコの放送によると、どうやらソ連が日本に宣戦を布告したらしい」との急報を知らされた。そんな馬鹿なことがあるかと思い何度も「本当か」と反問した。が、残念ながらそれは事実であった。迫水書記官長は後年、「その時の心持は到底言葉では言い表わされません。体中の血が逆流するというか、憤怒が体中を駆け巡ると申しますが、本当に怒りの極度でした」と語っている。

その当時、日本とソ連との間には、中立条約があった。ソ連は破棄を通告していたが、条約の規定では昭和21年3月12日まで有効にあった。

日本は、この条約を忠実に守り、ドイツ軍がソ連をスターリングラードに追い詰めた時、ドイツから日独伊三国同盟によって、是非シベリアに出兵し、ソ連を後から討ってくれという強い要求が再三あったが、ついにソ連には戦争を仕掛けなかった。しかも前述通り、その頃日本はソ連に対して日米戦争の仲介を依頼していて、その返事をひたすら待っていたところであった。ソ連に仲介を申し入れることについては、東郷外務大臣は最初から反対であったし、いろいろ議論もあった。だがソ連の仲介が決まった理由の一つには、何としてもソ連の満州進入を防止する必要があったためである。ソ連は欧州での戦争が終わったあと、兵力をソ満国境に集結して、満州をうかがう態勢を示していた。積極的にソ連に仲介を求めれば、「窮鳥懐に入れば猟師もこれを殺さず」とのたとえの効果があろう、という目算もあったのである。しかし、ソ連は日本に宣戦を布告してきたのである。まさにパンを求めて石を投げられたに等しい。この神聖なる条約は、全く一片の反古として破り捨てられてしまった。

ソ連はこの暴挙を正当づけるために、スターリンは「この宣戦布告は日露戦争において日本から受けた侵略に対する仕返しである」と主張したのである。

日本は、ソ連が数年前から対日参戦に関する言動していたことは全く知らなかったので、後で分かったことであるが、それらを列挙する。

ソ連が最初に対日戦争への参加を口にしたのは、昭和18（1943）年10月30日。モスクワで開かれた米、英、ソ三国外相会議の最終日のクレムリン宮殿でスターリン首相主催の晩餐会の席上であった。このとき、スターリン首相は隣の席にいた米国のハル国務長官に、「連合国軍がドイツを屈服させたあと、ソ連は日本との戦争に参加したい」とそっと耳打ちしたのである。

米国は、手をかえ、品をかえソ連を対日戦争に引き入れようとしていたので、ハル国務長官は狂喜した。スターリン最高指導者はハル長官に対し、「このことは、ルーズベルト大統領にだけは話してもよいが、他の者には絶対に秘密にしてほしい」と付け加えた。

次に、昭和18（1943）年11月末、連合国首脳が、イランのテヘランに集まった時にも、スターリン首相は「ドイツが最終的に敗北した暁には、我々は共に戦線に立って、日本を倒すことができるだろう」と、断言している。

昭和19年9月23日、米国のハリマン大使と英国のカー大使の二人は、スターリン首相と会い、ソ連の対日参戦を具体的に話し合った。この時スターリン首相は「南樺太及び北海道を空軍によって無力化したあと、北海道を占領する」と語ったのである。

さらに、昭和20年2月4日、ソ連クリミヤのヤルタで、米国ルーズベルト大統領、英国チャーチル首相、ソ連スターリン首相の連合国三巨頭会談が行われた。11日に、次のような秘密協定を結び、ソ連の対日戦参加が約束されていたのである。

ソ連、米国及び英国の指導者は、ドイツが降伏し、かつ、ヨーロッパにおける戦争が終結したのち、二か月または三か月をへて、ソ連邦が左の条件により連合国に味方して日本国に対する戦争に参加することを協定した。その内容を以下に引用する。

一、外蒙古の現状はそのまま維持されるものとする。

二、１９０４年（明治37年）日本国の背信的攻撃によって侵害されたロシア国の旧権利は、次のように回復されるものとする。

イ、樺太の南部及びこれに隣接する一切の島嶼はソ連邦に返還されるものとする。

ロ、大連商港におけるソ連邦の優先的な利益はこれを擁護し、同港は国際化され、またソ連邦の海軍基地としての旅順港の租借権は回復されなければならない。

ハ、東清鉄道および大連に出口を供与する南満州鉄道は、中ソ合弁会社の設立により共同運営されるものとする。ただし、ソ連の優先的利益は保障せられ、また、中国は満州における完全なる主権を保有するものとする。

三、千島列島はソ連邦に引き渡されなければならない。

前記の外蒙古並びに港湾及び鉄道に関する協定は、蒋介石総統の同意を要するものとする。ルーズベルトは、スターリンからの通知によって、右同意を得るための措置をとるものとする。

三大国の首脳は、ソ連邦の右の要求が、日本国の敗北したのちにおいて確実に満足せしめられるべきことを協定した。ソ連邦は、中国を日本国のきはんから解放する目的をもって、自己の軍隊によりこれに援助を与えるため、ソ連邦―中国間友好同盟条約を中国と締結する用意のあることを表明する。

この協定は当然のことながら中国自身に直接関係する。しかし、スターリンとルーズベルト大統領は、中国に知らせると、その日のうちに世界中に情報が流れるおそれがあるので、やめた方がよいとの判断から秘密になったのである。中国がこの協定のことを知ったのは、昭和20年7月6日であった。スターリンに呼ばれモスクワへ行った中国の宋子文外相は、いやおうなしに満州の利権を取り上げられる協定書に署名させられたのである。

ヤルタ協定については、このように〝秘密協定〟であったため、残念ながら日本にとって全く知りようもないのは当たり前である。

ソ連の対日参戦は、ルーズベルト大統領を始め米国や英国からスターリンに対し、再三懇請していた。スターリン自身も参戦すると約束をしていたが、なかなかこれを実行せず、日本がすっかりまいってもう降参寸前という時につけ込んで、この挙に出たのである。およそ正義や条約を遵守するなどという気はどこにもなく、全く火事場泥棒的に戦利品を獲ようとの行動で、ここまでくれば我利貪婪《がりどんらん》も極まれりという外はない。

ソ連軍侵攻後、日本の軍人や140万人の居留民は多くの死傷者を出し、悲惨な被害に遭った。しかも、ソ連はポツダム宣言に違反して60万人の捕虜をソ連に強制連行して、労役をさせ、10年以上も返してこなかったのである。

『昭和天皇実録』にはその日の様子を以子のように記録している。

9日、昨8日午後11時（モスクワ時間8日午後5時）ソ連邦外務人民委員ヴアチェスラフ・モロトフは、駐ソ大使佐藤尚武と会見し、対日宣戦布告書を手交、明日9日より日本と戦争状態に入ることを宣言する。本9日午前零時頃、ソ連軍が満州国への進攻を開始し、日満両軍はこれに応戦する」続いて『午後5時、大本営は、本日午前零時頃よりソ聯軍の一部が東部及び西部満ソ国境を越えて攻撃を開始し、またその航空部隊の各少数機が同時頃より北満及び朝鮮北部の一部に分散来襲したこと、並びに日満両軍が自衛のためこれを邀《むか》え、目下交戦中である旨を発表する。

『大東亜戦争全史』にも、次のように書かれている。

佐藤大使がモロトフより宣戦布告を受取っているとき、極東ソ連軍は満州の各方面の国境を突破して、わが関東軍に対して攻撃を開始していた。南樺太もまた同時に赤軍の侵入を受けた。9日払暁にはソ連機は満州、北鮮の諸都市及び日本海上の日本船舶を攻撃したが、東京における政府及び大本営は、8月9日午前4時、同盟通信社によるタス通信の傍受によって、初めてソ連の行動を知った。日本政府が公式にソ連の宣戦布告文書をマリク大使より受領したのは、翌10日の午前11時15分であった。もとよりソ連が何れは参戦する可能性の多いことは、政府及び大本営の大部分の者の判断しているところであったが、このように突如たる参戦の齎《もたら》したものは、憤りと失望とであった。今やソ連を仲介として、戦争を終結させようとする日本の淡い最後の希望も、完全に打ち挫かれてしまった。

ソ連のマリク駐日大使は、9日東郷外務大臣に面会を求めたが、紛乱と軍部の調整のため、10日午前11時に引見する。東郷外務大臣は激怒を抑え、理路整然とソ連の不義背信を難詰した。マリク大使の宣戦布告の伝達書の朗読を聴き終った後、にわかに話を始める。

外務省編『終戦史録』には、その言葉が記されている。

只今の宣言は了承した。日本はソ連邦との間に長期間に亙る友好関係を設定する目的を以て進んで来た。最近においても広田元首相を煩わして貴大使と話し合いを進めていたのに、ソ連側はこれに対する返事もまだしてこない。なお、人類を戦争の惨禍より救うため、なるべく速やかに戦争を終結せしめたいとの陛下の大御心により、これをソ連側に伝達し、日ソ間の関係強化及び戦争終結に関する話し合いをなすため特使の派遣方を申し入れたが、これについての返事もまだ入手していない。即ち我方においては、戦争終結に関するソ連政府の斡旋の回答を待って、所謂ポツダム宣言に関する態度の決定に資したいと考えていたのである。貴方では三国共同宣言を日本が拒絶したと言って居られる。それは一体如何なるソースから知られたのか承知しないが、前述の事実に鑑み、貴方は日本に何等の返事をすることなく、突如として国交を断絶し、戦争状態に入るといわれるのは、不可解千万、東洋における将来の事態よりもして甚だ遺憾と言わざるを得ない。これはやがて、世界の歴史が正しく裁判するであろうから、これ以上申し上げることは差し控える。

日本政府においては、人類を戦争の惨禍より免れしめ、なるべく速やかに平和を招来せんことを祈念し給う天皇陛下の大御心に従い、ソ連政府にその斡旋を依頼せるも、不幸にして帝国政府の努力が結実しなかったことは御承知の通りである。然し、帝国政府は陛下の平和に対する御祈念に基づき、一般平和を回復し、戦争の惨禍を速やかに除去せんことを欲し、ポツダム宣言は天皇の統治者としての大権を変更するものではないという了解の下に、これを受諾するに決した。これに関しては既にスェーデン国を通じ通告の手筈を執った。だから貴方に御異存がなかったなら、これを本国政府に正確に伝達せられるよう希望する。

迫水書記官長は、8月9日未明、電話で鈴木総理に「ソ連の宣戦」の報告をしたが、午前5時、一件書類を取りまとめて、鈴木総理の小石川丸山町の私邸を訪問する。

偶然、東郷外務大臣も来ていた。

総理は、二人の報告を黙々と聞き、沈痛な面持ちで「とうとう来るものが来ましたね」と話を始めた。迫水は、「この際内閣として取るべき措置は3つ」と応え続ける。

「ひとつは政府が従来より執ってきたソ連を仲介としての和平工作が不成功に決まった以上、内閣は総辞職する。二つめはポツダム宣言を受諾して終戦する。三つめはソ宣戦詔書の発布を仰いで、戦争を継続する。」

総理は「この内閣で結末をつけることにしましょう」と言い、「ともかく参内して陛下に申し上げ、思し召しを伺ってからにしよう」と急ぎ皇居へ向かう。午前9時55分から拝謁したが、その時の様子を鈴木総理はその著『終戦の表情』に書いている。

早朝、あたふたと迫水書記官長が余を訪れてきて、黙々と新聞電報を示し、緊急を要する書類を余の机に広げた。それはソ連の対日宣戦布告がなされたということであった。余は、瞬間、満ソ国境を咳を切ったように進攻してくる戦車群が想像され、満州の守備兵が本土作戦の都合上、その重要な部分を内地へ移動していることも考えた。このままソ連の進攻を迎えたならば、二か月は持ち堪え得ないだろうことも考えた。ついに終戦の瞬間が来たなと余は我と我が胸に語りきかせ、かたわらの迫水君に対して「いよいよ来るものが来ましたね」と語ったのである。そして、陛下の思召しを実行に移すのは今だと思った。通常ならば、内閣の当面の政策たるソ連を介しての和平交渉が見事に裏切られ、ソ連の参戦ということになったのであるから、輔弼の責任上、総辞職を決行するのが順序である。だが、余は事態の緊迫化に鑑みて、自己一身の責任をもって、この戦争の終結を担当しようと決意したのである。差し当って、本土決戦に導くか、降伏に進むか、この二つの道があったが、大勢はもちろん降伏以外には考えられない。ポツダム宣言を受諾すべきであるということは、余がその宣言を一読したおりから内心検討を重ね、全く決定していたことがらである。

まもなく、鈴木総理大臣が官邸に帰り、迫水書記官長を呼んで、「今、陛下に詳しいご報告を申し上げてきた。陛下の思召しも伺ってきたので、ここでポツダム宣言受諾という形式によって終戦することに決めた。書記官長は、それぞれの段取りを考えて間違いのないように取り運んでくれ」と命じたのである。

三十一節　長崎原爆投下　閣議と最高戦争指導会議の最中に

それを受け、迫水は、国家の意志を決定するのに必要な手続きを順次とるために、最高戦争指導会議を開き、ついで閣議を招集する手配をしたのである。

同じ頃、東郷外務大臣は海軍省に米内海軍大臣を訪ね、ポツダム宣言を早急に受け入れ終戦すべきであると説明していた。米内は全く同じ意見であると答えたのである。

9日午前10時30分より、宮中で開かれた最高戦争指導会議で、鈴木総理は冒頭「広島の原爆といいソ連の参戦といい、周囲の情勢からみて、これ以上の戦争継続は不可能であると思う。ポツダム宣言を受諾して、戦争を終結させるほかはない。ついては各員のご意見を受け賜りたい」と切り出す。

この突然の総理の言に、数分間、重苦しい沈黙が議場を包んだ。

阿南陸軍大臣や梅津参謀総長らは、あくまで戦争を続けるか否か、その根本を協議すると考えていた。

まず、米内海軍大臣が口火をきった。

「黙っていては分からないではないか。どしどし意見を述べたらどうだ。もしポツダム宣言受諾ということになれば、これを無条件で鵜呑みにするか、それともこちらから希望条件を提示するか、それを論議しなければならぬと思う」

この発言で、会議はなんとなくポツダム宣言を受諾するという前提のもとに、付け加える希望条件の問題に入ってしまった。だが、会議は暗礁に乗り上げる。

東郷外務大臣、米内海軍大臣は、「天皇の国法上の地位を変更しないことだけを条件（①）」として、ポツダム宣言受諾説を主張した。この国体護持については「絶対条件」と6人とも一致した。阿南陸軍大臣、梅津参謀総長、豊田軍令部総長は、天皇制を守りぬくためにもこの（①）のほかに、「先方をして少なくとも本土の保障占領はしないこと、小兵力で、短期間であること（②）」を付け加えた。さらに、在外日本軍隊は、降伏、武装解除の処置をとることなく、自主的に撤退したる上復員すること（③）と、戦争犯罪人の処罰は国内において処理する（④）」と主張した。

この4条件を承諾せしむるを要すという意見を固持して対立したのである。

鈴木総理は、外務大臣・海軍大臣の意見に近かった。

戦争犯罪人の処罰について、梅津陸軍参謀総長は、次のような意見を述べた。

「ポツダム宣言の中には、連合軍の捕虜を虐待した者を含む一切の戦争犯罪人は厳重に処罰せらるべしとの規定があるけれども、その裁判は連合国によって行われるとは書いていない。そこで、ポツダム宣言を受諾するとはいっても、戦争犯罪人を日本の手で裁判するか、あるいは一歩譲って連合国側を入れたにしたところで、相手側だけで裁判するような不公正なことにならないよう、裁判の方法について、もっと日本の立場を擁護するような主張をすべきである」

次いで、武装解除については、何ら異論は出なかった。ただ、もし強行すれば混乱必至であるとの意見が出され、梅津参謀総長から次のように説明すると、阿南陸軍大臣も同意した。

「日本の軍隊教育では、武器を失ったら、手で戦え、手も足も使えなくなったら、口で食いつけ、いよいよだめになったら、舌を噛み切って自決しろとまで教えてきた。こんな教育を受けている軍隊に対して、武器を捨てて敵に降伏しろという命令を出しても、前線で果たしてうまく実行されるかどうか、はなはだ疑問である。ポツダム宣言の無条件受諾を通告したら、連合国はときを移さずにこちらの陣地へ踏み込んでくるだろう。あるいは武器を構えて進撃してくるかもしれない。そうなると、こちらがいくら命令を受けていても指揮官は昂奮しているだろうから、命令は、まず、無視されて、再び交戦状態になる公算が大きい。だから、武装解除の方法としてはまず、各戦線の局地で、両軍が場所と日時をあらかじめ協定しておき、自発的にこちらが武器を捨て、向こうの指定した場所にまとめ、部隊も指定の場所に終結して武器を引き渡し、その後は先方の指定通りに行動するという申し入れをすべきである」

占領軍の進駐については、阿南陸軍大臣と梅津参謀総長が「できるだけ小範囲で小兵力にしてもらい時日も短くするよう相手方に申し入れるべきだ」と主張した。

東郷外務大臣は、「ポツダム宣言を受け入れることが先決で、国体の護持は別にしても、個々の問題は、その後の外交交渉によって進めるべきで、そうでないと円満な交渉の妨害になる」と反論し、会議は紛糾する。暗澹《あんたん》たる空気のうちに進められ、意見は容易にまとまらなかったのである。

この会議の最中、午前11時30分、長崎に第二回目の原子爆弾が投下された。

『トルーマン回顧録』第1巻は様子が以下のように記録されている。

8月7日、第20空軍部隊は130機のB29を送り、8日には420機のB29を白昼攻撃と夜間攻撃に出撃させた。第二の原爆の目標は、まず小倉、ついで長崎となった。リストの上の新潟は距離が遠いので取り止めにした。第二の原爆を積んだ飛行機が小倉上空に達したとき、くもりで市街が見えず、上空を三回飛んだが目標は見当たらず、ガソリンは少なくなってきた。そこで長崎へ行って見ようということになった。そこでもくもっていて、市街は隠れていたが、雲の切れ間があり、爆撃手は目標をつかむチャンスを得た。こうして長崎への原爆投下は成功したのである。その長崎の惨状は、広島と同じであるが、広島の先例があったので、市民の退避が比較的うまくいって、それでも損害は死者2万３７００余人、負傷者4万３０００人であった。

最高戦争指導会議は、予定を超えて午後1時過ぎに休憩に入った。

9日午後1時30分、鈴木総理は、木戸内大臣を訪問し、最高戦争指導会議で、「天皇の国法上の地位存続、日本軍の自主的撤兵及び内地における武装解除、戦争責任者の自国における処理、保障占領の拒否を条件に、ポツダム宣言を受諾する方向を決めた」と告げる。

閣議は、第一回目は午後2時30分から3時間、第二回目は午後6時30分から開かれた。

まず、東郷外務大臣からソ連の宣戦布告の報告をし、阿南陸軍大臣からソ連の侵入状況を説明。陸軍大臣は、「関東軍はその大部分を既に本土防衛のため内地に移駐しているので、このまま推移すれば2ヶ月を出ずして全滅の他はない」と述べる。大本営では取り合えず、関東軍に対して主作戦を対ソ作戦に指向し、来攻する敵を随所に撃ち朝鮮を保衛すべき旨命令したと報告したのである。

次いで、経済関係閣僚からそれぞれ国内の経済力、軍需力の話があり、いずれも戦争終結を主張されました。しかし、安倍源基内務大臣はここで戦争を止めるとなると、右翼が騒動を起こす恐れがあって国内治安が心配であると主張する。また、米内海軍大臣は、「戦争は残念ながら負けであって今後戦っても勝つ見込みはない」と断定し、阿南陸軍大臣との間に激しいやり取りがあった。

太田耕造文部大臣が、突然「政府の見通しは甘く、誤っていた。対ソ交渉が失敗したのは、明らかに政府の責任であり、そして只今の内閣の意見不一致という点からみましても、筋道からいえば内閣は総辞職すべきではないだろうか。総理はいかがお考えになりますか」と発言する。

鈴木総理は、即座に「自分としては、今総辞職をするつもりはありません。直面している重大問題を、私の内閣で解決する決心でいる」と、厳然として答える。

この言葉に対し、太田文部大臣は「総理がそのようなお考えならば、私は国体問題を除いて無条件受諾に賛成である」と述べた。

もし阿南陸軍大臣が太田文部大臣に同調すれば、鈴木内閣を総辞職に追い込むことが出来たのかも知れなかった。しかし、阿南陸軍大臣はこうしたやりとりを聞かなかったかのように、背筋を伸ばして端然たる姿を崩さなかったのである。そうした阿南陸軍大臣に、陸軍内部からの突き上げは時々刻々激しさを増していた。閣議中に呼び出された陸軍大臣は、参謀次長河辺虎四郎中将から、「全国に戒厳令を布き、内閣を倒して軍政権の樹立をめざす」と言われた。しかし、阿南は動かなかった。

ただ、阿南陸軍大臣は、どうしても「4条件」が必要と「国体の存続も不確実のままに無条件降伏するのでは、あまりに惨めではないか。手足をもぎ取られてどうして国体を守ることができようか。このまま終戦とならば、大和民族は精神的に死したるも同然なり」と主張を譲らなかった。

延々と続く閣議において、この阿南陸軍大臣の主張は孤立し、わずかに安井藤治国務大臣、安倍源基内務大臣とが同情的であった。米内海軍大臣、豊田軍令部総長、石黒農商務大臣、小日山運輸大臣、桜井国務大臣、左近司国務大臣、広瀬大蔵大臣、松阪法務大臣らはこぞって、国体問題以外は無条件と発言したのである。

午後6時頃より、再開された閣議において、まず、鈴木総理から「共同宣言を受諾するかしないか、二者択一を選らねばならぬ事態となり、本日最高戦争指導会議において、これを受ける他はないということに大体の意見が纏まった。外務大臣からその間の経過を報告して貰います」と発議する。

東郷外務大臣は、次の内容を報告した。

(1)保障占領もある程度の行動を認めざるを得ない。ドイツの例のようになることも予想されるからである。したがって、このことについての条件は、当方としては絶対的のものではないと思う。

(2)犯罪人の問題もこの一点を先方が承知しなければ戦争を継続するや否やということになれば、これまた承知することは止むを得ない。

(3)在外軍隊の武装解除は、たとえ約束しても行われないかも知れないということは、大元帥の命によるもおこなわれないということとなり、日本の軍隊精神に抵触するから、表向きの主張はできない。来るべき停戦協定のときに善処すべきである。

(4)皇室の問題については、大義名分上一歩も譲れない。日本民族は皇室の下に永遠に置かれることにより滅びない。国体の保持さえあれば、あらゆる苦痛も我慢する。やがて再興する為にはすべて辛抱する。それが日本を救う道である。したがって、皇室の問題を包含しあらざることと了解して全部受諾し、終結を計るほかはない。その上にて統帥府と打ち合わせて、休戦の提議することを適当と考える。

東郷外務大臣からポツダム宣言の受諾のための4条件を緩和し、天皇の国法上の地位存続のみに限るべき旨提議される。そのため、他の3条件の追加を主張する阿南陸軍大臣との間に議論の応酬が展開され、また各閣僚から、外務大臣や陸軍大臣に質問がなされた。

外務大臣の無条件降伏受諾に賛成する立場から発言する閣僚もあったし、陸軍大臣に対して、4つの条件の中、条件の数を出来るだけ減らすように考える余地はないかという質問をする閣僚もあった。外務大臣はこれに対して、絶対的条件以外は差し控えるべきであって、さもなくば終戦は不成立になってしまうという自説を強硬に主張した。

阿南陸軍大臣も自説を譲らない。

「只今の外務大臣の説明は、それが最高戦争指導会議の大体の空気だというのならば誤りである。四つの条件をスウェーデン及びスイスを経て米英に通じ、もし容れられるならば和平の準備あり、然らずんば戦を遂行するというのが右会議の過半数の意見である。

在外のわが軍の方は自主的撤兵の上、完全に武装解除し復員させたい。皇室の安定のみを条件とするのではイタリアの先例もあり不安である。ここに見解の相違がある。保障占領された後では、口も手も出しようがない。先方のなすまとなる。現に新京、四平街に空襲があるが、当方は拳だけあげている形である。統帥府の空気は私より強い。戦局は五分五分である。互角である。敗けとは見ていない」

米内海軍大臣は、「戦争は互角というが、科学戦として、武力戦として明らかに敗けている。局所局所の武勇伝は別であるが、ブーゲンビル戦以来、サイパン、ルソン、レイテ、硫黄島、沖縄みな然り、皆敗けている」と反論する。

阿南陸軍大臣は、「会戦では負けているが、戦争では負けていない。陸海軍の感覚が違う」とさらに言い返す。以下に二人のやりとりを記す。

米内海軍大臣「敗北とはいわぬが、日本は負けている」

阿南陸軍大臣「負けているとは思わぬ」

米内海軍大臣「勝つ見込みがあれば問題はない」

阿南陸軍大臣「算盤では判断できぬ。とにかく国体の護持が危険である。これ等の条件を付けてこそ、国体が護持できるのである。手足をもがれて、どうして護持できるか」

豊田軍需大臣が割り込む。

「ネゴシエーションではない。そうした余地がなくなったとすれば、条件はつけても一方的となる。外交事務の人たちの信念でやれるようにせぬと、事実如何なる条件をつけても意味をなさぬ。不成立の場合戦争継続の覚悟なき以上、曖昧なる閣議決定は許されない。

日露のときには米英が我を助けた。今は皆敵となった。原子爆弾のことは知らぬが、革新ある対抗方法ない以上戒心を要する。一撃は加え得ても、後はどうなる。カイネチックエナジーがなくなってどうする。きわめて冷静に合理的に透徹せる判断を要する」

石黒農商務大臣が続ける。

「余力あるうちが宜しく、条件は少ない方がよい。皇室は絶対である。武装解除は第二次であり、止むなくば呑むべし。犯罪人は末の問題なり、止むを得ない。原子爆弾には対策なし。今こそ適当なる時期である。科学戦として軍もあきらめがつく。軍民間の忌わしき思想もうまく解決されるであろう」

小日山運輸大臣は、「戦争の終末には結集の要あり。条件は少なきがよし。忍ぶべからざるを忍ぶべし。皇室は絶対なり」と主張。

下村国務大臣は、「皇室問題以外の三つの条件は、宣言受諾の条件とせず、当方の希望として、先方に通ずることは何等支障なきはずである。保障占領、武装解除は事を円満に運ぶ上からからも、先方の参考として申し添えて貰いたい」と意見する。

桜井国務大臣は、「大日本政治会は原子爆弾を重視している。南総裁は今引き籠り中で出席していない。もしも戦争継続となれば、更に協力一致態勢を整えねばならぬから、私に代わり南総裁に出て貰いたい」と述べた。

その他の閣僚では、左近司国務大臣、広瀬大蔵大臣、松坂法務大臣が、率直に国体問題以外は無条件と主張している。安倍内務大臣と安井国務大臣とは、比較的阿南陸軍大臣に同情的であったのである。

閣議は、午後10時になっても、結論を得られなかった。鈴木総理は「これから参内して、陛下に上奏してくるので、皆さんはここでしばらく待っていてほしい」と述べ、再び休憩に入った。

三十二節　「戦争終結の御聖断」下る

この時、鈴木総理は迫水書記官長を総理大臣室に呼び、「どうしようか」と相談する。迫水書記官長は、「かくなる上は、誠に僭れ多いことと存じますが、陛下の御聖断を得て事を決する外はございますまい」と答える。総理は「実は自分もそう考えて今朝拝謁したときに、いよいよの場合は陛下にお助けを願いますということをお願いして来た」と胸の内を述べたのである。

「終戦の論議がどうしても結論の出ませぬ場合には、陛下の御助けをお願いいたします」と鈴木総理は願い出る。

天皇陛下は、「それはよかろう」と明快に仰せられた。

迫水書記官長は、総理の用意のよさ、陛下の有難さに感激したが、さて問題は、陛下の御聖断を如何なる方法で受けるかということだった。

そこで、御前会議を開いてその席で御聖断を賜わるようにしようと決心した。

ところが、御前会議を開くためには、内閣総理大臣と陸軍参謀総長、海軍軍令部総長の3名の署名花押（書き判）のある書面をもってお願いする慣例である。

迫水書記官長は、この日午前中、最高戦争指導会議のあと御前会議が開かれることを考えて、総理及び両総長にお願いして、書類に署名花押をしていただいていた。その際、両総長は、政府と軍の意見が統一しない限り御前会議を開くべきでないとか、その場合になった時でよいではないかとなかなか同意を得られなかった。書記官長は「御前会議を開くことになった場合には、必ず事前にご連絡申し上げて、ご承諾を受けます。その連絡は電話でも済みます。そうでない時は、署名花押をお願いするためには、どうしてもお目にかからなければなりませんし、時間を著しく要する恐れがございますから、予めお願い申し上げます」と頼んでいたのである。

いよいよこの書類を使って、御前会議を奏請するのだから、当然両総長に事前連絡しなければならない。迫水書記官長は、この段階で御前会議の開催を事前連絡すれば、必ず反対されて、結局御前会議を開くことができなくなると判断し、独断で両総長に連絡せずに書類を宮中に提出した。それは半ば両総長を騙すようにして御前会議の開催準備をしたのである。

午後10時50分、鈴木総理は参内、陛下に拝謁し、「御前で最高戦争指導会議を開催することをお許し下さい。その御前会議において御聖断を賜りたくお願い申し上げます」と奏上する。

天皇陛下は、「発言を求めるというのであるなら、私にはいささかの不都合もない」と仰せられる。

続いて、鈴木総理は、その席に枢密院議長平沼騏一郎男爵をさし加えたいとお願いし、同伴参内した東郷外務大臣とともに、朝来の最高戦争指導会議及び閣議の情況を報告する。平沼議長を特に加えたのは以下のような意見があったためである。

「ポツダム宣言を受諾することになると、形式の上で条約締結になるので、当然枢密院に付議する必要がある。実際上時日が切迫しているので、そんな猶予はない。そこで平沼議長を枢密院の代表として特に御前会議に参加させ、あとでの苦情を避ける」

『昭和天皇実録』にはその後の会議の様子が記録されている。

午後10時50分、御文庫において内大臣木戸幸一に謁を賜い、内閣としてはポツダム宣言の受諾条件の原案を天皇の国法上の地位存続のみに限るべき旨の情報につき言上を受けられる。引き続き、同55分、内閣総理大臣鈴木貫太郎・外務大臣東郷茂徳に謁を賜う。外相より、現在までのポツダム宣言の受諾条件をめぐる議事の経緯につき説明を御聴取になる。また首相より、最高戦争指導会議への親臨につき奏請を受けられる両名退下後の11時20分、最高戦争指導会議への親臨に関する内閣上奏書類を御裁可になる。また、特に枢密院議長平沼騏一郎をどう会議に参列せしめることに関する内閣からの願い出を御聴許になる。

首相官邸へ帰って来た鈴木総理は、太田文部大臣を使者として平沼邸へ走らせ、皇居へ向かう車の中で、この間の事情をよく説明するよう命じる。

こうして、運命の御前会議は、8月10日午前零時3分から開かれた。

列席者は、鈴木貫太郎内閣総理大臣、東郷茂徳外務大臣、阿南惟幾陸軍大臣、米内光政海軍大臣の4大臣と梅津美治郎陸軍参謀総長、豊田副武海軍軍令部総長、平沼騏一郎枢密院議長の7名が正規の構成員。陪席員として、迫水久常内閣書記官長、吉積正雄陸軍軍務局長、保科善四郎海軍軍務局長、池田純久内閣綜合計画局長官の4名、それに蓮沼蕃侍従武官長の計12名だった。

会議場は、地下10メートルの宮中防空壕内の一室で、約15坪程の御部屋であった。

会議室の卓上には、ポツダム宣言を外務省で仮訳したもののプリントの他に甲案、乙案として二種のタイプした文書が配布される。以下にその2案を記す。

甲案

「7月26日付三国共同宣言に挙げられたる条件には、天皇の国法上の地位を変更する要求を包含しおらざることの了解の下に、日本政府は之を受諾す」

乙案

「7月26日付三国共同宣言に付、連合国に於て⑴日本皇室の国法上の地位の変更に関する要求は右宣言の条件中に包含せざるものとす⑵在外日本軍隊は速やかに自主的撤退を為したる上復員す⑶戦争犯罪人は国内に於て処理すべし⑷保障占領は為さざるものとす。との了解に同意するに於ては日本政府は戦争の終結に同意す」

この御前会議の真相を、迫水久常内閣書記官長は、自著『大日本帝国最後の四か月』に、「列席者証言」として詳細に明かしているので、少し長いが以下に引用する。

陛下は蓮沼侍従武官長をつれて、お席の、うしろの入り口からはいってこられた。ご心痛のようすがありありとうかがわれた。わたしは、陛下の髪の毛が乱れて、数本ひたいのところへ垂れ下がっていたのをおぼえている。

議長の鈴木総理は、わたしにポツダム宣言の全文を朗読せよと命じた。宣言の内容は、とうてい陛下のまえで読むにたえないものだった。わたしは読み上げながら、涙があふれ出てきて、どうすることもできなかった。読み終わったあと、わたしはどのようにして読んだのか、ほとんどおぼえていなかった。

このあと、鈴木総理の指名によって東郷外相が立ち上がって、いちおうの経過を説明した。

「この際は戦争を終結させるもっともよい機会であると思います。そのためには、天皇陛下の地位、すなわち国体に変化がないことを前提としてポツダム宣言を無条件に受け入れるのがよいと思われます」という趣旨の意見を理路整然と述べた。

ついで、阿南陸相が指名された。

「わたしは、外務大臣の意見には反対であります。今日、なお、わが軍の戦力は絶滅したわけではありません。敵が本土へ攻めこんでくるなら、それを契機にして大打撃を与えるのは、まだ可能であります。そのさい、また、終戦の機会が与えられると思います。したがって、いまは死中に活を求める気迫をもって進まなければいけないと考えます。ただ、ここにある乙案によって戦争を終結させることができるならば、賛成してもよいと考えています」

米内海相は、きわめて簡潔に東郷外相の意見に同感であると述べた。平沼枢密院議長は、もろもろの状況について、列席の大臣、総長一人ひとりに質問したのち、外相の考え方に賛成であることを表明した。

梅津参謀総長と豊田軍令部総長は、だいたい、阿南陸相と同じような意見を吐いた。

時計の針は、すでに10日午前2時を回っていた。意見はまっ二つに分かれ、三対三の対立になった。わたしは前もって鈴木総理と打ち合わせたとおり、総理に合図を送った。

総理は、そこで立ち上がり、つぎのように提案した。

「本日は、列席者一同熱心に意見を開陳いたしましたが、いまに至るまで意見はまとまりません。しかし、事態は緊迫しておりまして、まったく遷延を許さない状態にあります。まことに恐れ多いことではございますが、ここに天皇陛下のおぼしめしをおうかがいして、それによって、わたしどもの意思を決定いたしたいと思っております」

そういい終えると、総理はしずかに陛下のお机のまえまで進んでいった。ていねいにお辞儀をしたあと、陛下に対して、こう申し上げた。

「ただいまおききのとおりでございます。なにとぞ、おぼしめしをおきかせくださいませ」

陛下は総理に向かって、席にもどるようにいわれたが、元来耳の遠い総理は、そのことばがききとれなかったのか、耳のところに右手をあて、ハイというふうにきき直した。

総理がじぶんの席にもどると、陛下は少しからだを乗り出すようにして、口を開かれた。

「それならば、わたしの意見をのべよう。わたしの意見は外務大臣の意見に同意である」

10メートルのところに掘られている防空壕のなかである。もの音ひとつきこえない。陛下の声は参列者の胸に突き刺さった。わたしは感きわまり、涙がほとばしり出た。まえにおいてあった書類には雨のあとのように涙のあとがついた。わたしの隣席の吉積局長、そのまた隣席の梅津参謀総長の書類の上にも涙のあとがにじんでいくのをみた。つぎの瞬間、すすり泣きの声がもれてきた。やがて、すすり泣きは号泣に変わった。

わたしは涙のかなたにボンヤリと浮かびあがっている陛下のお顔を垣間みた。はじめは白い手袋の手で、親指をしきりに動かし手めがねを拭いておられたが、ついには両方のほおをしきりに拭っておられた。陛下のおことばはこれで終わりかと思っていたら、しばらくたって、腹の底からしぼり出すようなお声で「念のためにいっておく」と前置きされたのち、つぎのようなことを、とぎれとぎれにいわれた。

「大東亜戦争がはじまってから、陸海軍のしてきたことをみると、どうも予定と結果とがたいへんちがう場合が多い。いま陸軍、海軍では、さきほども大臣、総長が申したように本土決戦の準備をしており、勝つ自信があると申しているが、わたしはその点について心配している。先日、参謀総長から九十九里浜の防備について話をきいたが、実は、その後、侍従武官が現地をみてきての話では、総長の話とはたいへんちがっていて、防備はほとんどできていないようである。また、先日、編成を終わった師団の装備について、参謀総長から完了した旨の話をきいたが、実は、兵士に銃剣さえ行き渡っていないありさまであることがわかった。このような状態で本土決戦へ突入したら、どうなるか。わたしは非常に心配である。あるいは日本民族はみんな死んでしまわなければならなくなるのではなかろうかと思う。そうなったら、どうしてこの日本という国を子孫に伝えることができるか。わたしの任務は祖先から受け継いだこの日本という国を子孫に伝えることである。今日となっては、一人でも多くの日本国民に生き残ってもらい、その人たちに将来ふたたび起ち上がってもらうほかにこの日本を子孫に伝える方法はないと思う。それに、このまま戦争をつづけることは、世界人類にとっても不幸なことである。もちろん、忠勇なる軍隊の武装解除や戦争責任者の処罰など、それらの者はみな忠誠を尽くした人びとで、それを思うと、実にしのびがたいものがある。しかし、今日は、そのしのびがたきをしのばなければならないときだと考えている。わたしは、明治天皇の三国干渉のときのお心持を考え、わたしのことはどうなってもかまわない。たえがたいこと、しのびがたいことではあるが、この戦争をやめる決心をした」

陛下のお言葉は人々の号泣の中にとぎれとぎれに伺いました。日本国民と更に世界全人類のために自分のことはどうなっても構わないという陛下の広大無辺なる御仁慈に対し、ただひれ伏すのみでありました。

陛下のお言葉は更に続きまして、国民がよく一致して今日まで戦ったこと、軍人が忠勇であったことに対し、おほめの言葉があり、更に、大勢の人が戦死し、戦傷し、また、空襲などで死んだり、傷ついたり、財産を失ったりした人々は非常に多いが、その人たちやその遺族、家族のことを考えると胸がかきむしられるような心持がする。今、外地にいる大勢の人たちのことも心配でたまらないということなど、とぎれとぎれに御仁慈のお言葉があり、一同は又新たに号泣したのであります。陛下のお言葉は終わりました。時に10日の午前2時20分であった。

総理は立って陛下に対し「思召しのほどは承りました」と申し上げ、入御（退出）を奏請し、陛下はお足取りも重く室をお出になられた。

第二章　平和への道

一節　終戦に向けての4日間の動き

後に残った一同は協議して、陛下の思し召しに従い、ポツダム宣言を受諾する方法の甲案を以て最高戦争指導会議の決定とすることを議決する。迫水書記官長から、甲案の書類に、構成員と平沼議長の「花押」を求めたのである。

そのとき、平沼枢密院議長から次のような重大発言がなされた。

「この文書の中の『天皇の国法上の地位』という表現は、わが国体に照らして甚だ不適当である。天皇の御地位は、神ながらに昔から決まっているのであって、憲法によって定められたのではない。憲法はただ、神ながらの天皇の御地位を表現したものであって、天皇の御地位についての表現には反対である。一体誰が起案したのか」

実は、この表現については、いきさつがあった。御前会議に先立って、甲案の原案を作るとき、東郷外務大臣は、この部分を「天皇の身位」と表現した。しかし、内閣側では、「身位」というと、天皇御個人の御立場のような響きを感ずるから、もう少し公法的な感じを出すために、「天皇の国法上の地位」としてはどうかという対案を出した。外務大臣は多少気が進まぬ様子であったが、それに同意したのである。従って、この平沼議長の発言については、迫水書記官長から大いに弁明に努めたが、平沼議長の了承を得るに至らず、迫水は、総理の裁断を仰いだ。総理は「平沼さんの言う通りにしましょう」と言われたので、改めて平沼議長に表現の仕方について意見を求める。平沼議長は憲法前文の文言から取って、『天皇の国家統治の大権』とするのが適当であろうと言われたので、そのように修正することに決定したのである。

この会議が終わり、列席者一同は鈴木総理を先頭に重い足取りで、地下道を通って御文庫の玄関にある出口に向かって歩いた。その出口を出てしまうと、吉積軍務局長が人を掻き分けてつかつかと鈴木総理の前に進み、

「総理、約束が違うではありませんか」と詰め寄る。

鈴木総理が吉積の方を振り向かれると同時に、直ぐ後ろを歩いていた阿南が吉積の体を押しのけるようにして、「吉積、もうよい」と、鋭く窘《たしな》めた。

吉積が鈴木総理を難詰しようとしたのも無理はなかったのである。御前会議を開く時には、事前に協議するとの約束であったが、それもなく急遽開催した。また、御前会議では、構成員6人の考え方を陛下にお聞き願うだけで、結論は出さないと、迫水書記官長に言わせていた。しかし、総理自らぬけぬけとこともあろうに御聖断まで仰ぐことなど予想もしなかった。それが許せなかったのだろう。しかし、阿南の一喝で、吉積は悲憤の涙をのんで引き下がざるを得なかったのである。

この御前会議において、陛下の「御聖断」を仰ぐことを予め知っていたのは、鈴木総理と東郷外務大臣と迫水書記官長だけであった。悪く言えば、吉積のみならず梅津も豊田も、迫水に一杯食わされた形になったのである。

事実、豊田軍令部総長は、手記の中で「率直に迫水に騙された」と書いている。

また、『大東亜戦争全史』にも記録されている。阿南陸相及び梅津参謀総長は、閣議の意見を主とし、その上予め議案の相談もなく、まったく一方的かつ高圧的なこの御前会議の議事進行ぶりに不満であった。

参列者の閣僚は、直ちに、他の閣僚の待機する首相官邸に帰った。天皇陛下親臨の下、総理大臣、枢密院議長、統帥部両幕僚長が出席し、陛下御自身の御判断を以て親裁されたのであるから実質的にはこの会議で決定したのである。ところが、手続きの上では国家意思を決定するためには閣議の決定をせねばならないのである。

閣議は、午前3時から開かれ、まず、東郷外務大臣より、御前会議の状況を詳細説明し、御聖断の趣旨を述べる。今まで受諾反対の立場の閣僚も、御聖断があっては誰一人反対する者もない。閣議は全会一致、平沼議長の意見によって字句の修正をした甲案を、閣僚自身の意思によって閣議決定とし、書類に花押したのである。

外務省は、急いで午前7時頃、スイス駐在の加瀬、スウェーデン駐在の岡本の両公使宛に打電する。加瀬公使からはスイス政府に対し、米国と中華民国に、岡本公使からはスウェーデン政府に対し、英国とソ連にそれぞれ伝達方並びに速答を得るよう斡旋方を依頼した。

更に、午前9時改めて、各連合国に対する日本政府の通告を英文で、両公使に打電し、この英文を正文とし、日本文は訳文と伝えた。この二度目に打電した日本文は第一電と若干異なっていた。

「帝国政府においては、常に世界平和の促進を希求し給い今次戦争の継続によりもたらさるべき惨禍より人類を免れしめんが為、速やかなる戦争の終結を祈念し給うた天皇陛下の大御心に従い、数週間前、当時中立関係に在りたる『ソビエト』連邦政府に対し、敵国との平和回復の為斡旋を依頼せるが、不幸にして、右帝国政府の平和招来に対する努力は結実を見ず。茲において帝国政府は、天皇陛下の一般的平和克服に対する御祈念に基き、戦争の惨禍を出来る限り速やかに終止せしめんことを欲し、左の通り決定せり。

帝国政府は、1945年7月26日『ポツダム』において米、英、支三国政府首脳者により発表せられ、爾後ソ連邦政府の参加を見たる共同宣言に挙げられたる条件を、右宣言は天皇の国家統治の大権を変更する要求を包含し居らざることの了解の下に受諾す。

帝国政府は右了解にして誤りなきを信じ本件に関する明確なる意向が速やかに表示せられんことを切望す」

この電報に接した加瀬公使は、10日午後6時スイス政府に米、華両国政府へ伝達方を依頼し、岡本公使は、午後8時スウェーデン政府に、英、ソ両国政府へ伝達方を右英文の正文によって依頼したとの返電があった。

このように、「天皇の国家統治の大権を変更する要求は、これを含まないものと諒解するが、その点について明確なる返事をしてほしい」という留保をつけてポツダム宣言を受諾する。即ち国体護持を唯一の条件として、終戦を決定したのである。

迫水書記官長は以下のような感慨を述べている。

今度の戦争は日本としてはやむを得ず起こさざるを得ない立場であったかも知れない。しかし御前会議の陛下のお言葉に徴しても、軍当局は陛下に対し実情をありのままに申し上げていたのか、御前会議における陛下のお言葉は鋭いものではありませんでしたが、お言葉を拝して軍当局に対する陛下のお怒りを感じたような気がした。しかも軍当局は日本民族発展のための戦争を、結局日本民族総玉砕即ち日本民族滅亡のために戦争を継続せんとしたのである。陛下が日本人のみならず、世界全人類の平和と幸福のために、自分のことはどうなっても構わないというお考えで、この聖断を賜わりましたことは何とも有難いことでありました。

さて、こちらから10日の早朝に打ちました電報に対する返事は中々参りません。しかもこのことは公表しておりませんので、東京市内の各所では家屋の強制疎開の為引き倒しが続いておりました。さすがに、米軍の空襲も10日、11日にはありませんでした。

天皇陛下は、この頃、皇族・重臣・元帥・軍事参事官などを次々にお召しになってお考えをおさとしになられた。『昭和天皇実録』には、その様子が記録されている。

10日午後3時30分、宮中御文庫付属室に、元内閣総理大臣の若槻礼次郎・岡田啓介・平沼騏一郎・近衛文磨・広田弘毅・東條英機・小磯国昭をお召しになる。内大臣木戸幸一を加え、1時間余にわたり各員より時局に関する意見を御聴取になる。終わって再び内大臣をお召しになる。

大竹敏三手記『天皇と幕僚』では、幕僚たちが最後の頼みとして皇族にすがった様子が詳述されている。参謀本部の幕僚たちには、最後の希望が残されていた。それは12日の皇族会議であった。たとえ10日の御前会議の御聖断が、上御一人の純なる意見に基づくものであったとしても、皇族の輔翼、助言は陛下の御意見を大きく動かしてくれるに違いない。これが幕僚たちの頼みの綱であった。秩父宮は、御殿場で病気療養中であり、高松宮は海軍軍籍であられるので、結局陸軍参謀の三笠宮に、参謀本部の意向を懇願することになった。

皇族会議というのは、非常に格式張ったもので、会議といっても直宮《じきみや》様のみが発言権を有し、他はこれに服従するという形式なので、他に現役の皇族がいられても問題にならなかった。幕僚中から三笠宮と陸大同期だった藤田少佐、山本少佐が説得に赴くことになった。

この日早朝、三笠宮は御殿場に秩父宮を訪問して、皇族会議の打ち合わせを行い、11時頃一旦帰邸されるというので、藤田、山本は高輪の御所の門前に待機していた。三笠宮が車寄せで自動車を降りられる所を捉えて「抗戦継続へと大勢を挽回して戴けるのは、もはや殿下お一人です。５００万陸軍を代表しての懇願です。よろしく取りはかって下さい」と、殿下の軍服の袖口をとらんばかりに詰め寄った。二人の少佐は、平素殿下と親しく口をきく間柄だが、今日は責任の重大さに身体を硬直させている。それに9日以来、ろくに睡眠をとっていないので、目が異様に充血している。三笠宮はじっと学友の顔を見ておられたが、この時はいつにない不機嫌な、怒ったような顔で二人を睨みつけ、「よく反省するがよい。君等の考えには同意しがたい」とはっきり答えると、後を振り向かず、さっさと御殿に入ってしまわれた。

「皇族会議」が、8月12日午後3時20分から宮中の御文庫防空壕において、開かれる。参集した13名の各宮は皇族の順位に従って、左から高松宮宣仁《のぶひと》親王・三笠宮崇仁《たかひと》親王・賀陽宮恒憲《かやのみやつねのり》王・邦壽《くになが》王・久邇宮朝融《くにのみやあさあきら》王・梨本宮守正《もりまさ》王・閑院宮春仁《かんいんのみやはるひと》王・朝香宮鳩彦《あさかのみややすひこ》王・東久邇宮稔彦《ひがしくにのみやなるひこ》王・盛厚《もりひろ》王・竹田宮恒徳《つねよし》王・昌徳宮李《しょうとくきゅうり》王垠《おうぎん》・李鍵《りけん》公の順に天皇陛下を囲むように座る。

天皇陛下はまず、ここに至った事情を説明になられる。

高松宮も三笠宮もこの回答受諾に賛成した。しかし、閑院宮はちょっと考える風で、「陛下の御決心がかくある以上、意見はございませんが、果して我が国の存立が維持できるものかどうか、まことに心配でございます」とだけ述べると言った。久邇宮が、同じように国体護持について懸念をもらしたが、この二人を除けばすべて無条件賛成であった。すべてが終わって最年長の梨本宮が立ち、「私共一同、一致協力して聖旨を輔翼いたします」

と答え、終了したのである。また、阿南陸相の林三郎秘書官が著した『終戦ごろの阿南さん』には、阿南と皇族のやり取りが記録されている。

8月12日午後8時、阿南さんは三笠宮邸を訪ねた。三笠宮殿下から天皇に翻意を促して戴こうと考えたのである。会談後、自動車が走り出しても、暫くは無言であった。官邸に着く少し前になって「三笠宮から陸軍は満州事変以来、大御心に添わない行動ばかりして来た。こういう時期に及んでまだ抗戦を続行するというのはもっての外だ、とお叱りを受けたが、そんなひどいことを仰せられなくても……」と、ただそれだけ低い声で語った。三笠宮のお叱りがひどくこたえたようであった。

8月12日の朝、サンフランシスコ放送によって、先方のバーンズ回答の内容を知らされた。午後6時40分には、スイス駐在日本公使発の公電により、バーンズ回答の正式文が外務省に着いたとの通告を受けた。

翌13日午前9時から、最高戦争指導会議の構成員のみの会議を開いた。

会議では、主に回答文の第一項並びに第四項をめぐって対立。阿南陸軍大臣と梅津陸軍参謀総長及び豊田海軍軍令部総長の3人は、再照会論を強く主張して譲らない。

一方、東郷外務大臣は、再照会をしても不利な材料が加わるばかりだから、しない方がよいと再照会絶対反対を唱え、即時受諾論を展開。鈴木総理と米内海軍大臣の2人が東郷論に賛成したので、意見は3対3のまま平行線をたどり、もう一度考えてみようということで散会したのである。

東郷外務大臣は、午後2時20分に御文庫において、天皇陛下に「審議状況」を奏上する。

陛下から重ねて、「これまでに決めた方針にしたがって戦争を終結させるのが一番よいと思う。このことは総理にもよく伝えるように」との御言葉を賜る。

東郷外務大臣が皇居に出かけてまもなく、東條英機元総理の代理から迫水書記官長に電話があった。連合国側の回答を受けるについていくつかの疑問があり、東條さんが鈴木総理に直接会って話を聞きたいと言っているので、是非会わせてほしいということであった。しかし迫水書記官長は自身だけの判断で、今の総理にはそんな時間的余裕はないと言って断ったのである。東條元総理は、数日前天皇陛下に拝謁された際、陛下にもう一度お考え直しをお願いしていたと聞いていたこともあった。

午後3時から首相官邸で、閣議が開かれた。

この閣議の直前、迫水書記官長は総理大臣室に行き、鈴木総理に次のような提案する。

「今日の閣議は、あまり長い時間をかけない方がよいと思われますので、最初に総理から〝各大臣の発言は、理由を省略して結論だけを簡潔に述べてもらいたい〟と言われたらいかがでしょう」

総理も同じことを考えていたらしく、その通りにしようとなった。

閣議の冒頭、鈴木総理が「まず、東郷外務大臣から連合国側の正式回答について話をしてもらいます。それから、今日の午前中に開きました最高戦争指導会議の模様も報告してもらいますので、みんなよく聞いて下さい」と話をはじめる。

東郷外務大臣の話が終わると、鈴木総理は「いよいよ、最後の決定をしなければならない段階に到達しました。今日は、皆さま方全閣僚から忌憚のない意見を承りたいと思っています」と決意を述べる。

総理は、まず松阪広政法務大臣を指名した。鈴木総理から、先程の発言簡略化の話が出なかったので、迫水書記官長は、松阪大臣の意見表明の前に立ち上がって、次のように発言する。

「皆様方のご意見を承る前に、総理のご希望を代わって申し上げます。このあと、行事がたくさん詰まっていますので、ご意見の発表については、理由を差し控えて頂きまして、ただ結論だけを簡潔にお願いしたいと思います」各大臣は、いろいろの意見を述べた。先方の回答を承認すべきだという意見が圧倒的に多かったが、再照会してもっと明確な返答を得ない限り、戦争を継続すべきことを論ずる閣僚もいた。総理の決裁に一任するという閣僚もあった。中には何かと言葉を濁して結論を言わない閣僚もいた。結論を言わない大臣に対して、総理は

「あなたの結論はどうなんですか」と問い返したのである。

東郷外務大臣は、何度も発言したが、「これ以上戦争を続けても成算がないので、10日の御聖断になったわけですから、今更再照会して、話の糸口を切ってしまっては、天皇陛下の御気持ちに反することになります。私は今日の午前中、皇居へ行き、陛下にお目にかかって来ました。陛下からは既定の方針に従って終戦の手続きをするようにと重ねて御言葉を賜りました」と主張を続けた。

この閣議の最中、特筆すべきことが二つあった。

二節　阿南陸相の腹芸

閣議が始まり、閣僚の大部分が終戦に賛成、阿南陸軍大臣だけが終戦反対の立場をとっていたので、何とか阿南大臣を説得しようという空気になっていた。阿南大臣は席を立ち、閣議室を出て行き、部屋の隅にいた迫水書記官長に対して、「話があるのでちょっと外に出てほしい」と声を掛ける。部屋の外に出た阿南大臣は、書記官長を連れて隣の部屋に入り、直ぐ電話をとって陸軍省軍務局を呼び出し、次のようなことを伝えたのである。

「今さっき、閣議が始まったが、閣僚たちはだんだん君たちの意見を了解する方向に向いつつある。だから、諸君は私がそちらへ帰るまで動かないで、じっと待っていてもらいたい。ここに今内閣書記官長がいるので、もし、閣議の模様を直接聞きたいと思うなら、電話を代わってもよい」

迫水はさすがに驚く。閣議の空気は、まったく反対の方向へ向かい、阿南陸軍大臣だけが孤軍奮闘だった。迫水は、大臣がどうしてこんなことを言われるのかと、不思議に思い、大臣の顔を見ると、阿南大臣はこちらの方を振り向かれ目配せをされた。迫水は、すぐに阿南大臣の真意というか、本当のところは腹芸をされたのだと悟ったのである。もし、先方が話をしたいと言い出せば、しかるべく口裏を合わせようと迫水もその瞬間決心したのであったが、相手がその必要がないと言ったのかどうか、幸いにしてそのような出番がなく終わったのである。

阿南大臣はそのまま電話を切り、二人して再び閣議の部屋へ戻った。この日、もう一つの重大な問題が起こった。

三節 「偽」大本営発表の放送を阻止

午後3時過ぎであったか、迫水書記官長は、秘書官に呼び出されて閣議室を出た。廊下に、朝日新聞記者の柴田敏夫（のち政治部長）が緊張して立っている。柴田記者は一片の紙を出して「書記官長はこれをご承知ですか」と質問する。

「大本営午後4時発表、皇軍は新たに勅命を拝し、米・英・ソ・支四カ国軍に対し新たなる作戦行動を開始したり」と、記してある。

迫水は、「これは一体どういうことなんだ。大本営が今頃こんな発表をするはずはないじゃないか現在進行中の方針とは全く正反対のものだ」と、問いただした。

「おかしいですね。この発表は、すでに新聞社や放送局に配られ、ラジオでは午後4時に放送することになっているんです」と柴田記者が答える。話が終わるか終らないうちに、迫水はその紙切れを握りしめ、閣議室へ飛んで帰り、阿南陸軍大臣のところへ行き、その紙切れを差し出し、

「大臣、あなたはこの大本営発表を御存じですか」と問う。

大臣は首を横に振りながら「いゃあ、全然知らないね。大本営からの発表は参謀本部の所管なんだから、念のため聞いてみたらどうだろう」と答える。

そこで迫水は、閣議室にいた内閣綜合計画局長官の池田純久中将が、梅津参謀総長と同郷で非常に親しいことを知っていたので、彼に頼んでみた。池田長官は、事の重大さに驚き、すぐ車を飛ばして梅津参謀総長に会いにいった。

ことの真偽を質したが、「梅津総長は知らない」という。大本営発表を参謀総長が全然知らないというのは腑に落ちず、池田長官から連絡を受けた迫水書記官長は、とっさにこれは誰かが勝手に作ったもので正式なものではないと判断した。池田長官から梅津参謀総長に、直ぐに取り消してもらうよう頼んだ。すでに時計の針は、午後3時30分を回っている。気を揉んで待っていると、発表予定という4時になる寸前2、3分前になって、やっと池田長官から「梅津さんにあちこち当たってもらった結果、この発表を取り消すことになった。新聞社や放送局へ手配をして、今やっと措置を終わったばかりだ」と電話連絡があった。

迫水書記官長は、事なきを得て、なんとか肩の荷がおりホッとしたのである。

後で分かったことだが、この発表文は、大本営の報道部が勝手に作り、陸軍次官と参謀次長の決裁を一応もっていた。主役は、大本営報道部の一大佐であった。

もし、この発表が誤って公に報道されていたら、軍を中心に大きな混乱が起こり、対外的にも終戦そのものが円滑に運んだかどうかわからないことになっていたであろう。

この一新聞記者の小さな働きが、いや大きな働きかも知れないが、正に日本を救う一助となったのであり、内報してくれた朝日新聞社の柴田敏夫記者に深く感謝しなければならない。

この閣議で、鈴木総理は次のような意見をはっきり表明したのである。

「私は、内外の形勢が大きな変化をみせるのをじっと見守ってきたが、陛下の御聖断もあり、戦争終結の決心をしました。今度、連合国側の回答を受け取ってみると、受諾し難いようにみえる部分もありますが、よく読んでみますと、米国は決して悪意で書いているわけではなく、天皇制について変更を要求しているものではないように感じます。日本と米国とでは、国情も思想も違うのですから、文句のうえで異議を唱えても始まらないし、表現を直してほしいといっても先方にはわからないだろうと思います。問題は終戦になってからの武装解除や占領に際しての先方のやり方にあると思われるが、これについては、双方が十分用心して、ことを運ぶように努力する必要があると思います。国体の護持について不安のあることも確かですが、だからといって戦争を続けるのは、危険なことです。戦争を継続して、死中に活を求めることがあっても大勢を覆すには至らないでしょう。陛下の臣子として忠誠を誓い、最後まで戦い抜くのは当然のことですが、陛下が御聖断を御下しになったのは、もっと高い見地から日本という国を保存し、国民を労わるという広大な思し召しによるものと私は拝察しています。御聖断に基いて、私は戦争を終結させなければいけないと考えています。今日の閣議の模様は、ありのままを陛下に奏上し、重ねて御聖断を賜る考えでいます」

この後、阿南陸軍大臣は、東郷外務大臣に質問をする。

「終戦への政府の方針は大体わかったが、軍の武装解除は我々が自主的にやりたいと思うし、保障占領は少なくとも本土周辺の島だけにしてもらい、そこから本土を監視する形にしてほしいと思うので、もう一度、先方に申し入れて回答を得たいと思うがどうだろうか」

東郷外務大臣は、答える。

「今更新しい条件として、そのようなことを申し入れても相手は聞き入れないに決まっています。阿南さんの言われることはよくわかりますので、申し入れというかたちではなく、終戦の話し合いの中で、外交交渉の一部として切り出してみましょう」続いて、安倍源基内務大臣から次のような発言あった。

「このままのかたちで終戦になれば、国内は大混乱を起こすに決まっている。私は内務大臣として国内の治安に責任がもてないかも知れない」

安倍大臣は、おそらく軍に同調している右翼団体が蜂起するかも知れないので、責任が持てないということであったのだろう。しかし、迫水書記官長はそれでは困ると感じ、閣議後、町村金五警視総監に首相官邸へ来てもらい、町村総監は、きっぱりと言った。

「内務大臣が何と言われようと、私が全責任を持って治安維持をはかりますから、どうぞご安心下さい」

四節　東郷外相、梅津参謀総長、豊田軍令部総長との会談

この閣議が終わったのは、午後7時頃であった。迫水書記官長は、「米国に対する再照会の問題について、まだ少し話し合ってみたいので、我々二人と東郷外務大臣の三人だけで話し合う機会を作ってくれないか」と梅津参謀総長と豊田軍令部総長の二人に呼ばれたのである。

迫水としては、これ以上話し合いをしても、新しい方法が出てくるわけでもないので、何とか理由をつけて断ろうとも思ったが、両総長の熱心な懇請に負けて、「東郷大臣に掛け合ってみます」と返事をする。東郷大臣が会談を拒否するのではないかと思いながら、外務省へ電話をしてみたが、意外にも会ってもみてもよいという返事だった。

午後9時過ぎから、首相官邸の閣議室で三者会談が行われた。迫水は、会談の空気を少しでも和らげようと、とっておきの紅茶やウィスキーなどを持ち出してもてなす。しかし、二人の軍首脳は何度も再照会論を切り出して東郷大臣に食い下がり、飲み物などには一切手をつけない。迫水はずうっと同席していたわけではなく、時々座をはずしては書記官長室との間を往復した。梅津、豊田の二人は、辞を低うして何とか翻意を促しているようだったが、東郷大臣は、特徴ある鹿児島なまりで、簡単に「そういうことはできません」というだけで、取りつくしまがなかった。三者会談は、どこまでも平行線でとうとう3時間以上となった。

14日の午前零時近くになった頃、海軍軍令部次長の大西瀧治郎中将が、豊田軍令部総長に面会したいとやって来たので、迫水が閣議室に案内した。大西中将は、豊田総長の側へ行ってこう言った。

「今、高松宮さまにお会いして来ましたが、宮さまは何と申し上げても考えをお直し下さいません。それどころか、海軍は陛下の御信用を失ってしまっているので、もっと反省せよとお叱りの言葉さえ受けました」とうなだ

れる。この時ちょうど警戒警報のサイレンが鳴り響いたので、三者会談は終わり2人は帰って行った。

大西中将は、書記官長室に寄られて、握手を求めたが、大西中将の目には涙がいっぱい溢れていた。両手で迫水の両手を握りしめてこう言った。

「自分たちは、真剣に戦争を勝つべく努力したつもりであったが、この最後の段階になって考えてみると、やはり、まだ、真剣味が足りなかったことが反省される。今の真剣さで考えれば、将来必ず局面を好転させるような名案が浮かぶと思う。何とか、ここで戦争を継続するようなよい考えはないものだろうか」

大西中将は、海軍の特攻隊の生みの親であり、若い人たちを数多く死地へ追いやった責任を一身に感じていたのかも知れない。純粋な心根の持ち主だと聞いていたので、大西中将の流す涙は、ちょうど真珠の玉のように思われた。航空機の生産が次第に落ち、性能も悪くなってきたので、大西中将の特攻作戦も思うにまかせなくなっていた。それだけに一億玉砕の覚悟で戦争を続け、死中に活を求める決心でいたようである。大西中将は、終戦直後、割腹自決したが、迫水はあの時の彼の手のぬくもりを今も忘れない。「時折り彼を偲び、その冥福を祈っている」と後に述懐している。

五節　連合国の正式回答

13日の閣議で、連合国側からの「正式回答」について、いろいろと議論になったが、ここで、その全文を挙げる。

合衆国、連合王国、ソビエト社会主義共和国連邦及び中華民国の各政府の名における合衆国政府の日本国政府に対する回答

ポツダム宣言の条項は、之を受諾するも、右宣言は天皇の国家統治の大権を変更するの要求を包含し居らざることの了解を併せ述べたる日本国政府の通報に関し、吾等の立場は左の通りなり。

降伏の時より、天皇及び日本国政府の国家統治の権限は、降伏条項実施の為、その必要と認むる措置を執る連合国最高司令官の制限の下に置かるるものとす。

天皇は日本国政府及日本帝国大本営に対しポツダム宣言の諸条項を実施する為、必要なる降伏条項署名の権限を与え、且之を保障することを要請せられ、また天皇は一切の日本国陸、海、空軍官憲、及び何れの地域に在るを問はず、右官憲の指揮下に在る一切の軍隊に対し、戦闘行為を終止し、武器を引渡し、及降伏条項実施の為、最高司令官の要求することあるべき命令を発することを命ずべきものとす。

日本国政府は、降伏後直に捕虜及被抑留者を、連合国船舶に速かに乗船せしめ得べき、安全なる地域に移送すべきものとす。

最終的の日本国の政府の形態は、ポツダム宣言に遵い、日本国国民の自由に表明する意思により決定せらるべきものとす。

連合国軍隊は、ポツダム宣言に掲げられたる諸目的が完遂せらるる迄、日本国内に留まるべし。

以上であるが、この中のうち日本側で特に問題視されたのは、次の2項目であった。

第一項　日本国天皇及び政府の統治権は、ある場合には連合軍司令官の制限下に置かれることがある。

第二項　日本国最終の政治形態は、日本国民の自由なる意思によって決定せられる（即ち国体は日本人が決めるのにまかせる）。

六節　正式回答が遅れた理由

先方のこの回答が遅れた理由を、後で聞いたところ、連合国間で「日本の国体の護持」について意見が分かれたからであった。ソ連はもちろん英国も中華民国も天皇制の廃止を強く主張した。しかし、米国には、先にポツダム宣言の成り立ちの項で述べた通り、ユージン・H・ドゥーマン国務長官特別補佐官が原案をつくり、それをジョセフ・グルー国務長官代理が、加筆した草案が、ポツダム宣言の骨子となった経緯があり、天皇制存続に特別な検討をしていた。

グルーは、かつて駐日大使として10年も日本に滞在したことで、皇族、政治家、軍人など多くの知己をもつ知日派であった。とりわけ天皇制存続について、知日派のスティムソン陸軍長官を始めジェームス・バーンズ国務長官、トルーマン大統領などに働きかける。また、スティムソン陸軍長官は、日本側が唯一の条件としている「天皇の国家統治の大権」すなわち天皇制の存続について、「例えその問題が日本から持ち出されなかったとしても……また、硫黄島や沖縄その他のもの凄い流血の厳然たる事実を回避するためにも天皇を是非利用すべきだ」と大統領に伝える。「天皇こそは日本の国家理論の下でその最高の権威のただひとつの根源であったからだ」とまで述べたという。

また、統合参謀本部議長リーヒィ提督は以下のように述べている。

「日本の提案を受諾するよう大統領に勧めた。これは私が天皇にその大権のすべてを維持させた方がよいし、降伏を順調に実現させるには天皇を盛り立てることが必要だと信じていたのだ」

さらにつづけて書かれている。

「午後2時、大統領やバーンズ国務長官と共に、他の連合国の元首に日本の降伏提案を受諾するよう申し入れるメッセージの起案にとりかかった。この案は英国、中国及びソ連に送られる予定なのだが、明確にさせておかねばならないことは、天皇の地位であった。それについての米国の立場は、〝天皇の国家統治の権限は連合軍最高司令官の制限下におかれる〟というものだった」

この「回答文」はバーンズ国務長官のもとで作成され、連合国の同意を取り付けた上、8月11日、スイス政府を経て日本に送られた。この文案について、英国は「天皇自身に降伏文書に署名させることは賢明でなく、政府及び大本営の代表者に署名させるように求めた」以外は、米国案に同意する。

中国・蔣介石は、「日本の最終的政治形態が日本国民の自由に表明する意志により決定される」という条件に全面的同意を示す。

ソ連のモロトフ外相は、「日本がポツダム宣言に〝条件〟をつけており、無条件降伏の方針に反する」と反対する。また、日本占領の最高司令官についても複数を主張し、ソ連の元帥の名前まで出してきた。しかし、米国のハリマン大使は「米国は4年も太平洋で戦って大きな犠牲を出している。ソ連はまだ2日ではないか」と突っぱね、ソ連はしぶしぶ米回答案に同意したのである。

また、三国はマッカーサー元帥の連合国最高司令官選任にも了承を与えたのである。

そういった幾多の経緯を経て結果として、兎にも角にもあのような回答になったのである。

トルーマン大統領もスティムソン陸軍長官などの関係閣僚も「巧みな文書」として同意した。

スティムソン陸軍長官は「この回答文は間接的に日本の申し入れを承認したものである」と記している。

ちなみに、日本国政府は、昭和35（1960）年5月17日、ドゥーマンに、勲二等旭日重光章を叙した。同年9月29日、日米修好百年を記念して渡米された皇太子殿下ご夫妻（現在の天皇皇后両陛下）からグルー氏に対する、勲一等旭日大綬章の授与式がワシントンの日本大使館で行われた。やむなく老齢のため欠席となり、残念であった。このように長年にわたる日米友好に尽力された二人の功績に、感謝の念をもって贈られたということを、付記しておく。

七節　日本国政府の権限は、最高司令官に Subject to する

この回答に対して、日本の閣僚の大部分は、ポツダム宣言を受諾する当然の結果として、国体が変わるわけではないということを、先方が承知したものであるとして終戦に賛成する。

ただ、この回答の翻訳について問題が起こった。「日本国政府の権限は、最高司令官にSubject toする」というところである。外務省は、先例に従って「制限下に置かる」ということを正訳として結局落着いたのであるが、この正訳ができるまでは、関係方面ではいろいろの仮訳を使った。同盟通信社は「従属する」と訳す。迫水書記官長は、法律用語としての「サブジェクト・ツウ」は「但し何々することを妨げず」といったときに用いられる文字と主張。最高司令官の権限の行使を妨げずといったような翻訳はできないものかと、外務省や同盟通信社と相談する。陸軍省では、これを「隷属す」と翻訳して奴隷のような立場に置かれるのだと主張し、これでは国体の護持は事実上できないのではないかと論じた文書を作成した。書記官長の所に持ち込んで、閣議の席上各大臣に配布するよう強要し、陸軍はそのところに◎をつけて閣議に配ったのである。

しかも阿南陸軍大臣及び梅津、豊田の両総長は、「この回答では明瞭でないから、もう一度先方に確かめてもっとはっきりした返事が来ればよいが、そうでない限り国体を護持し得るかどうか明瞭でない以上、あくまで戦争を継続せよ」と主張する。

平沼枢密院議長などは、「先方が国民の自由なる意思によって天皇制を維持するかどうか決めよというのはおかしい。天皇の御地位は神ながら決まっているものであって、国民の意志以前の問題であるのに、これでは国体に反する。日本の天皇の御意思が惟神《かんながら》であることを、もう一度よく説明して、しっかりした返事を取れ」ということを強く反発。

これに対して、東郷外務大臣は「そういうことは到底不可能である。日本人だって惟神ということはなかなか解らないのに、どうして米国人に示唆することが出来るのか。それはもう陛下に今朝お目にかかった時には、『糸は切らんようにせよ』というお言葉を頂きましたが、そんなことをしていたらその糸は切れる」と頑として跳ねのけた。この議論について、迫水書記官長は、次のような意見を述べている。

「大体日本の国柄においては国民の心は大御心に帰一するというのであるが、歴代天皇のお心持は常に国民の心をもって、心とされるという思し召しではないか。即ち日本の国柄では国民の意志と天皇の御意思とは対立する二つのものではない、二つでありながら二つではなく一つである、即ち表裏一体であるが、外国では国王と人民が対立していたのであるから、これを二つに見ているのである。従って、このことを外国人に理解させるについては、先年不戦条約について『国民の名において』という字が問題になった時のように、到底困難であるからこれを我々は天皇の御意思によってと読んでも差し支えないのではないか」

問題は軍部だった。総理はこの間の事情を天皇陛下にご報告申し上げましたところ、陛下は「先方に聞くなら聞いてもよいが、交渉の糸を切ってしまわないよう」と思し召した。

この間米国側から盛んに日本の回答の遅延を責めていたので、もう一度先方の意向を問い合わせたのでは、とうてい交渉の糸が切れてしまうことは明らかであった。

八節　陸軍将校、クーデター計画を阿南陸相に迫る

8月13日午後9時、阿南陸軍大臣は、閣議を終えて陸相官邸に戻ると、陸軍省軍務局の軍事課長荒尾興功大佐、同課員稲葉正夫中佐、同井田正孝中佐、軍務課員竹下正彦中佐、同椎崎二郎中佐、同畑中健二少佐の6名が待っていた。

阿南惟幾陸軍大臣の妻綾子は、日露戦争の勇将といわれた竹下平作将軍の次女である。その弟が竹下正彦中佐であって、父親譲りの気骨があり、この前日「国体護持が保障せられぬ降伏をするなら、責を負って即座に割腹しろ」と、義兄の阿南に詰め寄る気鋭者であった。

そして、荒尾大佐は、次のような一枚の文書を提示する。

一、日本の希望する条件を連合国側が容認するまで、交渉を継続するよう御裁可を仰ぐを目的とする。

一、兵力使用の根拠は、陸軍大臣の行う警備上の応急局地出兵権に求める。

一、使用兵力は近衛第一師団及び東部軍管区の部隊（11師団、三個旅団）を予定する。
一、東京都を戒厳令下におき、要人を保護し、陛下を擁して聖慮の変更を奏請する。
一、大兵力を以って宮城と和平派要人とを遮断し、更に木戸、鈴木、東郷、米内の和平派を隔離する。
一、陸軍大臣、参謀総長、東部軍管区司令官、近衛第一師団長の全員同意を前提とする。

これは、紛れもないクーデター計画である。

具体的には、明日14日午前10時に予定されている閣議の席に乱入し、主要な和平派を監禁、天皇に聖慮の変更を迫ろうというのである。

阿南を囲んだ議論は2時間に及んだ。そのうち、陸軍省に第一線の将校や部外団体の強硬派が、続々集まって来る。緊迫しどんな事態が起こるか予断を許されなかったので、荒尾軍事課長は論議の席から外して、その暴発を押え軽挙妄動せず、大臣の考えを中心にして動くよう、必死の説得に動いたのであった。

14日午前零時頃、阿南陸軍大臣は市ヶ谷の陸相室に、荒尾軍事課長を呼び、「クーデターに訴えては国民の協力が得られないから、本土の作戦は至難になろう」と遠回しの言い方で、「クーデター」不可を伝える。荒尾課長は反論せず、あっさりと引き揚げた。

この計画は、「陸軍大臣、参謀総長、東部軍管区司令官、近衛第一師団長の四者全員の同意を前提とする」とされており、もし一人でも不同意であれば、潔く決行を中止することになっていたのである。したがって阿南の意向からして、中止せざるを得なかったのである。

九節　二回目の御前会議でも終戦への御聖断下る

迫水書記官長は、この状況を打開するには、御前会議において「もう一度陛下のお力におすがりする外はない」と、総理に申し上げる。

しかし、両総長の同意を得られない限り、御前会議を開く途はない。そこで畏れ多いことながら「陛下よりお召しを願う」ことを考えたのである。

総理は14日早朝参内し拝謁して、陛下の方から16人の大臣全部、枢密院議長、陸海軍の総長をお召し願って、おさとしを頂くことをお願い申し上げ、お許しを受ける。

この14日の朝、御前会議に先立って、鈴木総理のところに、阿南陸軍大臣がやって来て、「陸軍部内をまとめるために2日間の猶予をもらいたい」と懇請するが、鈴木総理は厳然として拒否。そして、陸軍大臣が立ち去った後、傍らにいた小林海軍軍医の問いに対し、「今日を外したら、ソ連が満州・朝鮮・樺太ばかりでなく、北海道にも来るだろう。そうなれば日本の土台を壊してしまう。相手がアメリカであるうちに、始末をつけなければならぬ」とキッパリと断言したのである。

14日午前10時、一同は参内し、先般の御前会議の室に集まって陛下のお出ましを23人でお待ちした。ほどなく天皇陛下が、蓮沼蕃侍従武官長を随えて御入室遊ばされた。陛下が御席に着かれると、皆も静かに腰を下ろし、一瞬、狭い部屋の中に重苦しい空気が流れた。

鈴木総理が立ち上がって最敬礼をし、9日の御前会議以後の経過を極めて要領よく説明申し上げたあと、次のようにつけ加える。

「閣議では、8割以上の者が連合国側からの回答に賛成しておりますが、まだ、全員一致の意見が打ち出されるまでには至っておりません。こんなことで陛下の御心を煩わせるのは臣下としてたいへん罪深いことと存じ、深くお詫び申し上げます。しかし、ことは重大でかつ緊急を要しますので、反対の意見を持っている者がこの席で意見を申し述べますので、親しくお聞き取り願い、その上で重ねて陛下の御聖断を仰ぎたいと存じます。」

言い終わった鈴木総理は、まず阿南陸軍大臣を指名する。阿南大臣は、いささか背を丸めるような姿勢で立ち、「もし、このまま終戦を迎えるようなことになりましたら、国体の護持について大きな不安がありますので、もう一度連合国側に詳しく照会してみるべきだと考えております。それによって連合国側が我々の意見を受け入れてくれるようでしたら、私は今政府が行っている終戦の手続きには反対しない所存でございます。もし、万一、相手方が承知してくれなければ、この際，死中に活を求め、戦争を続けるほかはないと考えております」と声涙共に下って申し上げる。

陛下は、いちいちうなづかれながら、阿南大臣の話を聞いておられた。

続いて、鈴木総理は、梅津陸軍参謀総長を名指したが、梅津総長の話もだいたい阿南大臣のそれと同じであった。3番目に指名されたのは、豊田海軍軍令部総長である。海軍全体が和平への傾きをみせていたので、豊田総長はそんなにきつい反対論は述べなかった。ただ、陸軍への思いやりを込めて、このままの状態で和平を迎えるのには反対であると言った。

ほかにも反対論者がいた。安倍内務大臣は陸軍の考え方に賛成の意向を持ち、何か発言しようと原稿らしきものを手に持っていた。しかし、豊田総長が意見を述べ終わった後、鈴木総理が間髪を入れず「反対の意見を述べるのはこれだけでございます」と言って締め切ったので、安倍大臣は自分の意見を開陳するきっかけを失った。

天皇陛下は、それぞれの反対意見をうなずきながら聞いておられたが、やがて口を開かれ、まず、こう仰られた。

「ほかに意見がないようだから、これから自分が意見を言おう。皆のものは私の意見に賛成してほしい」と前置きせられた。その御言葉は、とぎれとぎれで、腹の底から絞り出されるようなお声だった。陛下はまっ白い手袋をはめておられたが、その手が何度となく頬のあたりへあがり涙を拭っておられた。列席した一同もたまりかねて皆、泣いていたのである。以下のように続けられる。

「三人が反対する気持ちはよくわかるし、その趣旨もわからないではないが、自分の意見は先日申したのと変わりはない。世界の現状と国内の事情とを十分考え合わせた結果、これ以上戦争を続けることは無理だと考える。国体護持の問題について、いろいろ疑義があるとのことであるが、私はこの回答文の文意を通じて、先方は悪意を持って書いたものとは思えない。先方の態度に一抹の不安があるというのも、一応は尤もだが、私はそう疑いたくない。要は、わが国民全体の信念と覚悟の問題であると思うから、この際先方の回答をそのまま受け入れてよろしいと考えている。どうか皆もそう考えて貰いたい」

号泣の声が起こる。さらに続けられる。

「陸海軍の将兵にとって、武装の解除なり、保障占領というようなことは、たいへん辛く堪え難いことで、その心持はよくわかる。また、国民が玉砕して国のために殉じようとする心持ちもよくわかるが、しかし、私自身は、自分の身は如何になろうとも、万民の生命を助けたいと思う。この上戦争を続けては、結局わが国が全く焦土となり、万民にこれ以上苦悩させることは私として実に忍び難い。祖宗の霊にお応えできない。和平の手段によるとしても、もとより先方のやり方に全幅の信頼を措きがたいのは当然であるが、日本という国が全くなってしまうという結果に較べて、少しでも種子が残りさえすれば、更にまた復興という光明を掴むことも考えられる。私は、明治大帝が涙をのんで思い切られたる三国干渉当時の御苦哀を偲び、この際堪え難きを堪え、忍び難きを忍び、一致協力、将来の回復に立ち直りたいと思う。今日まで戦場にあって陣没し、あるいは殉職して非命に遇った者、またその遺族を思うときは、悲嘆に堪えぬ次第である。また、戦傷を負い、戦災を蒙り、家業を失いたる者の生活に至りては、私の深く心配するところである。この際私として為すべきことがあれば何でもいとわない。国民に呼びかけることが一番よい方法なら、私はいつでもマイクの前にも立つ。一般国民には、今まで何も知らずにいたのだから、突然この和平の決定を聞く場合、動揺も甚だしかろう。陸海軍将兵は更に動揺も大きいであろう。この気持ちをなだめることは相当困難なことであろうが、どうか私の心持を理解して、陸海軍大臣は共に努力しよく治まるようにして貰いたい。必要があるなら、自分はどこへでも出かけて、親しく説き諭しても構わない」

皆な泣いていた。誰もが大きな声で思い切り泣きたかったに違いないが、陛下の御前なので、声を抑え、嗚咽が大きなうねりのように湧き上がっていた。陛下は、さらにこうつけ加えられる。

「内閣は、この際詔書を出す必要もあろうから、政府は早速その起案をして貰いたい。以上は私の考えである」陛下は、しばしば御頬を純白の手袋をはめたお手にて拭われた。

一同の感激はその極みとなる。椅子に腰かけているのに堪えず、床にひざまずいて泣いている人もいる。しかしこの現実の敗戦の悲しみを超えて、むしろ感動に浸らせたものは、この次に仰せられた陛下のお言葉である。

「こうして戦争をやめるのであるが、これから日本は再建しなければならない。それは難しいことであり、時間も長くかかることであろうが、それには国民が皆一つ家の者の心持になって努力すれば必ずできるであろう。自分も国民と共に努力する」

この言葉を拝したときの各人の心持は考えると、高天原において、天照大神が天岩戸をお開きになってお出ましになったときのそれをお迎え申した、八百万の神のお心持のように偲べる気がする。尊きを知って只高く仰いでいた陛下はやはり国民と共にある陛下であった。正に新日本建設の黎明を感じたのである。陛下は我等国民を御信頼なさって、我等に日本再建をお命じになったのである。

最後に、鈴木総理が立ち上がって、お詫びを申し上げる。

「われわれの力が足りないばかりに陛下には何度も御聖断を煩わし、大変申し訳ないと思っています。臣下としてこれ以上の罪はありませんが、今、陛下の御言葉を承り、日本の進むべき方向がはっきりしました。この上は、陛下の御心を体して、日本の再建に励みたいと決意しております」

天皇陛下は、蓮沼侍従武官長の合図によって、静かに入御あそばされたが、それは誰かが支えてさしあげなければならないほどお疲れのご様子であった。一同は泣きじゃくりながら最敬礼し、御見送りした。

各閣僚は、内閣に帰って終戦の議を決定し、終戦のご詔勅の草案審議と進んでいったのである。

十節　「終戦の詔書」の作成

次に、肝心な「大東亜戦争終結に関する詔書」の草案作成と審議について記す。

この詔書については、実は10日未明の「御前会議」において「御聖断」が下った直後から、内閣において起草すべき性質のものだったので、迫水書記官長が責任者としてすでに草案の起草に着手していた。

「御前会議における天皇陛下の御言葉」は、列席した鈴木内閣総理大臣、平沼枢密院議長、米内海軍大臣、阿南陸軍大臣、東郷外務大臣、梅津参謀総長、豊田軍令部総長、吉積陸軍軍務局長、保科海軍軍務局長、池田綜合計画局長官、迫水内閣書記官長、蓮沼侍従武官長の11人以外は、誰も聞いていなかった。

迫水書記官長は、御前会議が終わった後、直ちに部屋に戻って机に向う。「忘れないうちに陛下の御言葉を書き留めておかなければ……」と先程の御前会議の衝撃的な場面を追って一つ一つ思い出しながら、鉛筆を走らせた。とにかく『天皇陛下の御聖断』そしてお気持ちを汲み入れて忠実に再現し、「詔書の骨格」として原案を起草することが最重要で必須と考えたのだった。

詔書は、普通その道の専門家に依頼するのが、慣例で、漢文体で綴らなければならない。

幸いに迫水は、父が旧薩摩藩主島津家の分家で代々家老職を務めた士族であり、その父から小学校に上がる前から半強制的に漢文を教えられたため、いささか同年輩の人達に比べると漢文の素養を持っていた。

とにかく、何枚も原稿用紙を破り棄て、ときには、涙で原稿用紙を濡らしながら、必死で何とか形を作り上げたのである。

天皇陛下の御言葉を基にした草案第一稿は、口語体であったので、それを格調高い漢文体に書き改める必要があった。そのために開戦詔書に関わった川田瑞穂先生のご協力頂こうと考えた。

その朝、内閣官房の佐藤朝生総務課長に「今から使いを出して川田先生をお呼びしてくれないか。言うまでもないがくれぐれも人に気付かれないように」と告げる。

川田先生というのは、早大教授の漢学者で内閣嘱託として詔書類の作成に携わってきた人であった。

佐藤課長は、「前略、甚だ突然ですが、一寸お願いしたき件あり、この手紙持参の自動車運転手の自動車で首相官邸迄お越し願いとう存じます。早々　佐藤朝生／川田瑞穂先生」と「大日本帝国政府」の用箋に手紙を書く。封筒の宛名の脇に「若し御留守の節は御かえりの上、首相官邸の小生に御電話頂きたいと存じます」と一筆添え書き、運転手に持たせて官用車を淀橋区大久保の川田邸に急行させる。川田先生は、その迎えの車に乗って午前9時少し前に首相官邸に到着した。

迫水書記官長は、御前会議での天皇陛下の御聖断を詔書の骨格にすべく文章に表した「最初の詔書草案第一稿」を示し、草案の起草を依頼する。川田先生は、それを自宅に持ち帰って作成に取り掛かる。

翌11日昼前、川田先生は再び首相官邸の書記官長室に来た。

幅広い茶封筒から便箋の綴りを取り出す。5枚の便箋に漢字と片仮名の縦書きの文字が一行置きに並んでいた。その上全ページにわたって至るところに訂正や書き込みがあり、推敲に推敲が重ねられた跡が見られる。聞けば、川田先生は昨晩から一睡もしていないという。丁重に慰労の言葉を伝え、川田先生が書き上げた草案を受け取る。こうして第二稿なるものが出来上がった。これが「迫水内閣書記官長第一案」と呼ばれるものである。

次に、迫水は、内閣嘱託を務めるアジア経済研究所を主宰する木原通雄と、一高以来の親友で戦時生活相談所常務理事の小川一平の二人を密かに呼ぶ。

木原は、国民新聞出身の名文家で鳴らしたジャーナリストである。4ヶ月前に鈴木内閣が発足した時に鈴木総理の草稿を書いたのも彼である。

小川は、のちに衆議院議員、後楽園スタジアム副社長も務めた元鉄道相・小川平吉の長男である。平吉は漢学に詳しく、その影響で息子一平も漢籍に親しんでいた。因みに、宮澤喜一元首相は、この小川一平の姉の長男である。この二人が書記官長室に来ると、迫水は早速先程の「書記官長第一案」を出して、「極秘なんだが、これは終戦の詔書の草案なんだ。問題になる箇所がないかどうか、目を通してほしい」と相談する。

二人は、真剣に食い入るような目で読み始めた、何か所か問題点が浮かび上がり、長い間議論が続く。

午後2時頃突然、二人と旧知の間柄での大東亜省の田尻愛義次官がやって来た。

「終戦の聖断が下った後、どんな動きになっているのか知りたいと思って来てみたんだ」

「ちょうどいいところへ来た。これを読んでみてくれないか」と迫水が草案を広げる。

田尻も仲間に引っ張り込んだのである。田尻は、草案を見せられて一瞬、へぇーという顔つきをしたが、直ぐに真顔になり、真剣な表情で読み始める。

この三人の検討は、夜まで続いた。その間に数か所の書き直しが行われ、2人が帰って行った後、迫水は更に検討を加え細かいところに筆を入れた。こうやって出来上がったのが「迫水内閣書記官長第二案」である。

8月12日朝、迫水は、かねてから師事していた陽明学の大家で漢学者である大東亜省顧問・安岡正篤《まさひろ》先生に、電話する。

「急にどうしても先生のお力をお借りしなければならないことができました。誠に恐縮ですが、今から自動車を回しますので、人目につかないように官邸までお越し願えませんか」

安岡正篤先生は、内閣差し回しの車に乗って小石川から首相官邸に向かい、午前10時少し前首相執務室の手前の左手にある書記官長室に到着した。

迫水は、「わざわざご足労願って申し訳ございません」とまず挨拶する。そして、「例の書類の予備を一通、直ぐに持ってきてくれ」と秘書官に命じる。

二人になったところで、「終戦になりますと、陛下の詔書をおつくりしなければなりません。御聖断が下ったときから今まで、まる二昼夜かけて原案を書き上げました」と便箋の綴りを手渡し、手短に説明する。

「もとより漢文には素人です。文法上の誤りや不適切な表現や不適切な表現があってはいけないと思いまして、こうやって先生にご足労頂いたわけです」

安岡先生は、早くも表紙をめくって本文を追い始め、鉛筆の背で文字を一つ一つなぞりながら読み進めた。8行目まできて初めて行間に書き込みを施す。「他国主権ノ毀損ト領土ノ侵略トハ」の部分を「他国ノ主権ヲ排シ領土ヲ侵スハ」に修正する。

その次の行の「敢闘」を「勇戦」に置き換えた。

12行目の「戦争ノ局ヲ結フニ至ラス」は、「戦局次第ニ不利ニ陥リ」と訂正される。それに続く「此ノ間欧州ニ於テハ反テ戦火ノ終熄ヲ見」は削られ、続く「世界ノ大勢ハ新ナル国際秩序ノ実現ヲ促スノ機運ヲ示セリ」とある部分は「世界ノ大勢ハ悉ク我ニ非ト為ルニ至レリ」に訂正される。

14行目で改行になっている「是ノ秋ニ当リ」の後に「敵ハ人道ヲ無視シテ新ニ残虐ナル兵器ヲ使用シ」を補入し「尚交戦ヲ継続セムカ」につなげる。その後の「激烈ナル破壊ト惨酷ナル殺戮トノ究極スル所単ニ」を削り取って、「終ニ日本民族ノ滅亡ヲ将来スルノミナラス延テ人類ノ文明ヲ滅却スヘシ」と続ける。

15行目の「朕ハ此ノ戦局ノ危急ニシテ……」からの4行分、「……人類共存ノ本義ヲ否定スルニ至ラムコトヲ懼ル」までを大きく削り取る。そこは、「是ノ如クムバ朕ハ何ヲ以テカ億兆ノ赤子ヲ保シ皇祖皇宗ノ神霊ニ謝セムヤ」との簡素な詠歎に置き換えられた。「是レ朕カ先ニ帝国政府ヲシテ……各国共同ノ宣言ニ應セシムニ至レル理由ナリ」と続けて、その段落を切る。

「……且又帝国ト共ニ終始新秩序ノ建設ニ協力セル東亜ノ諸盟邦ニ対シ」の部分は、簡素に「……東亜ノ諸盟邦ニ対シ実ニ感愧ニ堪ヘズ」と書き直した。

次に、「朕ハ実ニ堪ヘ難キヲ堪ヘ忍ヒ難キヲ忍ヒ臥薪嘗胆為ス有ルノ日ヲ将来ニ期シ爾臣民ノ協賛ヲ得テ永ク社稷ヲ保衛セムト欲ス」という部分になって、安岡先生は、迫水の方に視線を移して静かに語りかける。

「迫水さん、この部分には、大変、適切に当てはまる文句があります」

安岡は、「臥薪嘗胆」以下の箇所に棒線を引き、脇に「万世ノ為ニ太平ヲ開カント欲ス」という文章を書き込んだ。

中国の宋の末期の学者張横渠が、朱子学の入門書である『近思録』に、「為天地立心、為生民立命、為往聖継絶学、為万世開太平」という言葉がある。書き下し分に直すと、「天地のために心を立て、生民のために命を立て、往聖のために絶学を継ぎ、万世のために太平を開く」と読む。「この「万世のために太平を開く」という言葉をそのままお使いなさい」と言われたのである。迫水は、「御前会議において陛下のご決心を承った際、今後日本は永久に平和の国として再建せられることを念じておられると感じておりましたので、大変いい文句を教えて頂きました」と言い、直ちにこれに従った。この一句が、終戦詔書の眼目となったわけである。

安岡は、「もう一つ、どうしても必要と思う言葉を新たに書き加えたいんですが……」と間髪を入れずに言う。「朕ハ実ニ堪へ難キヲ堪へ」の「実ニ」を消し、吹き出しをつくって「義命ノ存スル所」という七文字を書き込む。

安岡は自らその理由を述べ始めた。

「戦争に負けたのだから仕方なく終戦するというのでは、国家の再建は覚束ないと思います。そうではなくて、いま戦争を終結させるのは正しい筋道であるという見地に立たなければなりません。終戦は道義の至上命令、つまり義命の然らしむところであるということを明らかにするために、私はわざわざこの文言を入れたのです」

さすがだな、と迫水は内心感じ入ったのである。

さらに、終わりから5行目に「互ニ時局ヲ乱リ為ニ信義ヲ世界ニ失フカ如キハ……」とあり、「為ニ」と「信義」の間に「大道ヲ誤リ」という一句を挿入する。

「失フカ如キハ」の続きの「朕ノ最戒ムル所宜シク冷静沈着刻苦自励確ク神州ノ不滅ヲ信シ誓テ禍ヲ転シテ福ト

為スノ基ヲ開クヘキナリ……」以下は大きく改められる。

「官民一致任重クシテ道遠キヲ念ヒ弘毅ノ志ヲ失ハス確ク神州ノ不滅ヲ信シ国体ヲ護持シ誓テ禍ヲ転シテ……」として、安岡は全文チェックを終え、鉛筆を置いた。

安岡は、帰り際に、迫水にもう一度念を押した。

「私が筆を入れた中でも、特に『義命ノ存スル所』と『万世ノ為ニ……』という箇所は今度の詔書の眼目です。どんな理由があっても、詔書の権威にかけて絶対にこの二つの部分は変更しないように、くれぐれもお願いしますよ」

安岡は、午後2時前、首相官邸を後にしたのである。

8月13日夕方の閣議では、このようにできた「迫水内閣書記官長第三案」を議題として審議が始まった。

この閣議における審議によって原案が修正された点について述べる。
①詔書成文の「戦局必ずしも好転せず」とある部分の原案は「戦勢日に非なり」というのであった。
阿南陸軍大臣は、「この原案では従来の大本営発表が、虚構であったということになる、それに戦争は敗けてしまったのではなくて、現在好転しないだけであるから、成文通り訂正すべき」とを主張。閣僚の意見では、原案でよいというものが多かったが、陸軍大臣は、下部から突き上げられているのか、強く固辞し続ける。ところがめずらしく米内海軍大臣が、「戦争は敗けているではないか」と強硬に反対発言をする。対して、阿南陸軍大臣は「個々の会戦には敗けたけれども、戦争の勝負はついていない、陸軍と海軍とでは、その辺の感覚が違う」と互いに譲らず、激しいやり取りがあった。米内海軍大臣は、中途で海軍省に行かれるため中座されたときも、わざわざ迫水の席までこられて、この点は絶対に訂正するな、と言われた程であった。

海軍大臣がやがて閣議の席に戻られてから、隣の阿南陸軍大臣となにやら小声で話していたが、この点は修正することにしようと言われ、総理もとりなされる。各閣僚も根負けの形で修正と決まった。

②詔書成文の「時運の趨く所」という部分の原案は「義命の存する所」というのであった。
これは、先程述べた通り、安岡先生が、この詔書の眼目と言われた文言であった。

「戦争に敗けたから仕方なく終戦するというのではおかしい。今、戦争を終結させるのは、大義天命のしからしむるところ、正しい筋道であるという見地に立たなければならない。だから〝義命の存するところ〟という言葉をわざわざ差し挟むべきだと思う」と言われて、案に加筆したところである。

ところが、閣僚中にこんな言葉は聞いたことがない。判らないから修正せよと言うものがあった。辞書でも調べたらという話も出て、ありあわせの辞書を持ち出して調べると、あいにくにもその辞書にはこの熟語が出ていない。辞書に出ていないのでは一般国民は判らないのではないかということになって、とうとう成文のように「時運の趨くところ」と訂正されてしまった。

これらに伴い、14日に第2回目の「御前会議」における天皇陛下の御聖断に伴って、『終戦の詔書』を修正加筆しなければならなくなった。迫水内閣書記官長は午後1時からの閣議を途中抜け出し、部屋に戻り作業を続けなければならなくなった。

3時過ぎに、安岡正篤先生に、「急なお話ですが、直ぐに首相官邸までお越し願えませんでしょうか。もう一度見て頂きたいところができましたので……」と電話する。

「まだ間に合いますか」と安岡先生は答える。

「詔書案はこれから閣議にかけるところです。その前にご覧頂きたいと思いまして……」

迫水内閣書記官長は応対した。

安岡は、30分程で首相官邸に到着した。

迫水書記官長は、挨拶もそこそこに、新たに修正加筆し、ガリ版で印刷した「詔書案」を手渡す。

安岡は、黙って案文を読んでいたが、四段目のところで、口を開く。

「この『寝食安カラス』という言葉ですが……」と四段目の真ん中あたりを指差す。

「爾臣民ノ衷情ハ朕善ク之ヲ知ル且又帝国ト共ニ……」という文章があり、「知ル」と「且又」の間に以下の、長い書き足しが施されている。

「殊ニ戦陣ニ死シ職場ニ殉シ非命ニ斃レタル将兵赤子及其ノ遺族ニ想ヲ致セハ寝食安カラス戦傷ヲ負ヒ災禍ヲ蒙リ家業ヲ失ヒタル者ノ厚生ニ至リテハ朕深ク之ヲ念トス」

安岡は、この中の「寝食安カラス」という表現は、天子の言葉としてふさわしくない、として指摘。

迫水は、「どういう言い方にすればいいですか」と訊ねるが、返事がない。

「それでは『断腸ノ思ヒアリ』というのはどうでしょうか」と続ける。

「いや、『断腸ノ思ヒ』というのは、男女の別れとか、夫が妻と別れて戦地に赴くといったときの胸の痛むような思い、という意味で、本来、私情を表す場合に使う言葉です。このように、公的な場合には使ってはいけません」

安岡は、「五臓が張り裂ける思い、という意味の『五内為ニ裂ク』という言い方に変えるのがいいでしょう」と答えた。

安岡は、更に読み進んで、二行先に問題の「時運ノ命スル所」という文字に目を止める。

「迫水さん、確か私は『義命ノ存スル所』と直しておいたはずですが、いつの間にこんな言葉にすり替わったのですか」と、険しい表情になる。

「申し訳ありません。私は、先生の教えて頂いた通りにするつもりだったんですが、『義命』という言葉は、わかりにくいから変えるべきだという意見が出たものですから……」と迫水は、苦しそうに言い訳を口にする。

「『時運』では、成り行き任せ、風の吹き回しでどうにでもなるという意味になってしまいますよ。これでは天皇道の本義に反します」と語気を強めて抗議し、安岡は再度主張を述べる。

「いいですか。何度も言うようですが、ここはこの詔書全体の主眼になる部分です。是非とも『義命』に戻してもらいたい」

迫水は、安岡のあまりの剣幕にたじたじとなった。慌てて言葉を継ぐ。

「わかりました。閣議でもう一度、強く推して『義命』に直すように努力してみます」

「くれぐれもお願いしますよ」

迫水は、安岡が辞去すると、早速チェックを受けた詔書案をもう一度ガリ版刷りで作り直した。これが閣議用第三案である。

迫水はそれを手に閣議の席に戻った。

しかし、「義命の存スル所」は、結局復活できなかった。ただ「時運ノ命スル所」とあったのを「時運ノ趨ク所」と改変された。

これには後日譚がある。詔書が発布された後、迫水に対して、安岡は、「私としては、あの〝義命の存する所〟に力を入れたつもりだったのに……。修正されたのは残念でならない。あの一句を書き改めたことで終戦の詔書は重大な欠点をもつことになった。千載の痛恨事だ。なんといっても学問のない人たちにはかなわないね」と強く非難した。

この「義命」という言葉の出典は、中国の古典『春秋左氏伝』で、『論語』に出てくる左丘明の作と伝えられている。その中の「成公八（紀元前577）年」の条に「以信行義、以義成命」という文句がある。「信をもって義を行ない、義をもって命をなす」と読む。安岡は、「国の運命は義によってつくっていかなければならない、道義の至上命令の示すところによって終戦の道を選ぶ」、という意味を託したかったのであった。

また、戦後20年ほどたったある日、迫水は、安岡に会う機会があった。ひとしきり終戦前後の思い出話をした後、安岡は以下のように忠告した。

「この頃の政治をみていると、理想もなく、筋道も立っていない。まったくの行きあたりばったりの感じがしてならない。あなたは自分の胸に手をあてて考えてみる必要がある。私は終戦の詔書の中にわざわざ〝義命の存する所〟という一句を入れたが、あなたは周囲の圧力に屈して、とうとう〝時運の趨く所〟という平凡で、つまらない表現に変えてしまった。

〝義命の存する所〟と〝時運の趨く所〟とでは大違いだ。〝時運の趨く所〟というのは、成り行きまかせ、風の吹き回しでどうにでもなるという不見識である。終戦が成り行きまかせで行われたということでは、天皇道の本義に反する。「義命」という良心の至上命令によって、時運がいかにあれ、こうするのだということで、はじめて権威が立つのだ。だから、理想もなく、無原理、無原則で目の前の損得だけ考えるということになる。終戦の詔書について、私はこれが新しい日本を建設する場合の基礎になると考えていた。ところが、あの一句を修正してしまったことで詔書の存在意義はなくなったといってもよい。戦後の政治が行きあたりばったりになったのはそのせいだと思っている。だから、あなたにも大きな責任がある。池田勇人首相などは、口癖のように寛容と忍耐といっているが、あれこそ〝時運の趨く所〟の典型だ。あなたも政治家なのだから、願わくば、時運派にならないで、義命派の政治家になってもらいたい」

「終戦の詔書」の審議は、午後8時に終了し、清書の上鈴木総理が陛下の御手許に奉呈したのは、午後8時30分である。陛下は、そのまま御嘉納あそばされ、御名を記され、御璽を賜り、詔書は内閣に回付され、各大臣が副署した。直ちに印刷局に回付し、官報号外として公布の手続きの終ったのは、14日午後11時であった。

即ち大東亜戦争の公式終了の時間は昭和20年8月14日午後11時である。

直ちに、米国にポツダム宣言を受諾した旨電報致したのでる。

十一節　天皇陛下が「終戦の詔書」を朗読録音する

阿南陸軍大臣から、この『大東亜戦争終結に関する詔書』（いわゆる「終戦の詔書」）を、深夜に発表すると軍が動揺する恐れがあるので、発表はしばらく延期せられたいと要望がある。そのため、15日正午発表と致し、ご詔勅をラジオで陛下に朗読して頂き、一般に公表することになったのである。

陛下は即時録音をとると仰せられ、午前零時下村宏情報局総裁が放送局員を引き連れて奉仕する。下村宏総裁は『終戦秘史』に以下のように様子を述べられている。

「宮内省の奥まりたる陛下の執務せられる部屋を放送室に、同じく10坪ばかりの相隣れる部屋を録音室に充て、1回に2面とれる2台の録音機に繋ぎ、情報局と放送協会の幹部が、午後3時半頃より待機していた。11時近くに漸く勅語書が下がる。そこへ私（下村）がかけつける。程なく出御になるというので、録音機を据え付けた一室をぬけて、次なる奥の間に入れば、中央のあたりにマイクのスタンドが立っている。やがて午後11時20分頃であったろうか、三井、戸田両侍従を従え、陛下の出御ありスタンドの前に立たれた。石渡宮相、藤田侍従長らデスクの前に並び、私はスタンド近く3歩ばかりの所に待立した。やがて恭々しく頭を下げるのを合図に第一の放送が行われた。御下問のままに、普通の御声で結構でありますとお答えしたが、少し低いかと伺われた。陛下からも、今のは少し低かったようだから、もう一度と仰せられるままに、第2回のテストをお願いした。今度は声が高かったが、接続詞が一字抜けた個所があり、さらにもう一度というお話もあったが、御辞退申し上げた。陛下の入御は午後11時50分頃であったが、この2回目の分が翌15日の放送に使用されたのである。録音盤は2回分とも4枚全部、荒川理事から筧素彦庶務課長に手渡され、課長から侍従職の方へ移されたのである。そして明朝改めて矢部理事が宮内省へ出頭して、録音盤を拝受することにした」

録音は、15日午前1時頃終了したのである。

十二節　内閣告諭の作成

終戦の詔書の発布に続いて「内閣告諭」を出さなければならなかった。迫水書記官長は原案の作成を内閣嘱託の木原通雄に頼み、二人で協議して加筆・修正し成案を得て鈴木総理の同意を取り付けたのである。この「内閣告諭」は、終戦の詔書が公布されると同時に発せられた。以下に引用する。

本日、畏くも大詔を拝す。帝国は、大東亜戦争に従うこと4年に近く、しかもついに聖断を以て、非常の措置によりその局を結ぶのほか途なきに至る。臣子として恐懼《きょうく》というべきところを知らざるなり。かえりみるに開戦以降、遠く骨を異域にさらせるの将兵その数を知らず。本土の被害、無辜《むこ》の犠牲またここに極まる。思うてここに至れば痛憤限りなし。しかるに戦争の目的を実現するに由なく戦勢また必ずしも利あらず。ついに科学史上未會有の破壊力を有する新爆弾の用いらるるに至りて、戦争の仕法を一変せしめ、ついで、ソ連はさる9日、帝国に宣戦を布告し、帝国はまさに未曾有の難に逢着したり。聖徳の宏大無辺なる、世界の平和と臣民の康寧とをこいねがわせたまい、ここに畏くも大詔を渙発せらる。

聖断すでにくだる。赤子の率由すべき方途はおのずから明らかなり。

もとより帝国の前途は、これよりいっそうの困難を加え、さらに国民の忍苦を求むるに至るべし。しかれども、帝国はこの忍苦の結実によりて、国家の運命を将来に開拓せざるべからず。本大臣は、ここに万斛《ばんこく》の涙をのみ、あえてこの難きを同胞に求めんと欲す。いまや国民のひとしく向かうべきところは、国体の護持にあり。しこうして、いやしくも既往に拘泥して同胞相猜し、内争以て他の乗ずるところなり、あるいは情に激して軽挙妄動し、信義を世界に失うがごときことあるべからず。また、とくに戦死者、戦災者の遺族および傷痍軍人の援護については、国民ことごとく力をいたすべし。

政府は国民とともに承詔必謹、刻苦奮励、つねに大御心に帰一したてまつり、必ず国威を恢弘《かいこう》し、父祖の遺託にこたえんことを期す。

なお、このさいとくに一言すべきは、この難局に処すべき官吏の任務なり。畏くも至尊はなんじ臣民の衷情はよくこれを知るとのたまわせたまう。官吏はよろしく陛下の有司として、このご仁慈の聖旨を奉行し堅確なる復興精神喚起の先達とならんことを期すべし。

昭和20年8月14日

内閣総理大臣　男爵　鈴木貫太郎

十三節　終戦反対の将校の叛乱と録音盤探し

迫水書記官長は、「陛下の録音が無事に終了した」と、下村情報局総裁から電話で報告を受けてまず一段落とやっと安堵し、書記官長室の椅子に座る。次から次にいろいろと感慨深く浮かび、また胸がかきむしられるような気持となり、不眠不休の疲れからか、ついうとうとする。

午前4時頃白々と明け出した頃、機関銃の音にはっと我に返る。飛行機からする機関銃の掃射と思い、「米軍も怪しからんな、もう戦争は済んだのに」と不快になった。

その時前夜から来ていて隣の部屋にやすんでいた、迫水の実弟久良が飛び込んできて、「兄さん日本の軍隊が正門前から官邸を射撃しているのです」と言う。

そのうちに、室の窓枠にも弾丸が当たる。幸い総理は前夜11時半頃、私邸の方に帰っていた。迫水は佐藤朝生総務課長を呼んで、「自分は地下道を通って避難するから、官邸の職員は一切抵抗するな、彼らのなすままにせよと」命じた。念のため総理私邸に報告しておくよう言うと、佐藤課長は「すでに電話しました」と答える。

迫水は、弟と警護の中村袈裟男巡査を伴い、いったん防空壕内の書記官長室に入り、非常出口の方を偵察して兵隊のいないことを確かめ、特許庁に近い道路に出た。

後で聞くと、この襲撃部隊は、50人程の横浜の部隊と横浜高工の学生で「終戦の噂」を聴いて、上京し首相官邸を襲ったというのである。

そのうちに、総理不在を聞いて、官邸玄関にガソリンを撒いて火を放って退散する。官邸職員が、直ちに備え付けの防火用具で難なく消し止め、敷物の一部を焦がした程度で大事に至らなかった。

この襲撃隊は、その足で小石川の鈴木総理の私邸を襲い、火を放ったが、官邸からの通報があったので、総理は避難して無事であった。この襲撃隊は、更に新宿の平沼枢密院議長の邸を襲って焼いたが、平沼議長は身をもって免れ無事だった。

迫水は特許庁の道路に出たところから、溜池の大通りを通って、飯倉にある親友美濃部洋次総合計画局部長の家に着いた。そこで警視庁に電話してから警視庁に赴き、総監室に入り町村金五総監と会い、市中の状況と事情を聞いたところ、大変大きな事件が起きていたことが分かる。その時はすでに午前5時半頃だったが、前夜1時頃から宮内省の電話が不通になっているというのである。

迫水は、憲兵司令官大城戸中将に電話を架けて、大城戸中将の話により、4時頃阿南陸軍大臣が自決されたことを知る。そして、陸軍省の青年将校が、叛乱を起こしたことを聞いた。

15日午前零時頃、近衛師団長森赳中将は、宮城内の巡視を終え、師団長室に戻り和服に着替えた。そこへ陸軍省軍務局軍事課の井田中佐と軍務課の椎崎中佐が押し入る。天皇の録音盤を奪取し、「詔書」の渙発を阻止し、陛下にお考え直しを願うため、近衛師団の決起を極力要請する。森師団長は、聖断があった今日、軽挙妄動は断じて不可なる旨説いてこれを拒絶した。

森師団長は、もともとポツダム宣言受諾による終戦には不同意であったが、聖断には絶対服従の持ち主として知られていた。

森師団長が「諸君の意図は十分了得した。率直にいって感服した。私も赤裸々の日本人として今直ちに明治神宮の神前にぬかづき最後の決断をさずかろうと思う」と諭す。その時、たまたま参謀長水谷一生大佐が入って来たので、森師団長は、井出中佐に「参謀長の意見も聞いてみたらどうだ」と指図した。ところに、さらに偶然が重なり、軍務課の畑中健二少佐、通信学校教官窪田兼三少佐、航空士官学校教官上原重太郎大尉がドヤドヤとやってくる。井田中佐は、畑中ら3人に師団長室で待つようにと指示して、自分は参謀長室に入り、水谷参謀長と10分程度話し合った。

その間、畑中少佐ら3人の将校が森師団長と話し、「陛下が終戦の御決意を遊ばされたのは、全く側近にあやつられているのであるから、これから側近を除き陛下にお考え直しを願わなければならない。その説得に当たってもらいたい。ついては、近衛師団の兵隊を宮中守護の名の下に、宮城に入れるようにして頂きたい」と懇願する。

しかし、森師団長がその不心得を懇々と諭されたので、畑中少佐は「もはやこれまで！」と森師団長に対しピストルを発射。また、これを止めようとした義弟で第二総軍参謀白石通敬中佐に対しては、窪田少佐が軍刀を振るって切り殺したのである。

井田中佐と椎崎中佐が、師団長室からの銃声と争う靴音、唸り声に驚き、急遽駆けつけたところ、畑中少佐が「許してくれ！　こんなやり方で、これ以上時を空費するのを恐れるあまり、やってしまった」と声を振り絞る。凄惨な血の海の中に森師団長と、義弟の白石通敬中佐の死体が重なるように突き伏せていた。白石中佐は第二総軍司令官畑俊六元帥と一緒に広島からこの朝飛行機で上京し、師団長を訪ねていたのである。

血気に逸《はや》り暴徒化した畑中らはもう後戻りはできない。森師団長を撃った畑中少佐は宮城に向かい、井田中佐は日比谷の第一生命ビル5、6階にある東部軍管区司令部に急いだ。

井田中佐は、東部軍の決起を促すために軍司令官田中静壹大将を何とか説得しようと試みたが、田中司令官はもともと「承詔必謹」であったし、師団長殺害を知ったので説得に肯《がえ》んじなかった。それどころか逆に井田が説得され、流れは鎮圧の方へ変わり始めたのである。

一方、椎崎中佐と古賀秀正少佐、石原少佐は、師団長室において、以下の内容の「偽の師団命令」を作り、近衛師団管下の各連隊に下達する。

一、師団は敵の謀略を破摧。天皇陛下を捧持。我が国体を護持せんとす

一、近歩一長はその主力を以て東二東三営（東部軍作戦室周辺を含む）及び本丸馬場附近を占領し外周に　対し皇室を守護し奉るべし、又約一中隊を以て東京放送局を占領し放送を封止すべし（以下略）

このような「偽命令」であったが、そうとは知らない兵は出動させられたのである。

これら青年将校はその近衛師団をほしいままに指揮し、御文庫近くまで包囲したが、陛下の御居間の方にはさすがに侵すことはできなかった。機関銃隊も配置し、午前2時頃には宮内省にも乱入し、電話線を切断して外部との連絡を断つ。とにかく手当たり次第にあちこち検索し、何が何でも陛下の録音盤を奪取して、翌日の放送を中止させようと、かなりの時間を費やしたが、どうしても探し出せない。

一方、陛下の録音が終わり退出しようとしていた、下村情報局総裁を始め放送局一行18人は、暗自動車に分乗して坂下門まで来たところ、近衛連隊の物々しく武装した兵士にストップさせられる。二重橋畔の衛兵所に連行され、録音盤の行方について厳しく尋問を受けた。しかし、「もとより録音盤を所持していないし、宮内省に納めた後は知らない」と答えた。そしたら、結局一行はそのまま朝7時頃まで、蒸し暑い衛兵所で監禁されたのである。

間もなく「放送局の主任は誰か！　居るか」との伝令が来て、矢部国内局長が呼び出され、隣の近衛衛兵本部に連行される。そのあと大隊長と４人の将校の指揮で、40人の兵士に伴われて宮内省に連れて行かれ、着いたとき隊長は兵士に弾込めを命じた。

省内には、すでに別な一隊の兵士がなだれ込んでいた。階段を上下し、廊下を歩き、暗い中をまさぐり、各部屋を点検しながら、録音を撮った拝謁の間の向かい側にある侍従室前まで連れてこられる。

あちこちで物を叩き壊すような音が聞こえていた。矢部局長は、録音の模様は話したが、録音盤は侍従に渡したからどこにあるか知らないと答える。将校たちは、「その侍従の名前をいえ」と追及したが、矢部局長は名前は知らぬと突っぱねる。兵士たちは侍従職、侍従長室の机や金庫などをくまなく探したがどこにも見当たらずやがて衛兵所引き揚げた。諦め切れぬ将校たちは、1時間程して、再び矢部を呼び出して、今度は将校ばかりで宮内省内をくまなく探す。しかしついに録音盤は発見できなかったのである。

その肝心の録音盤は、２回収録しており、４枚の録音盤になっていた。それを二つの缶に詰め、更に木綿の袋に入れられ、荒川理事から筧庶務課長に手渡され、課長から徳川義寛侍従に渡された。徳川侍従は、宮内省1階の侍従武官府室の隣室の皇后宮事務室にある軽金庫にしまった。そこには書類も入っていて、その後《うしろ》に入れて鍵をかけて保管されたため、無事である。

徳川侍従は侍従室で仮眠していたが、午前3時頃、三井侍従に起こされ、宮城が軍に占拠されたことを聞かされた。徳川侍従はいったん、木戸内大臣、石渡宮内大臣らを誘導し地下金庫室に避難させたのち、戸田侍従とともに御文庫に駆けつけ陛下お付きの侍従や女官長らに事件を報告した。

それから、再び宮内省に戻り、廊下で様子をうかがっていたところ、将校に呼び止められ、押し問答となった。その時、近づいてきた別の将校がやや興奮気味に「切れ、切れ！」と大声で叫んだ。徳川侍従は冷静な調子で「切っても何もならぬだろう」と答えた。結局、徳川侍従は下士官に殴られただけで無事であった。

地下金庫室に避難した木戸内大臣、石渡宮内大臣、侍従たちは、「どうなるのか」と心配した。しかし、徳川侍従のとっさの気転で「女官湯殿」の札を入口にかけたので、抜刀した将校や兵士たちは軍靴をざわつかせただけで通りすぎ難を逃れた。

一方、放送会館も午前4時頃、叛乱軍の一隊によって占拠。国内外放送の業務関係者が多く宿直していたが、第一スタジオに集合させられ、外部と連絡を取らない条件で一応行動の自由は認められた。

保木技術員が放送開始の午前5時、ラインテストのため2階の12スタジオに行くと、一人の将校が兵隊2人を連れて後から着いて来て、スタジオに内に入り込んだ。将校は、保木に直ぐ放送が出せるよう準備を命じた。ちょうどその時、スピーカーから東部軍情報が流れ出した。「情報が出ている時は放送できませんよ」と言うと、将校は「貴様何をいうか！」と怒鳴る。

将校は、隣の報道部室に入り、そこで駆け付けてきた柳沢らに放送を強要し、拒否されると、再び12スタジオに入って、朝の放送を始めようとしていた館野放送員にピストルを突きつける。将校が手に持ったザラ紙には鉛筆で「宮城を守備しありし我が部隊は……」という書き出しの文章が連ねられ、「自分に放送させてくれ」と要求した。館野は「警報発令中は東部軍管区と連絡が必要だ」。また「全国中継で出すなら、各放送局と技術的打合せをしないと出せない」と誤魔化して時間を稼ぎ、何とか放送させないように頑張ったのである。

宮城のただならぬ騒擾の物音に気付かれた天皇陛下は、軍装のまま自室に座ったり庭に出たりしながら憂慮されていた。急報で駆け付けた藤田侍従長に対し、「藤田、いったいあの者たちは、どういうつもりであろう。この私の切ない気持がどうして分らないのであろうか」と、仰せられた。このことは『侍従長の回想』に書かれている。

古賀参謀は、近衛歩兵第二連隊長芳賀豊次郎大佐に、「（実際には射殺した）師団長もしぶしぶながら（反乱に）同意された」と告げる。畑中少佐も「陸軍大臣もやがて到着する」と報告する。しかし、いくら終戦阻止とは言え、嘘で固めての行動であるので、初めの思惑が次々とはずれ、状況は叛乱軍に不利になっていったのは当然であった。

すでに2時に叛乱の報を受けた田中東部軍管区司令官と高嶋参謀長らは、着々と鎮圧のための手を打ちつつあった。「偽の師団命令」と知らず行動していた近衛第一師団管下の連隊長の中にも、疑念が生じてくる。芳賀連隊長は「事態がどうもおかしい」といぶかり出し、東部軍管区参謀長高嶋辰彦少将との電話連絡で「師団命令」がニセモノであることがわかる。

その途端「今後、貴官らの言葉は聞かぬ。帰れ！」と怒鳴ったのである。

夜明けを待ち午前5時過ぎ、東部軍管区司令官田中静壱大将がただ一人、宮中に乗り込んで椎埼中佐ら首謀者を説得し、近衛師団の連隊長に撤兵を指示し解散させた。

「午前6時頃には兵隊をすべて退去させ事なきを得た旨」と、天皇陛下に事件の解決を報告した。

午前7時少し前、内大臣、内務大臣、侍従らは、地下金庫から出た。また、衛兵詰所に監禁されていた情報局総裁ら放送関係者も解放されたのである。

放送会館を占拠していた叛乱軍も7時頃にはむなしく引き揚げ、代わって東部軍から警備のため憲兵を含む一個中隊が派遣されてきた。

東部軍管区司令官田中大将は、この責任を負って20日にピストルで自決したのである。

叛乱軍の将校たちは、最後まで抵抗したが、ついに東条英機大将の女婿の近衛師団参謀古賀秀正少佐は森近衛師団長の遺体の前で割腹自殺。椎崎二郎中佐、畑中健二少佐は、午前11時20分、二重橋と坂下門の間の芝生に並んで座り、拳銃で自殺した。多くは憲兵隊に捕らえられ、叛乱はあっけなく終わりを告げたのである。

誤れる正義とは申せ、彼らは彼らなりに真剣であったのであろう。

十四節　阿南惟幾陸相の自決

阿南陸軍大臣は、14日11時半すぎ、三宅坂の官邸が戦災で焼けたため、陸軍大臣仮官邸として使っていた、副官官舎に帰った。

自室に入り「一死以テ大罪ヲ謝シ奉ル」と墨書して遺書とした。

夜半すぎ来訪した義弟の竹下正彦中佐と2時間余り酒を酌み交わした。

この時の様子が竹下正彦の『武人の徳操―阿南大将を偲びつつ』に、以下のように記されている。

「やがて、そろそろ始めようか」といって、一旦用意してあった勲章を全部装着した軍服を着て威儀を正した後、上着を脱しそれを床の間に整置しましたが、その時ふと見ると次男惟晟君の軍装した写真を上衣の上にのせ、両袖でそれを覆い丁度胸の中に抱きかかえるようにしてありました。愛児とともに逝くのだという気持ちだったのでしょう。私は思わず胸にこみ上るものあり。

そのあと、縁に出て、宮城に向かう。壁には「一死以テ大罪ヲ謝シ奉ル」(裏には「神州不滅ヲ確信シツツ」)と書いたものを貼り、別の半紙に「大君の深き恵にあみし身は言ひ遺すべき片言もなし」を浄書する。侍従武官当時に天皇陛下から頂いたワイシャツを肌につけ、短刀で腹を切り、更にその刃を首にあてて自決。軍人として稀にみる見事な最期であった。

その日の夕方から夜にかけて、市谷台の陸軍省に移された阿南陸軍大臣、椎崎中佐、畑中少佐の遺体は、木を積み上げた野戦方式によって荼毘《だび》に付された。

阿南大将の忘れてはならぬ最期の生き様についての迫水証言『機関銃下の首相官邸』から以下に記す。

14日午後の閣議の合間を縫って、阿南陸軍大臣は、陸軍省に戻り、梅津参謀総長、土肥原教育総監、杉山、畑両元帥の参集を求め、陸軍最高首脳部の意思表示として、「陸軍はあくまで聖断に従って行動す」と議決署名、午後6時には、阿南、梅津の連名によって、「聖断既に下る。この上は承詔必謹、全軍一兵に至るまで軽挙妄動を許さない」旨告諭を発した。

午後2時、阿南陸軍大臣は、省内の将校を集めた。井田正孝中佐の手記によれば、その時の情況は、次の通りであった。

「8月14日朝の御前会議の結果、阿南陸相も遂に抗戦を断念するに至った。陸相の断念は全陸軍の終戦決意にほかならないのであった。

陸相が宮城より戻られるとの報に大臣室に馳せつけた我々を迎えたものは、御聖断下るの悲報であった。全軍結束を固くし軽率妄動を避け来たりし所以は、実に陸相を中心として最後の決意を確信したからではなかったか。そこで私は決心変更の理由如何と尋ねると、陸相は半ば咽ぶが如くにいわく、『陛下はこの阿南に対し、お前の気持ちはよく分かる。苦しかろうが我慢してくれと涙を流して申された……。自分として最早これ以上反対を申し上げることはできなかった』と。ついで稍《やや》決然たる語調をもって、『不満に思う者は、まず阿南を斬れ』と付け加えられた。

かくて、陸軍の大勢は決し、昨日の強硬論も雲散霧消し、今日は放心の境地に遊ぶのみ」

阿南と彼ら青年将校たちとは、上官と部下であるとともに、志を同じくする人たちであった。

「不満の者は俺を斬れ」と言ったが、たとえ抜刀して斬る者があっても、阿南はそれを避けなかったであろう。しかし、現実には、誰も阿南に対して、それ以上に抗弁する者もなく、ただ頭を垂れて涙を押えるばかりであった。

阿南陸軍大臣は、このあと東郷外務大臣を訪ねて、ひどく改まった様子で、「わたくしは占領と武装解除に関し、連合国に連絡した外務省の電文原案を読み、この上なく満足である。もしわたくしが、この問題をそういうやり方で処理できると知っていたら、御前会議であれ程熱心に反対する必要はなかったのだが」と語る。

対して東郷外務大臣は、「私は条件をつけることには反対したが、日本の希望を連合国に表明することには、決して反対したのではありません」と答える。

阿南陸軍大臣は、繰り返して感謝の念を述べる。すでに自決を決意していたためか、その様子はあまりにも礼儀正しく見えた。「すべてうまくいって良かったと、われわれは笑顔で別れるわけですね」と最後を告げたのである。

阿南陸軍大臣は、次に正装して鈴木総理大臣に挨拶に訪れている。その時の様子が、迫水久常著『機関銃下の首相官邸』に、記されている。

14日午後11時過ぎ、閣議が散会してのち、私は、総理大臣室に入って、鈴木総理に対して、この旬日のご苦労に対してご挨拶を申し上げ、そのまま対座した。自然に涙が出てきてしかたがない。総理も黙々として深く物思いにふけっておられる様子であった。

思いがけなく、扉をノックする音が聞こえて振り向くと、阿南陸相が帯剣して、帽子を脇にかかえて入って来られた。私は立って少し側に寄った。陸相は真っ直ぐに総理の机の前に来られて、丁重に礼をされたのち、「終戦の議が起こりまして以来、私はいろいろと申し上げましたが、総理には大変ご迷惑をおかけしたとを思います。ここに謹んでお詫び申し上げます。私の真意は、ただ一つ国体を護持せんとするにあったのでありまして、敢えて他意あるものではございません。この点どうぞご了解下さいますように」と言われた。阿南陸相の頬には涙が伝わっているのを見て、私も涙が出た。すると総理は、うなずきながら、阿南陸相の近くに歩み寄られ、「そのことはよく判かっております。しかし、阿南さん、皇室は必ず御安泰ですよ。何となれば、今上陛下は、春と秋の御祖先のお祭りを必ず御自身で熱心におつとめになっておられますから」と言われました。

阿南陸相は、「私もそう信じます」と言われて、丁寧に一礼されて静かに退出された。私は玄関までお見送りをして、総理室に帰って参りますと、総理は、「阿南君は、暇乞いに来たのだね」とつぶやくように言われました。このときの光景は、私の終生忘れないところでして、特にこのときの総理の言葉は、我が皇室が二千年の長きにわたり連綿として、代々徳を積まれてこられたことを意味するものであって、誠に深遠な意味があると思います。

これは阿南大将の公人としての最後の姿を著わしている。

阿南大将は、陸軍士官学校18期で陸軍大学校卒業。天皇陛下の侍従武官を経て、陸軍省兵務局長・人事局長・陸軍次官・陸軍航空総監を歴任されたあと、鈴木内閣の陸軍大臣となったのである。

特に、昭和４（１９２９）年8月に歩兵第45連隊留守隊長から侍従武官となり、中佐から大佐になっていた。近衛歩兵第二連隊長に転出するまでの4年間、陛下に直接お仕えし、陛下の御心は特によく知っていた。

天皇陛下は、終戦と決してから、天皇の地位の確保のため「最後の一戦」による講和を泣いて主張する阿南陸軍大臣に「アナン、お前の気持ちはよくわかる。しかし、もういいから……苦しかろうが我慢してくれ」と涙を流して慰められた。

天皇陛下は、普通、大臣を呼ぶのに「陸軍大臣」とその官名をお使いになられるのだが、何故か阿南にだけは「アナン」（本当は「あなみ」なのだが）と姓を呼ばれていた。それだけ侍従武官当時からの特別な親しみをお持ちになっておられたのである。

天皇陛下は、阿南陸軍大臣の自刃の知らせを耳にされた時、「アナンにはアナンとしての考え方もあったに違いない。気の毒なことをした……」と蓮沼武官長にもらしたという。

『昭和天皇実録』には、「本日午前5時30分、陸軍大臣阿南惟幾陸軍大将が陸軍大臣官邸において自刃する。阿南は元侍従武官につき、天皇・皇后・皇太后より祭資並びに幣を下賜される」と記録されている。

迫水は『機関銃下の首相官邸』で阿南の心境について記している。

阿南陸軍大臣は、心は終戦の外なしと考えておられたのに相違ない。ならば何故あのように終戦に反対されたのか。当時の陸軍の状況からすると、もし阿南さんが終戦に賛成されたら、必ず部下に殺されていたと思います。もし阿南さんが殺されたら内閣としては、陸軍大臣を補充しなければなりません。当時の陸軍大臣は、陸軍の現役大将・中将ということになっておりましたので、その補充について軍が承諾しない限りできないのであります。もし陸軍大臣を補充できなければ、鈴木内閣は総辞職する外ありません。あの場合、鈴木内閣が総辞職したらどうなりますか、終戦はできなかったでしょう。阿南さんはこのことを知って命を保って、鈴木内閣をして終戦を実現させるために、あの腹芸をされたのです。

もし、心から終戦絶対反対なら辞職してしまえばやはり鈴木内閣はつぶれて終戦はできなかったでしょう。

昭和20年11月30日、鈴木内閣の次の東久邇内閣の陸軍大臣下村定大将が、陸軍の解体・整理の一切の処理を終える。その時に天皇陛下が語られた、阿南が最後の上奏をした時の様子が、沖修二著『阿南惟幾伝』に記されている。

下村陸軍大臣が「日本の陸軍が正々堂々と武装を解いたのはマッカーサー元帥が感心するくらいで、これは一に、承詔必謹、二に、壮烈な自刃を遂げられた阿南陸軍大臣によるところです。陸軍省が無くなる日。畏れ多くも天皇陛下が軍服をお脱ぎになられる日であります……」と上奏したが、天皇陛下から、お顔をほとんどお上げにならずに声涙共に下る御言葉がありました。

「明治大帝の御創設の陸海軍を、自分の代になって失うことになった」ことと「阿南は生かしておきたかった」ことを2回も仰せになられました。いかに陛下の御信任が厚かったか、いかに阿南将軍のご最期を痛惜になられたか、と述べられています。

これは余談であるが、私（著者）が迫水久常秘書時代の昭和50（1975）年頃、阿南陸軍大臣の義弟竹下正彦元中佐らが、参議院議員会館の迫水の部屋に来た。自決された陸軍大臣仮官邸の部屋跡が、現在国会の敷地内に取り込まれているので、その場所に「慰霊碑を建てたいので、是非ご尽力をお願いします」と懇願される。関係筋を奔走した結果、諸般の事情があるので「名前や顕彰する文言等が入らない石であれば」との条件で、やっと参議院の許可を貰うことができたのである。

それは国会の庭の配置の都合によって、自刃した地点から少し2、3メートルずれているが、参議院正面玄関の前庭脇に伊藤博文公の銅像の左横後ろ、木と芝生に囲まれた『波形模様の標石』がそれである。

私（著者）は、迫水久常秘書であると共に、阿南惟幾陸軍大臣の親戚筋に当たるので、誠に感慨深いものがある。

十五節　玉音放送

15日午前7時21分から館野放送員によって予告放送「陛下の放送をきくように」が、ラジオでの全国放送が開始された。その詳細を日本放送協会編『日本放送史』上巻により引用する。

つつしんでお伝えいたします。かしこきあたりにおかせられましては、このたび、詔書を渙発あらせられます。かしこくも、天皇陛下におかせられましては、本日正午、おん自らご放送あそばされます。まことに畏れ多ききわみでございます。国民は、一人残らず、つつしんで玉音を拝しますように。なお、昼間送電のない地方にも、正午の報道の時間には特別に送電いたします。また、官公署・事務所・工場・停車場・郵便局などにおきましては、手持ち受信機をできるだけ活用して、国民もれなく厳粛なる態度で、かしこきお言葉を拝し得ますようご手配願います。ありがたきご放送は正午でございます。なお、きょうの新聞は、都合により午後1時ごろ、配達されるところもあります。

当該の「録音盤」は、未だ宮中にあったので、それを奪われないように、如何にして安全に放送会館に運んで来るかが一苦労である。岡部侍従の思い付きで、まず、1回目の失敗した録音盤の方をわざと、ご紋章入りの角方盆である広蓋に入れ、紫の袱紗《ふくさ》をかけて筧庶務課長が捧持する。少し間をおいて、国民服のままの岡部侍従が、正規の録音盤を彼が弁当入れに使っていた雑嚢に入れ肩にかけて、ともに皇后宮事務官室から宮内省に運んだ。それから、正規の録音盤を、加藤進宮内省総務局長が、雑嚢に入れたまま警視庁差し回しの自動車で放送会館に運び、会長室に安置した。これが、放送に使われた録音盤である。

1回目の録音盤の方は、筧庶務課長が宮内省の車で運び、放送協会から少し離れたところで荒川技術局長がこれを受け取る。足立技術局現業部副部長が、万一の場合に代わって放送できるよう設営した地下の予備スタジオに準備していたのである。

放送会館の第八スタジオには、下村情報局総裁、加藤情報局第二部長、加藤宮内省総務課長、それに技術担当の放送局員が緊張した面持ちで待機していた。

やがて、正午が迫り、会長室から玉音盤は高橋報道部長によって運ばれ、スタジオの入口で木村報道部員に渡される。録音盤は、紫の袱紗の掛けられた桐の箱に入れられていた。

小沼参謀副長がスタジオに入った直後、スタジオ近くにいた一中尉が、これが終戦の放送なら叩き斬ると激昂して軍刀に手をかけ、スタジオに入ろうとした。しかし、傍らの東部軍通信主任参謀鈴木中佐が、とっさに彼を背後からはがい絞めにして取り押さえ、憲兵に引き渡したのである。

正午からの「玉音放送」の様子については、日本放送協会編『日本放送史上巻』を引用する。

この日の正午、和田信賢アナウンサーの「重大発表があります。」というアナウンスに続いて、下村情報局総裁は「天皇陛下におかせられましては、全国民に対し、畏くも御自ら大詔を宣らせ給うことになりました。これより謹みて玉音をお送り致します。」と述べ、「玉音放送」が行われた。そして、「つつしみて天皇陛下の玉音の放送を終わります。」という下村情報局総裁の結びの言葉で、「玉音放送」は終わった。つづいて和田アナウンサーは次のように放送した。

「かしこくも、天皇陛下におかせられましては、万世のために太平を開かんとおぼしめされ、きのう政府をして、米英支ソ四国に対し、ポツダム宣言を受諾する旨、通告せしめられました。かしこくも天皇陛下におかせられましては、同時に詔書を渙発あらせられ、帝国が四か国の共同宣言を受諾するのやむなきに至ったゆえんを御宣示あらせられ、きょう正午、かしこき大御心より詔書をご放送あらせられました。この未曽有のおん事は、拝察するだにかしこきわみであり、一億ひとしく感泣いたしました。われわれ臣民は、ただただ詔書の御旨を必謹、誓って国体の護持と民族の名誉保持のため、滅私奉公を誓い奉る次第でございます。

つつしんで詔書を奉読いたします。（詔書奉読）つつしんで詔書の奉読を終わります。」

手に汗を握って拝聴する国民の耳に達したものは、意外にも「堪ヘ難キヲ堪ヘ忍ヒ難キヲ忍ヒ以テ萬世ノ為ニ太平ヲ開カント欲ス」という、無条件降伏を告げる玉音であったのである。その瞬間、全国民の間に嗚咽が流れた。

難解な言葉のため、玉音放送では降伏という冷厳な事実をつかめなかった人も、和田アナウンサーによって繰り返し放送されることによって、日本のおかれることになった敗戦国としての地位に、重い感慨を走らせるのであった。つづいて、飯田アナウンサーによって内閣告諭、ポツダム宣言の全文とその受諾に至るまでの経過が放送された。そしてここに敗戦をはっきり認識した国民は、今さらのように過去の苦難と犠牲を強いられた生活に、思いをめぐらし、大きな吐息をつくのみであった。

放送の順序としては、「玉音放送」に続いて和田放送員による前詞・詔書奉読があった。次に、飯田アナウンサーによって内閣告諭「聖断」の経過、交換外交文書の要旨、ポツダム宣言の全文。さらに、カイロ宣言の内容、8月9日から14日までの重要会議の開催経過、受諾通告の経過、平和再建の詔書渙発と、37分半にわたって続けられた。このような「玉音放送」は、わが国の放送創始以来のことで、歴史的な放送として記録される。

迫水書記官長は、ちょうど宮城内で開かれていた枢密院本会議を中断して、陛下のお声を聞き、一同と涙を新たにしたのであった。

阿南陸軍大臣の自刃の報は、午後2時から開かれる閣議のため参集する各大臣の胸を衝いた。冷静この上ない東郷外務大臣までが「そうか腹を切ったか。阿南というのは、いい男だな」と言い、眼を真っ赤にした。そして閣議の冒頭、まず鈴木総理から以下の報告がある。

「今暁阿南陸軍大臣が自決されました。反対論を吐露しつつ最後の場面までついて来て、立派に終戦の詔勅に副書してのち自刃して逝かれた。実に武人の最期らしく淡々たるものであります……謹んで弔意を表する次第であります。」

閣僚一同哀悼のうちに会議に移り、次に東郷外務大臣から、昨夜12時連合国に対する通告文を送ったこと、その他外交関係について報告。米内海軍大臣からは昨夜奉勅命令を以て、全海軍に停戦命令を出したことなどの報告があった。いったん休憩の後、再開の閣議では、貴族院勅選議員として、松坂広政、重光葵、緒方竹虎、迫水久常、池田清の5名を決定する。その後、鈴木総理は、「いよいよ終戦と決まったが、何としても二度まで聖断を煩わしたことは恐懼《きょうく》に堪えない。それで、適当なけじめのときに総辞職しようと思う。どうもこの際よりほかに終戦のけじめをつける機会はないように思う」と各大臣の了解を求めた。誰も異存なかった。

鈴木総理は、午後3時35分参内して辞表を陛下に奉呈した。陛下は「鈴木」と親しく名を呼び、「ご苦労をかけた。本当によくやってくれた」と優しく仰せられた。さらにもう一言「本当によくやってくれたね」とのお言葉を賜ったのである。

十六節　「特攻隊の生みの親」大西瀧治郎中将の自決

海軍軍令部次長大西瀧治郎中将については、8月14日の深夜、首相官邸の書記官長室に立ち寄り、迫水久常内閣書記官長の両手を握りしめ、目にいっぱい涙を浮かべて泣きながら、次のように言われたことを、先に話したが、ここで再録する。

「自分たちは、真剣に戦争を勝つべく努力したつもりであったが、この最終の段階になって考えてみると、やはりまだ真剣味が足りなかったことが反省される。今の真剣さで考えれば、将来必ず局面を好転させるような名案が浮かぶと思う。何とかここで戦争を継続するようなよい考えはないだろうか」

大西は大西なりに純真一路、国体危うしと思いつめ、それを護持するためには、一億玉砕の覚悟をもって戦争を続けることによって死中活を求めるほかはないと、信じていたのである。

8月16日午前2時45分、海軍軍令部次長大西瀧次郎中将は、東京渋谷の南平台の軍令部総長官邸、2階10畳の間において、短剣をもって自刃した。

発見されたのは、この日の夜明け近く。朝5時少し前に空襲があり、官邸の人たちが庭に出ると、大西の部屋に電燈が点いたままなのを見つけ、慌てて駆け込んだら、鮮血の中に伏していたという。驚いて海軍省に連絡し、直ぐ軍医の少佐が来て手当をしたが、腸が露出しもはや助かる見込みはなかった。その時、大西は、軍医に「生きるようにしてくれるな」と言ったのである。7時頃に親友の海軍次官・多田武雄中将や前田副官が駆けつける。また、児玉機関の児玉誉士夫も急遽駆けつけ、少し話ができた。その内容を記す。児玉は、群馬県沼田に疎開中の淑恵夫人を何としても迎えに行かなければと、自動車で飛び出していった。

このあと、大西は、包帯でぐるぐる巻きにされたまま、枕もとに集まった人たちと、「初めて腹を切ったものだから」とか「切れない刀だった」とか、いろいろ話をした。この間、痛いとか苦しいとか一言も言わなかったそうである。それから10時頃になってから、しきりに身体を動かし、起き上がりそうな姿勢をするので、側の軍医が「閣下、どうしたのですか、しっかりして下さい」という。大西は「なにっ」と言ったかと思うと、大量の血を吐き、それを最後に息絶えたのである。

淑恵夫人と児玉が到着したのは、道中が混み夕方になっていた。

大西の枕もとに残した遺書は「特攻隊の英霊に告ぐ」というものと、淑恵夫人にあてたもの、多田次官と、児玉誉士夫、国策研究会の矢次一夫あての４通だった。

「特攻隊の英霊に告ぐ」の文面には、「善く戦いたり深謝す、最後の勝利を信じつつ肉弾として散華せり、然れどもその信念は遂に達成し得ざるに至れり。吾死を以て旧部下の英霊とその遺族に謝せんとす」とあった。

児玉誉士夫は、昭和16年11月、海軍航空本部の依頼で、上海に「児玉機関」をもうけ、戦略物資入手のために敵地貿易で活躍した。その時の航空本部長が大西中将であったのが、二人の関係の初めである。

大西中将が、第一航空艦隊司令長官になった時に、児玉は、フィリピンに同行し、台湾に後退した時も随行した。本土に戻り海軍軍令部次長の時には、渋谷にある官舎に起居せず、ほとんど児玉の家から海軍省に行っていた。そういう二人の仲であり、児玉は、大西中将に、深く親炙し傾倒していたのである。

終戦になり、児玉機関の全財産を返しに行くと、このままでは敵側に没収されるのがオチだから持ち帰って、日本の再建にでも使うように、と申し渡された。当時の現金5千万円そのほか金、プラチナ、ダイヤモンド、ラジウムなど1億6千万円相当で、今の金に換算したら、それこそ大変なものだろう。

そして、この資金を政界の黒幕辻嘉六の頼みで鳩山一郎、河野一郎らの自由党の創立資金に出し、それが吉田茂に引き継がれ、今日の自由民主党の礎になっていたのである。

児玉誉士夫著『児玉誉士夫回想録—悪政・銃声・乱世』には、大西中将と如何に親密であったか詳細に記されている。

降伏を決定した御前会議の日の夕刻、突然大西中将が、東京の「児玉機関」本部に立ち寄られたのであった。そして、静かな口調で、こう言われたのである。

「長い間、誠にご苦労であった。しかし事態は、どうにもならない。本日、御前会議で、陛下にも、米内大臣にも、いま一度、是非、やらせて頂くようお願いしたが、駄目であった。ことに陛下には、たいそうご心配をおかけして、申し訳ない……ということを、お詫び申し上げた。これは皆、われわれの責任である。だが、もう一度だけ、終戦についてお考え直し頂きたいと、願ってみた。何とも相済まぬことである。しかし、陛下は、お聞きにならなかった。これは実に自分らが至らなかったためで、何とも相済まぬことである。低い声で、こう語られる中将の顔は、涙に濡れていた。自分を始め席にいた機関の幹部たちも、ひたすら粛然として、うな垂れるほかなかった」

8月14日、大西中将から、今夜久しぶりで官舎に泊まるから一緒に夕飯を食おうとの誘いがあり、酒を酌み交わしながら、激しかった戦いのことや戦死した多くの部下たちのことをしみじみ述懐された。翌15日の晩も官舎に泊まられた。明くる早朝のことだった。

中将の車の運転手が、自分の家に血相かえて飛び込んで来た。

「どうした！　何かあったのか？」にわかに不吉なものを感じた私は、そう声をかけた。

「閣下が、あのッ」運転手の唇が、土気色になり、わなわなと震わせた。自分は、一瞬、中将の自決を悟った。

「閣下は、やっぱり、自決されたのか」自分は、念を押すように言った。

中将は、割腹せられたあとで、「児玉を呼んで来い」と、言われたとのことだった。

――息はまだ、絶えていない。自分は、直ぐ官舎に車を飛ばした。

（中略）

枕元の座にかえると、中将は、自分が来たことに気づかれたとみえ、僅かに瞼を開いたのである。

児玉に「貴様がくれた刀が切れぬものだから、また貴様と会えた。」

「閣下、私もお供します」自分は、そう耳元で低く囁いて、部屋にあったもう一本の刀を抜くと、心臓にあてがった。

その時「馬鹿もん、何をいう」と強い声を出して、「貴様が死んで何の役に立つか。若い者は、ここで死んではならん。これからの日本は、いよいよ辛い立場におかれて、みんなが、苦しくなるばかりだ。ここ10年、

15年の間は、日本は、おそらく、奴隷化されるに違いあるまい。しかし、その苦しみに耐え、生き抜いてこそ、明るさと希望がもてよう。」その声音は、肺腑をしぼるようで、一言いっては、大きく息を吐かれた。

続いて、「貴様に頼みたいことがある。厚木の海軍を抑えてくれ。小園大佐に軽挙妄動を慎めと、大西が言ったと、伝えてくれ」。その言葉に児玉は熱くなった。

「実は、君にはもう、会えないと思ってね、ここに遺言を書いておいた。後でよく読んでくれ」

中将の額には、アブラ汗がべっとり滲み出て、陽焼けした逞しい面上にも、死のかげが、ありありと浮かんで見えた。

すると、突然、かすかに口唇を動かして、「そこに、句を作っておいたよ」と、微笑された。

見ると、机上に一葉の便箋紙が置かれ、それには、

すがすがし　嵐のあとの月清し

と、あった。自分が、別室に入ってゆくと、先程の軍医が、「どなたか、お呼びになる方でもあれば」と、訪ねた。「あと、どのくらいもつ?」「2、3時間ほどなら」

そこで自分は、できることなら、息のあるうち、夫人にせめて、一目なり会わせたいと、そう思った。

戦後、児玉誉士夫は、「昭和の怪物」「政界の黒幕」「右翼の総帥・大立物」と称され、著名な評論家大宅壮一をして「何か大きな出来事があると、児玉誉士夫の名が囁かれる」と言わしめたように、隠然たる実力者であった。「週刊アサヒ芸能・昭和45年2月12日号」には、次のような記事が掲載されている。

昭和45年1月31日、児玉の実子・義昭氏と青年思想研究会の高橋正義議長の長女・暁美さんが、萩原吉太郎北海道炭鉱汽船会長夫妻のご媒酌の下、岸信介元首相ら政財界の要人の出席を得て結婚されました。そして大西瀧治郎の家に夫婦養子となったのです。当然、大西中将未亡人淑恵さんも出席され、司会高橋圭三のインタビューに答えて「一度に二人の子どもができた」とその喜びは大変なものでした。先にお話した16日の最期の

際、大西夫婦には子供がいなかったせいか、大西中将は児玉に向かって「大西家の跡取りにおまえの息子をもらえないか」と言い残して自害していった。その大西と児玉の男の約束が、この養子入りで実現したのである。

十七節　瀬島龍三中佐、11年間ソ連に抑留

瀬島龍三中佐は、終戦直前の7月1日付で、大本営参謀から満州国の関東軍参謀に辞令を受けた。その時、参謀本部の柴田芳三総務課長から、「長く作戦課に勤務し、この間連合艦隊との陸海両軍共同作戦にも携わってもらったが、満州方面の情勢は楽観を許さず、また、近く陸軍中佐竹田宮恒徳王殿下が関東軍より第一総軍（東京）へ転任されるので、その後任として貴官が発令されることになった」と説明される。そのため7月10日に満州に向かう。

8月8日夜半からのソ連機の爆撃で満州・関東州は、「ソ連の対日参戦」に遭い、戦闘状態に入った。8月15日正午、天皇陛下の「玉音放送」を聞き、満州に居留していた日本人は戦争が終わったことを知るのであった。瀬島中佐は、9月15日、関東軍の将官、幕僚ら50数人と武装解除の上、ソ連軍用機2機に分乗させられて新京（現長春）飛行場を飛び立った。瀬島はその時の心境を、以下のように述べている。

「ハルビン上空を通過する時、北満の大平原の西の地平線に真っ赤に焼けた夕日が沈むのを見て、万感胸に迫り、思わず『国敗る大満州の夕陽かな　嗚呼　国破れ関東軍潰え　我が事終れり』と手帳に書いた。」

そして、ソ連へ強制連行されて、「重労働25年の刑」を言い渡され、抑留生活の辛酸をなめされられたのである。その間昭和21年秋に、東京裁判のソ連検察側証人として出廷するため、日本に一度帰って来たことがあった。

瀬島龍三著『瀬島龍三回想録・幾山河』に、その時の様子が書かれているので引用する。

9月17日、東京裁判のソ連側証人として出廷を命じられた、瀬島は、関東軍鉄道司令官草場辰巳中将、総参

謀副長松村智勝少将、大津敏男樺太庁長官らと一緒に、ウーゴリナヤ飛行場から軍用機に乗せられた。

夕刻、羽田に着いた。夜に、丸の内にある赤レンガの三菱三号館に入った。草場さんが一室、松村さんと私が別の一室をあてがわれ、草場さんの部屋で三人は黙々と夕食をともにした。

9月21日朝、洗面が終わったころ、松村さんが「草場さんが昨夜急死した、とソ連側が言っている」と言う。草場中将は服毒自殺したのであった。

10月初め、突然私の家族との面会が許された。当時私は34歳で、妻清子（29歳）と長女繁代（7歳）、次女淑子（4歳）と、2時間ほど話ができた。

10月18日午前、東京裁判の市ヶ谷の公判廷の証言台に立たされた。

『極東国際軍事裁判速記録』によると、瀬島氏の証人調べは、午前10時半過ぎから始まり、まずローゼンブリット検察官によって、瀬島氏の口供書が朗読された。その中で、瀬島氏は参謀本部第一部第二課（作戦課）参謀としてかかわった昭和16年度と17年度の対ソ作戦計画について「対ソ戦を行うのか行わないのかは私に、不明であり、参謀本部第一部将校として作戦計画の軍事関係のみを知っており政策関係については私にはわかりません」と述べている。

この後、清瀬一郎弁護人の質問に対しても、「参謀本部の作戦計画と政府の決心との関係は私は知りませぬ、ただ参謀本部においては、毎年そういう戦況の起きることにおいて随時即応し得るように作戦計画が立案されてあります」「作戦的の攻勢というものが侵略かどうかということの問題は、作戦計画の範囲外の戦争目的の問題になって参ります、この点は私にはわかりませぬ」などと答え、対ソ作戦計画がソ連側の主張する〝対ソ侵略〟につながるものでないことを強調している。法廷で最も心を痛めたのは、被告席にいる東條英機大将を始め、かつての指導者、大先輩たちの姿であり、証人台から被告席を見るに忍びず、万感胸に迫る思いであった。この人たちは少なくとも、「国のため、よかれ」と思って指導に当たったものの、戦に敗れ、その責めを一身に背負わされ、追及されていた。「勝てば官軍、負ければ賊軍」の辛さをしみじみと考えさせられた。

11月10日、我々は再び、ソ連機で出発、故国に別れを告げた。

それから、11年間抑留生活を余儀なくされ、帰国できたのは昭和31（1956）年8月19日であった。

平成19（2007）年7月25日、渋谷のセルリアンタワー東急ホテルにおいて、「迫水久常先生三十年祭」が行われた。その席上で、瀬島龍三氏は親戚として挨拶された。その中で、「昭和20年のある日の深夜、首相官邸の内閣書記官長室を訪れ、『本土決戦になる前に何とか戦争を終結できないか』など、迫水さんといろいろと話し合ったのだ」と言われた後、次のようなエピソードを感慨を込めて披露された。元迫水久常秘書として出席していた私（著者）は明瞭に記憶している。「自分が11年ぶりに祖国に帰って来たとき、品川駅のホームに、迫水久常先生と義兄の松尾新一さんの二人が迎えに来てくれて、『よく無事で帰って来たなぁー。本当によかった！』と互いに泣きながら抱き合ったことを、今のことのように思い出している、これは生涯決して忘れ得ないことだ」ちなみに、瀬島龍三氏は、帰国後伊藤忠商事副社長・会長、東京商工会議所副会頭、日本商工会議所特別顧問になり、財界人として大きく活躍した。亜細亜大学理事長、そして臨時行政調査会の土光敏夫会長の下で、名参謀役として国の行財政改革に辣腕《らつわん》を振るった。更に山崎豊子氏の小説『不毛地帯』の主人公「壱岐正」のモデルとなり、テレビドラマにもなった。

十八節　国際法違反の極東国際軍事裁判（東京裁判）

一項　『大東亜戦争』と正しく表記を

第二次世界大戦は、全地球規模で繰り広げられたが、アメリカ、イギリス、フランス、オランダなどの連合国は、アジアでの対日戦を「太平洋戦争」と呼ぶ。一方、日本においては国家としても国民誰一人も「太平洋戦争」は戦ってはいない。

支那事変は、当初日本政府も蒋介石の国民政府も共に、国際法上の戦争にする意思がなかったので「支那事変（チャイナ・インシデント）」と呼んでいた。昭和16（1941）年12月8日に日本が米英に宣戦を布告し、12月9日には蒋介石政権が日本に向かって宣戦布告したので、この事変が国際法上の正式な戦争となった。これに伴い東條内閣は、昭和12（1937）年からの「支那事変」と併せ「大東亜戦争」と呼称すると、12月10日の閣議決定の上、公式発表しているのである。したがって、日本はあくまで「大東亜戦争」として戦ったのである。

敗戦後の昭和20（1945）年12月8日から、GHQの民間情報教育局作成による「太平洋戦争史」の連載が新聞各紙で、その翌日にはラジオ番組「真相はこうだ」が開始された。その中で、日本軍国主義の極悪非道さや残虐性を煽り立て、戦争責任を日本にだけ被せてきたのである。

その連載開始一週間後に「大東亜戦争」の用語を公文書に用いてはならないと禁止させられた。12月31日には、「修身・国史・地理の授業は即刻中止せよ」との命令を受ける。翌21年4月、文部省に授業停止になっていた国史の授業の教材として「太平洋戦争史」を使用するよう通達を出させ、教育現場に「太平洋戦争史観」が浸透することになった。

昭和26（1951）年に講和条約を結び、日本が独立を回復した以上、「大東亜戦争」と正々堂々と名を正してこそ、自立国家と言えるのであり、それなくして日本の真の復興などあり得ないことを肝に銘じるべきである。

『昭和天皇実録』では、終戦に際して「大東亜戦争」が使われている。

8月14日、午後に開催の閣議において、御前会議の聖慮に基づき、帝国の方針に関する件、並びに大東亜戦争終結に関する詔書案その他の審議が行われる。帝国の方針に関する件は左のとおり決定される。

帝国ハ昭和二十年八月十一日附米英支蘇四国回答ヲ諒トシ七月二十七日附叢対帝国共同宣言ニ従ヒ大東亜戦争ヲ終結スル為必要ナル諸処置ヲ執ルモノトス

午後8時32分、首相参殿につき、帝国の方針に関する件の内奏、及び大東亜戦争終結に関する詔書の捧呈を受けられる。9時20分内閣上奏書類を御裁可になり、詔書に署名される。

『終戦の詔書』も『大東亜戦争終結に関する詔書』という正式名称を使うことから「正しい歴史」に軌道修正しなければならない。

二項　八紘一宇

東京裁判のときに、検察側から「八紘一宇」が侵略思想だとしきりに指摘された。昭和15（1940）年第二次近衛内閣の基本国策要綱「大東亜共栄圏の建設の精神」として、次のように掲げられている。

皇国ノ国是ハ八紘一宇トスル肇国ノ大精神ニ基キ、世界平和ノ確立ヲ招来スルコトヲ以テ基本トナシ、先ツ皇国ヲ核心トシ、日満支ノ強固ナル結合ヲ根幹トスル大東亜ノ新秩序ヲ建設スル

そのことについて、日本人弁護団副団長で東條英機の主任弁護人を務めた清瀬一郎（のちに衆議院議長）の著書である『秘録東京裁判』を少し長いが引用する。

かつて東京市長を勤めた永田秀次郎君は、兵庫県淡路の人で、姫路中学では、私より五年ほど先輩である。姫路中学では、永田君が同校出身の名士であるところから、国旗掲揚塔の基礎石に「八紘一宇《はっこういちう》」と書いてもらい、これを彫刻して精神修養の一端としておった。ところが、日本が戦いに敗れて敵軍占領となった時、こんなものが置いてあっては何といいがかりをつけられるかわからぬというので、校長先生や教頭先生がこれを引き抜いて泥沼に投げ込んだ。その後日本が独立し、こんな世の中になったから、それをさがそうと思って、私や永田亮一君（秀次郎君の相続人で代議士）らがさがし求めたけれども、まだ見当たっていない。八紘一宇というのは、米人では何の意味かわからない。ともかく、日本人が戦前に使った合い言葉であるから悪い言葉に

相違ないと考え、いたるところでこれを破壊せしめた。しまいには、日本人までがこれを危険思想と考えるようになった。

東京裁判においては、検察側はむろんのこと、ウエッブ裁判長もこれこそ日本を侵略戦争にかりたてた世界征服思想であると信じきっていたようである。被告中、平沼騏一郎氏や荒木貞夫氏らはこれを憂え、この誤解を解きたいとの希望のせつなるものがあった。いうまでもなく、八紘一宇は世界中の人類を一家のごとく考えるという平和な思想である。八紘というのは四つの角、四つの隅で、世界中ということ。一宇は一家で、八紘一宇といえば、世界中の人々を一家中の者のごとく相和するという意味であって、これが神武天皇肇国の理想である。

そこで、私らはわが国の古典、明治当初の文献などに翻訳をつけて提出し、なお平沼氏の推薦により井上孚麿氏を証人として、このことを十分説明してもらった。この証明は成功し、八紘一宇や皇道は日本道徳上の目標であると認めざるを得なくなった。すなわち、判決書（日本文）十三ページ下段より十九ページ上段にいたるまでに、つぎのごとく説明されておる。

［皇道と八紘一宇］

日本帝国の建国の時期は、西暦紀元前六百六十年であるといわれている。日本の歴史家は、初代の天皇である神武天皇によるといわれる詔勅が、その時に発布されたといっている。この文書の中に、時のたつにつれて多くの神秘的な思想と解釈がつけ加えられたところの、二つの古典的な成句が現れている。第一のものは、一人の統治者のもとに世界の隅々までも結合するということ、または世界を一つの家族とするということを意味した「八紘一宇」である。これが帝国建国の理想と称せられたものであった。その伝統的な文意は、究極的には全世界に普及する運命をもった人道の普遍的な原理以上の何ものでもなかった。

行為の第二の原則は「皇道」の原理であって、文字通りにいえば「皇道一体」を意味した古い成句の略語であった。八紘一宇を具現する途は、天皇の仁慈に満ちた統治によるものであった。従って「天皇の道」―行動または「王道」―は徳の概念、行為の準則であった。八紘一宇は道徳上の目標であり、天皇に対する忠義は、その目標に達するための道であった。

因みに前記の、永田秀次郎先生は、貴族院議員、東京市長、拓務大臣、鉄道大臣を歴任し、拓殖大学学長もされました。その長男が永田亮一先生で、衆議院議員10期当選で、藤山政治大学院（藤山愛一郎学院長）の事務総長・学監である。私（著者）は、若い頃、その藤山政治大学院で学びましたが、永田亮一先生の次男で秘書であった永田亮次郎氏も同校で学んだ同志であり、長年の国会議員秘書仲間で、今でも心の通い合う親友であります

三項　欧米の植民地の解放と独立

欧米列強は、地球のいたるところを植民地にした。７つの海を支配したと豪語した大英帝国を始め、フランス、ドイツそしてオランダ、ベルギー、スペイン、ポルトガルなどがアフリカ、アジア、南北アメリカなどを植民地にした。しかし、抑圧、奴隷、権益搾取の限りを尽くしたことに対し、謝罪したと聞かない。アフリカで黒人を買ってヨーロッパやアメリカなどに連れて行き、鎖に繋いで働かせたのは、一体どこの国だ。日本はいくら何でもそういうことはしていない。

アジアにおいては、英国がインドを３００年間植民地にし、中国もアヘン戦争以降半植民地状態になっていた。アジアでは日本だけが独立国で、ネパールとタイは、欧米列強によるアジア植民地争奪戦の〝緩衝地帯〟としてかろうじて植民地にならずにいた。その三国以外はすべて欧米諸国の過酷な植民地支配にあえいでいたのである。

日本は、欧米の帝国主義によってアジアを植民地にしていた宗主国と戦ったが、アジア諸民族を敵として戦争したわけではない。植民地にされていた国々は、むしろ日本軍が侵攻したとき歓喜をもって迎え、ともに宗主国

と戦い、独立を目指した。日本は途中で自滅してしまったけれども、結果的にアジア諸国は、植民地支配から解放され、独立を勝ち取れたのであった。

それでも、戦場となったアジア各国に対し、犠牲と迷惑をおかけしたとして、巨額の賠償を支払ったのである。

四項　極東国際軍事裁判(いわゆる東京裁判)

昭和21年1月19日に、連合国最高司令官ダグラス・マッカーサー元帥によって、「極東国際軍事裁判所条例」が発せられる。

日本は、戦争に敗けた故に、「極東国際軍事裁判」で、戦勝国によって一方的に裁かれ、戦後一貫して反省とお詫びを繰り返し謝り続けた。

そもそも、戦争自体が犯罪であるという法律は、現行の国際法のどこにもない。ただ、戦争犯罪について、ハーグ条約陸戦法規やジュネーブ諸条約に規定される。捕虜及び戦傷病者の人道的取り扱い規定の違反、無防備地域、非戦闘員に対する攻撃など、戦闘行為における将兵の国際法規違反を、戦勝国、敗戦国にかかわらず問うものである。国際法は、処罰の対象を限定された戦時法規違反に留めてきたのである。

東京裁判でいう「平和に対する罪」「人道に対する罪」「殺人の罪」というのは昭和20年7月の時点では戦争犯罪の範囲とされていなかった。もしそれを認めると、法律の不遡及の原則がくずれる。それこそ、その当時犯罪とされていなかった行為に対し、さかのぼってこれを処罰するために制定される事後法は、法にあらずして私刑(リンチ)となるからである。しかるに、この東京裁判においては、これをあえて犯しているのであり、もともと連合国には、日本を裁く資格などなかったのである。

確かに、起訴状に示されている「平和に対する罪」の成立要件とされている条約や協約をいくら調べても、この被告たちが自由を奪われたり、命を失わなくてはならない刑罰を与えられるべきことを規定した条文は見当たらない。該当する法律がない以上犯罪者とすることはできないのである。

小堀桂一郎著『東京裁判の呪ひ』に、東郷茂徳と梅津美治郎の米国人弁護人のベン・ブルース・ブレークニー（陸軍少佐）の論が掲載されているので、引用する。

戦争での殺人は罪にならない。それは殺人罪ではない。戦争は合法的だからです。つまり合法的な人殺しなのです。殺人行為の正当化です。たとい嫌悪すべき行為でも、犯罪としての責任は問われなかったのです。キッド提督の死が真珠湾爆撃による殺人罪になるならば、我々は広島に原爆を投下した者の名を挙げる事ができる。投下を計画した参謀長の名も承知している。その国の元首の名前も我々は承知している。彼等は殺人罪を意識していたか。してはいまい。我々もそう思う。それは彼等の戦闘行為が正義で、敵の行為が不正義だからではなく、戦争自体が犯罪ではないからである。何の罪科で、いかなる証拠で、戦争による殺人が違法なのか。原爆を投下した者がいる。この投下を計画し、その実行を命じ、これを黙認した者がいる。その者達が裁いているのだ！

ウイリアム・F・ウエッブ裁判長（オーストラリア代表）は、ニュルンベルク裁判におけるドイツ人被告の有罪判決の例を引用しながら、平和にたいする罪は事後法であるから、これだけで死刑は適当でないという意見を述べた。

朝日新聞東京裁判記者団編集『東京裁判』下巻から、その意見に関する部分を引用する。

これら五名、すなわちヘス、フォン・ノイラート、フンク、レーダーおよびデーニッツを死刑から免れさせるについては、同裁判所は、かれらが戦争を行なったときには、侵略戦争は一般的に裁判すべき犯罪とは考えられていなかったという事実を考慮に入れたものと本官は考える。今でも、多くの権威ある国際法の法律家は、この点に関して、パリ条約は何の変更も加えなかったという見解をとっている。

日本人被告を取扱うについては、ドイツ人被告に対するほどの考慮を払わないというのでない限り、どの日本人被告も、侵略戦争を遂行する共同謀議をしたこと、この戦争を計画および準備したこと、開始したこと、または遂行したことについて、死刑を宣告されるべきではない。

極東国際軍事裁判におけるA級戦犯28人は、何と21年4月29日の「天長節（天皇誕生日、現在は昭和の日）」に起訴された。そして、裁判は、昭和21年5月3日に始まり、23年11月12日まで行われた。

28人のA級戦犯のうち、松岡洋右と永野修身は、すでに死亡し、大川周明は、精神病で免訴となっていた。残る25人全員が有罪判決で、うち7人が絞首刑の宣告を受けた。

A級戦犯の判決の結果は、次の通りである。

東条英機　　絞首刑　　（首相、陸相、内相、参謀総長、陸軍大将）
武藤　章　　絞首刑　　（陸軍省軍務局長、陸軍中将）
板垣征四郎　絞首刑　　（陸相、支那派遣軍総参謀長、陸軍大将）
松井石根　　絞首刑　　（中支方面軍司令官、陸軍大将）
木村兵太郎　絞首刑　　（陸軍次官、ビルマ派遣軍司令官、陸軍大将）
土肥原賢二　絞首刑　　（陸軍航空総監、奉天特務機関長、陸軍大将）
広田弘毅　　絞首刑　　（首相、外相、駐ソ大使）
東郷茂徳　禁固刑20年　（外相、駐ソ大使、駐独大使）
重光　葵　禁固刑7年　（外相、駐英大使、駐華大使）

荒木貞夫　　終身禁固刑　（陸相、文相、陸軍大将）
橋本欣五郎　終身禁固刑　（赤誠会統領、陸軍大佐）
畑　俊六　　終身禁固刑　（陸相、中国派遣軍総司令官、元帥）
平沼騏一郎　終身禁固刑　（首相、枢密院議長）
星野直樹　　終身禁固刑　（内閣書記官長、満州国総務長官）
賀屋興宣　　終身禁固刑　（蔵相）
木戸幸一　　終身禁固刑　（内大臣、内相、文相、厚相）
小磯国昭　　終身禁固刑　（首相、拓相、朝鮮総督、陸軍大将）
南　次郎　　終身禁固刑　（陸相、朝鮮総督、陸軍大将）
岡　敬純　　終身禁固刑　（海軍次官、海軍軍務局長、海軍中将）
大島　浩　　終身禁固刑　（駐独大使、陸軍中将）
佐藤賢了　　終身禁固刑　（陸軍省軍務局長、陸軍中将）
嶋田繁太郎　終身禁固刑　（海相、軍令部総長、海軍大将）
白鳥敏夫　　終身禁固刑　（駐伊大使）
鈴木貞一　　終身禁固刑　（企画院総裁、陸軍中将）
梅津美治郎　終身禁固刑　（参謀総長、関東軍司令官、陸軍大将）

東京裁判所条例第17条には、「連合国最高司令官は何時にても、宣告刑につきこれを軽減し、また刑を加重せざる限り、その他の変更を加うることを得」とあった。そこで、25被告は、マッカーサー最高司令官に対して、減刑の訴願を行ったが、11月23日に却下される。

東条英機以下7被告が、巣鴨拘置所にて、何とよりにもよって昭和23年12月23日の皇太子殿下（現在の今上天皇）のお誕生日に処刑されたのである。この一事をとってみても、正に復讐心を隠さず、あからさまな報復であったことを物語っているのである。

その翌日、12月24日、GHQは巣鴨に拘置されている残りのA級容疑者を釈放し、A級戦犯の裁判はこれで終了するという重大声明を出す。

その対象者は、次の19人であった。

安倍源基　元内務大臣、元企画院次長
安藤紀三郎　元内務大臣
天羽英二　元情報局総裁
青木一男　元大東亜大臣
後藤文夫　元内務大臣
本多熊太郎　元駐華大使
石原広一郎　石原産業株式会社社長
岩村通世　元司法大臣
岸　信介　元商工大臣
児玉誉士夫　元児玉機関長
葛生能久　元黒竜会会長
西尾寿造　元中国派遣軍総司令官

大川周明　　著述業
笹川良一　　元国粋大衆党首
須磨弥吉郎　元スペイン公使
多田　駿　　元華北派遣軍総司令官
高橋三吉　　元軍事参議官
谷　正之　　元内閣情報局総裁、外務大臣
寺島　健　　元逓信大臣

A級戦犯の逮捕は、一時は１００人を超えたが、短い人は数日で釈放され、長い人は3年も拘置されていた。特に梨本宮守正王殿下におかれては、昭和20年12月12日に巣鴨に入所せられ、翌年4月13日までご拘置をお受けになられたのである。

昭和23年3月、極東委員会は会議を開き、「日本のA級戦犯の裁判は今後絶対行わない」と決議された。しかし、この裁判で無期並びに有期の刑の言い渡しを受けた人々は、既決囚として依然巣鴨で服役していたのである。

日本人のＢＣ級戦犯に対する裁判所は、米、英、仏、豪、蘭、中、ソ、比（フィリピン）、中共（成立後）の9カ国で、裁判所は50余か所に上った。

ＢＣ級戦犯としては、５４８７人が訴追されて、そのうち有罪は４３７０人、無罪、起訴却下、死亡、合計１１１７人である。有罪のうち死刑は９３７人、終身刑３３５人、有期刑３０９８人であった。

ＢＣ級戦犯裁判の実態は、ほとんど裁判という名に値しない報復裁判そのものであった。特に、ソ連と中国は、日本人のB級戦犯容疑者を未決のまま5年以上も拘留し、自白を強要していたのである。

日本陸軍の司令官以上で死刑になったのは、以下である。フィリピンにおける第14方面軍軍司令官山下奉文大将、攻略時の司令官本間雅晴中将、B29の無差別爆撃機飛行士を処刑した東海軍管区司令官岡田資中将、ボルネオ軍司令官馬場正郎中将、ジャワ最高指揮官田辺盛武中将、広東軍司令官田中久一中将、南京虐殺の責任を問われた谷寿夫中将である。海軍では、根拠地隊司令官であった大杉守一、鎌田道章、醍醐忠重、原鼎三、森国造、阿部孝壮の各中将と岡田為次少将。戦隊司令官左近允尚中将は香港で処刑された。これら連合国戦争犯罪の法廷での裁判は、昭和26年4月9日豪州マヌス島での裁判で終結したが、それは戦勝国の復讐心を満足させるために行われたのだった。

むしろ、一番問題とされないとならないのは、今次戦争の中で、ハーグ条約第四にある陸戦法規の「一定の種類の型の武器＝毒ガス、細菌など非戦闘員にも傷害を及ぼす兵器の使用を禁ずる条項」に違反し、人道に反する最大かつ残虐な犯罪である。いまでもなく、原子爆弾を広島と長崎に使用したことである。

今は日米安保体制を組んで、アジア・太平洋地域に平和と安全のため協力し合っている同盟国の米国に対しても、やはり先の大戦のことであるから別に切り離して考えなければならない。国際法違反の残虐兵器・原爆を投下し、非戦闘員無差別殺戮という人類史上の大罪を犯した責任を、問わなければならないであろう。

日ソ不可侵条約は、ソ連側が4月5日に満期後不延長と通告してきてはいたが、翌年4月まで有効であった。米国が長崎に2発目の原爆を投下した8月9日、その条約を一方的に破棄して満州に空爆と戦車でなだれ込んで来たのであるから、日本がソ連に侵略した事実はあろうはずがない。むしろ婦女子を強姦し、住民の財産を略奪し、60万人の日本人をシベリアに強制連行して虐待し、奴隷労働を強いて非情無残な行為をしたのはソ連ではないか。捕虜虐待というならソ連側にある。これは1910年のハーグの国際軍事捕虜協定に違反しているのである。

ポツダム宣言第9項に「日本軍隊は武装解除後、各自の家庭に復帰し、平和的生産的な生活を営む機会を得しめられるべし」とあるが、それにも反している。なお、ソ連の国後島と色丹島の占領は9月1日であり、歯舞諸島の占領は9月3、4日にかけて行われている事実は、〝火事場泥棒〟と言わずして何と言うのであろう。以来72年間、日本の固有の北方領土は不法占領されたままである。現在も引き続いて、日露間で領土問題や平和条約締結について、粘り強く交渉をしているものの、返還されるのは何時のことになるのやらわからない。

五項　マニラにおける山下奉文大将と本間雅晴中将の軍事裁判

フィリピンは、300年以上スペインの植民地であったが、1898年にパリ条約によって、スペインから米国へ譲渡され、以降米国の統治下となる。幾多の独立運動が起こったが、米国は独立を認めなかった。そういう中で、日本と米国の戦争が繰り広げられたのである。

昭和20年9月2日、米国戦艦ミズーリ号で日本の降伏調印式が行われた。

マッカーサー元帥は、この場に、シンガポールで山下奉文《ともゆき》中将に降伏した英国のパーシバル将軍と、コレヒドール脱出に当たって、後事を託したウェインライト将軍を連れてくる。

マッカーサー元帥は、調印の際に、4本の万年筆を使用した。1本をトルーマン大統領に、1本はパーシバル将軍に、1本は、ウェインライト将軍に与えるため、そして1本は自分自身の記念であった。

マッカーサー元帥の〝復讐〟は、周到に実行されようとしていた。翌9月3日、山下大将は、フィリピン・ルソン島北部のバギオでの、降伏調印式に立ち会った。

マッカーサー元帥の輝かしい軍歴の中で、フィリピン戦は、最後は勝利したものの、戦い途中でのオーストラリアへの逃避行など忌まわしい出来事として胸にわだかまりが残っていたのである。

マッカーサー元帥は、勝者となっても、自分と戦った敵将を許すことができなかった。山下奉文と本間雅晴に代償を払わせたのである。

六項 「マレーの虎」山下奉文大将へ死刑の判決

山下奉文大将は、2・26事件の時、陸軍省軍事調査部長であったが、叛乱軍を擁護する姿勢を取ったため、以後陸軍省や参謀本部・大本営の要職に着くことはなかった。

昭和16年11月6日に、第25軍司令官になってマレー作戦を指揮。12月8日の海軍による真珠湾攻撃に先立つこと1時間20分前に、隷下の第18師団が英領コタバルへの上陸を開始している。

第25軍は各地で英軍を撃破し、快進撃を続けマレー半島を制圧する。続くシンガポールの戦いの終結時に、敵将英軍司令官のアーサー・パーシバル陸軍中将に対して、「イエスかノーか」と降伏を迫ったことで有名になった。その勇猛果敢ぶりを「マレーの虎」と称賛され、英雄になったが、天皇陛下は、山下に拝謁の機会を与えなかった。これは2・26事件の時、山下のとった行動を、天皇が苦々しく思っていたためである。また、皇道派の山下に対する統制派の東條英機首相が、軍状奏上の機会を与えなかったためとも言われている。

昭和19年9月26日、山下は、フィリピン防衛のため、再編成された第14方面軍司令官となり、フィリピン戦を指揮することになった。特にレイテ決戦に多くの兵力が投入されたが、制海権と制空権を敵に握られていたため輸送船の大半が撃沈される。続くルソン島の戦いではマニラ湾からリンガエン湾への迅速な陣地転換に成功するが、徐々に圧倒され、最終的には山岳地帯へ退いての持久戦に追い込まれてしまった。山下は、民間人が多くいる首都マニラの無防備都市宣言をしようと、第14方面軍の大半をバギオ方面の山中へ撤退させた。しかし、マニラ死守に固執する海軍や大本営の反対で、無防備都市宣言は頓挫。マニラ海軍防衛隊を中心に攻防戦が繰り広げられ、民間人約10万人が死亡したのであった。昭和19年11月頃、山下司令官は武装ゲリラに対し攻撃を命じたが、裁判なしに処刑しろなどと命じたことはない。

20年2、3月頃、バタンガス地方で住民の殺害があったというが、司令官の山下始め参謀も全然知らなかった。

その他のフィリピン各地で起きたといわれる残虐行為についても、山下は報告を受けていない。

米軍がルソン島に上陸してきた時、山下は、12月中旬捕虜収容所長に命令し、バギオ、ポート・マッキンレーの抑留者をマニラに集める。かつ1か月分の予備食糧を集積して解放の措置をとった。ただ一度飛行将校を捕らえたが、山下はその将校があまりに立派であることを聞き、米軍戦線に送り戻せと命じた。後に第三十二師団長ギル少将からその将校が無事に帰ったことを通知してきた。

日本の敗戦後の昭和20年9月3日、山下は、第14方面軍司令官としてバギオで降伏した。

降伏時は、捕虜として扱われたが、直ぐに戦犯としてマニラでの軍事裁判にかけられた。

フランク・リール著『山下将軍の裁判』では、「山下裁判は今日も続行された。しかし、それは裁判ではない。それは審理でさえもないように思う」と記されている。

山下大将は、マニラの虐殺やバターン死の行進に何の関係もなかった。国際法規に違反し、人道にもとるような命令を発したことはなかったのである。部下の非行を知って許容または黙認したこともなかった。ただ終戦時の在フィリピン日本軍の司令官であったために、裁判にかけられたのである。

10月29日に審理開始で、法廷ではシンガポール華僑虐殺事件、マニラ大虐殺等の責任を問われ、12月7日に死刑判決を受ける。昭和21年2月23日にモンテンルパのニュービリビット刑務所で絞首刑に処せられた。その刑の執行において、軍服の着用は許されず、軍人の名誉を重んじない囚人服のまま行われたのであった。

七項　本間雅晴中将へ死刑の判決

山下の裁判と並行して、本間雅晴陸軍中将に対して、バターンの「死の行進」及び昭和17（1942）年の残虐行為の責任を問う注目すべき裁判が行われていた。

昭和16年12月8日の日米開戦の同時に、日本軍は在フィリピンの米軍航空基地を攻撃し、米軍機の大半を破壊し、制空権を奪う。続いて12月22日、本間中将率いる陸軍第十四軍は上陸作戦を開始。米比軍総司令官マッカーサー大将は、「マニラ無防備都市宣言」を発し、日本軍は翌年1月2日にマニラに無血開城する。米軍はバターン半島とコレヒドール島に立て籠もり、日本軍は猛攻撃をかけたが、バターンはジャングル地帯で、コレヒドールは強固な要塞であったため、攻略は難航した。4月9日、バターン半島の米比軍が降伏し、5月6日にはコレヒドール島も陥落したのである。

マッカーサーは、3月12日、暗夜にまぎれて、夫人と子供、中国人の乳母、それに17人の幕僚を連れ、4隻の魚雷艇でコレヒドール島を脱出し、カガヤンに着く。16日夜、デルモンテ飛行場から、B-17三機に分乗し飛び立ち、翌3月17日朝、オーストラリアのパチュラーフィールドに到着することが出来た。

この時の模様について、ダグラス・マッカーサー著・津島一夫訳『マッカーサー回想記』上巻には、以下のように記録されている。

パチュラーフィールドに到着した時、私は記者団から談話を求められたので、次のように述べた。「私は米大統領から、日本の戦線を突破してコレヒドールからオーストラリアへ行けと命令された。その目的は、私の了解するところでは、日本に対する米国の攻勢を準備することで、その最大の目標はフィリピンの救援にある。私はやって来たが、また私は帰る」何気なく述べた談話だったが、「私は帰る」という文句はフィリピン人には魔術のような力をもつ約束に聞こえたらしい。この言葉は一つの火をともし、それが一つの象徴となってフィリピン人はそのまわりに不屈の精神をもやしながら寄集り、そして最後にはその下で勝利と自由を獲得した。この文句は壁にペンキで書かれ、海浜に描かれ、郵便物のスタンプに刻み込まれ、教会の回廊でささやかれた。それは地下に巨大なうねりとなって広がり、日本軍の銃剣も沈黙させることのできない雄たけびとなったのである。

昭和19年10月20日、米軍はレイテ島に上陸し、マッカーサー大将は移動放送局のラジオで演説する。

「フィリピンの皆さん。私は帰ってきた。全能の神の恵みにより、我らの部隊はフィリピンの国土に立っている。私のもとに結集せよ。バターンとコレヒドールの不屈の精神で進もうではないか。戦闘地域に入ったら立ち上がって打て！　機会を逃さず、立ち上がって打て！　皆の家族のために打て！　息子や娘のために打て！　戦死者のために打て！」

「アイ・ハブ・リターンド（私は帰ってきた）」は、あの「アイ・シャール・リターン」の約束から2年7か月ぶりであった。

大きく問題視された「バターンの死の行進」が起こったのは、4月9日であった。

日本軍は、投降した米比軍10万5000人（米国軍1万2000人、フィリピン軍6万5000人、民間人2万8000人）に、最寄りの鉄道駅のサンフェルナンドまでの約60キロを、4、5日かけて徒歩で移動させた。米兵1200人が途中又は直後の収容所で死亡した。フィリピン兵は1万6000人が死亡した。確かに気候的に炎熱下で、多くがマラリア、壊血病、赤痢にかかった。ただ、日本軍は、捕虜に対して給養即ち食糧、水、医薬品などを制限し、歩行不能に陥った捕虜を刺殺・銃殺したのも事実である。

本間中将は、フィリピン攻略の1か月前に第十四軍司令官に任命された。戦闘の結果、敵を降伏させてからわずか2か月後の7月20日に、バターン攻撃の際の指揮が消極的で、大本営や南方軍の意図に添わなかったとして咎められ、第十四軍司令官を解任される。日本に帰国し参謀本部付、ついで予備役編入となり、終戦まで第一線に復帰することはなかったのである。

日本の敗戦となった9月、本間は身柄を拘束された後、12月12日に米軍機でマニラに護送され、裁判にかけられる。起訴状には、「バターン死の行進」、収容所における捕虜虐待、隷下部隊によるフィリピン人に対する暴虐など、48項目の罪状が挙げられていた。ほとんど本間の知らないことだった。法廷は、残虐行為の犠牲者の証言ばかりで、本間がそれらの残虐行為を命じてやらせたとか、それらの行為を知っていたという証拠は、何一つ提出されなかったのである。違法行為の命令者でも実行者でもなく、関知もしていないにもかかわらず「戦争犯罪の実行を停止させるべき義務を怠った」と指揮官の不作為責任まで追及された。検察官は「本間が知っていたとは主張しなかったが、だが知っているべきであった」と責任を問うたのである。

内閣府副大臣を務めた米田建三元衆議院議員の著書『日本の反論』に、この本間裁判について感銘すべき話が語られているので、引用しよう。ちなみに、私（著者）は、この米田建三先生の政策担当秘書をかつて勤めていた。

１９４６年（昭和21年）２月７日、元フィリピン派遣軍総司令官・本間雅晴陸軍中将を戦犯として裁くマニラ軍事法廷は、弁護側証人出廷の最終日を迎えていた。裁判とは名ばかり、判事も検事も弁護人も戦勝国側の米国人（判事一人は比軍人）によって占められる復讐劇の庭である。

この日、最後に証人台に立ったのは、被告の妻、本間富士子（当時、42歳）その人であった。

被告の人となりを問われた彼女は、しっかりと顔をあげて答えた。

「私は東京からここへ参りました。私は今も本間雅晴の妻であることを誇りに思っております。私には娘がひとりおります。いつの日か、娘が私の夫、本間雅晴のような男性とめぐり会い、結婚することを、心から願っております。本間雅晴とはそのような人でございます」

この言葉が通訳によって伝えられると、法廷のあちこちからすすり泣きの声があがり、米軍検察官の中にも感動のあまり涙をぬぐう者がいた。そして本間中将自身も、妻の自分に対する絶対的な尊敬と愛の言葉に接し、ハンカチを顔にあて嗚咽していた。

マッカーサーは、「何でも不自由なことがあれば遠慮なく申し出て欲しい」と言った。しかし、彼女は、マッカーサーの申し出を辞退している。

富士子夫人はやがて帰国したが、2月11日に死刑の判決が下され、4月3日に山下奉文大将が絞首刑により処刑された同じフィリピンのロスバニヨスで、軍人らしく軍服を着ての銃殺によって、刑場の露と消えたのである。

八項　タイで「仏《ほとけ》の将軍」と慕われた中村明人《あけと》中将

タイで「小堀を知っているか」とよく聞かれる。その小堀とは、映画やテレビドラマ化された、大東亜戦争の時のタイを描いた人気小説に登場する日本将校である。その小堀なる軍人のモデルが、タイ駐屯軍司令官中村明人中将である。

タイは、国際連盟での日本非難決議に、唯一白票を投じた。また、大東亜戦争勃発後の、12月21日に、日本と攻守同盟を結び、翌1月8日、英国軍がバンコクを爆撃したのを機に25日に英国、米国へ宣戦を布告し、日本の同盟国となった。

ところが、タイに駐留していた日本軍が、タイの習慣に疎く、クリークや河川で裸になって水浴したり、仏教国で篤く敬われている僧侶に対して不遜を働くなどした。そのため、タイ人の心が日本から次第に離れていくことになった。昭和17年12月にバーンポーン事件が起こった。連合国捕虜にタバコを恵んだ僧侶を日本兵が殴った事件だが、タイ人は顔や頭を神聖と考えていたので、最大の侮辱であった。反発したタイ人が日本宿営地に夜襲をかけ、軍医1人死亡、兵数人が負傷。現地日本軍は、首謀者の極刑と賠償金を要求し、両国関係は険悪となった。そのため、日本南方総軍司令部は、タイ方面軍司令部を編成して、司令官に中村明人中将を任命したのである。懸案の事件処理では、僧侶の極刑が困難な仏教国タイの苦悩を汲んで撤回、賠償金のみとした。支払われた賠償金はそのまま、日本軍との衝突のタイ人犠牲者救済金として全額寄付した。タイの人々は感激し、タイ人を家族のように遇した中村中将は「仏の司令官」と慕われたのである。

しかし、日本軍の戦局悪化が進むにつれ、時のタイ政府も、抗日地下組織「自由タイ」を密かに支援していた。これを察知した日本軍の参謀の中にはタイ軍を武装解除させ、軍政を敷くべきだという強硬派もいた。「自由タイ」は不穏な動きをみせ、タイ軍もいつでも交戦できる準備を始める。連合国の侵入に備えるとの名目で要所にトーチカが作られ、日本軍も要所に砲座や陣地を構築し、両軍の間に緊張した空気が流れたのである。その時、中村司令官は「〝自由タイ〟は戦局を左右するものではない。長い目で日タイ関係を見ると相互に戦争や占領という汚点は残すべきではない」として、軍部内の強硬派を抑えた。このお陰で日タイ間で血を流すことはなかったのである。この中村司令官の決断はタイでは高く評価されている。

昭和20年の日本の敗戦に伴う戦後処理や復員業務では、中村中将の人徳により11万2千人の駐タイ日本軍・邦人の引き揚げが一糸乱れず成された。

ところが、中村中将自身は、連合国のA級戦犯第三次リストに挙げられ、巣鴨拘置所に拘留されることになる。その後、不起訴で釈放された。

昭和26年にサンフランシスコ講和会議で、日本と戦った国や被害を受けた国は膨大な賠償を日本に要求した。更に日本の領土分割案まで出ていたが、当時のタイのジャヤワルダナ大蔵大臣の以下のスピーチで方向が大きく変わった。

「日本から賠償をとるべきでしょうか？　われわれは権利を行使するつもりはありません。憎しみは憎しみでは消えず、愛することによってなくなります」

会場は万雷の拍手に包まれ、日本は分割統治を免れた。この会議で講和条約を締結した吉田茂首相は「日本人はこの大恩を後世まで忘れてはならない」と感謝の意を表したのである。

終戦から10年後の昭和30（１９５５）年６月、中村は、タイ王国から国賓待遇で招待され、大歓待を受ける。タイの新聞では、「占領軍司令官が、盛大な歓迎を受けるのは実に稀なこと、否、人類史上全く前例を見ない」

と報じた。その時ククリット・プラモード元首相は以下のように語っている。

「日本のお蔭でアジア諸国はすべて独立した。日本というお母さんは、難産して母体を損なったが生まれた子供はすくすくと育っている。今日、東南アジアの諸国民が、米英と対等に話が出来るのは、いったい誰のお蔭であるのか。それは身を殺して仁をなした日本というお母さんがあったためである。12月8日は、われわれにこの重大な思想を示してくれたお母さんが、一身を賭して重大な決心をされた日である。更に8月15日は、われわれの大切なお母さんが、病の床に伏した日である。われわれはこの二つの日を忘れてはならない」

また、ＡＳＥＡＮを設立したタナット・コーマン元副首相・外相は、以下のようなコメントをした。航空自衛隊連合幹部会機関誌『翼』平成7年新秋号・小室直樹著「日本国民に告ぐ」より抜粋する。

「あの戦争によって、世界のいたるところで植民地支配が打破されました。そしてこれは、日本が勇戦してくれたお蔭です。新しい独立国が、多くの火の中から不死鳥のように姿を現しました。誰に感謝を捧げるべきかは、あまりにも明白です」と言った。

『産経新聞』平成7（1995）年4月27日朝刊東京版に、タイ国軍元顧問で、戦後上野動物園にインド象の「はな子」を私費で贈ってくれたソムアン・サラサス氏の、「アジア賢人円卓会議」のレセプションの時の会話が掲載されている。

「日本は敗れはしたが、アジアのプライドをかき立てた。……戦争が始まったとき、日本は負けるという不安もあったが、タイは日本についた。私は、日本が負けても、英米に対してアジアもこれだけのことができるという証明になると、友達と話した」

昭和38（1963）年に、来日されたプミポン国王が、靖国神社参拝を希望されたが、こともあろうに日本の外務省が反対したのだ。いかなる理由があったにせよ、外国の元首に対して、非礼ではないかと思う。その時、池田勇人首相を始め政治家は何をしていたのか。そこで、国王はやむなく中村明人さんに「代参」を託され、英霊にプミポン国王の鎮魂の心を伝えたのであった。

九項　パール判事「全員無罪」を下す

東京裁判の論理によれば、戦犯は敗戦国のみにいて、戦争に勝った者だけ正しい、となる。『パール判決書』213、215、216では、そのことに対して以下のように疑問が呈される。

「戦勝国のみが裁判官となり、敗戦国のみが被告となるというような裁判、条約に違反する戦争を起こした国も勝利者となれば、敗戦国に向かって刑罰を加える権利を持つというような裁判が、将来の戦争発生を防ぐ喜ばしい効果を生ずることを認めない」。この裁判が後世に残す教訓は、条約に違反する戦争をなした者は罰せられる、ということではなく、ただ戦争に負けるとひどい目に合うということだけである。

〝勝てば官軍、負ければ賊軍〟という諺のように、どんな悪虐非道の限りを尽くしても、勝ちさえすれば、「聖戦」を名乗り、お咎めなし、負ければ「侵略」だと、一方的に裁かれ、戦争責任を追及され、処罰されても何も言えないのである。

この東京裁判は、裁判とは名ばかりで、勝者の敗者に対する復讐であり、戦争の犯罪性はすべて日本に押し付けられ、日本だけが背負わされた。

〝暗黒裁判〟ではないかと言われはしたが、せめての救いは、米国人弁護士たちが、恩讐を超えた公正さでもって、縦横に弁護活動を行ったことを特筆しなければならない。

インドの代表判事ラダ・ビノード・パール博士は、A級戦犯25名の被告に対し、全員無罪の判決を下した。全員無罪を判決したのは、11名の判事中、パール博士ただ一人であった。

「日本無罪論」を主張したパール判事は、「復讐の欲望を満たすために、単に法律的な手続きを踏んだにすぎないというようなやり方は、国際正義の観念とはおよそ縁遠い。こんな〝儀式化された復讐〟は瞬時の満足感を得るだけのものであって、究極的には後悔を伴うことは必然である」と言っている。

京裁判研究会による『共同研究　パール判決書』は、776ページに及ぶ研究書である。パール判事の反対意見書は、法廷での朗読も行われず、その公刊も禁じられた。その「判決文の全文」自体は、日本文1200ページを超える膨大なものである。世界史を顧み、哲学に渉り、古今の文献を引用しつつ、矛盾と虚偽に満ちた東京裁判の全体を、完璧までに論破し、被告全員無罪の「判決」を導き出したのであった。

ここでは、『パール判決書・第七部　勧告』の中の一部分だけ引用する。

「本官は各被告はすべて起訴上中の各起訴事実全部につき無罪と決定されなければならず、またこれらの起訴事実の全部から免除されるべきであると強く主張するものである。」

「戦争犯罪人の処罰に関する審議の出発点は、一九〇七年十月十八日の第四ハーグ条約でなければならないと、われわれは言われている。この条約は本質的に近代ヨーロッパ学識の産物であり、それゆえに本質的に近代ローマ法及び近代ローマ法典編纂の伝統を反映していると唱えられている。さらにまたこの条約の解釈にあたって、法律的又は法学的方法に関する米英の概念だけに従うとか、あるいは法における目的の役割に関する近代法律論を看過するとかすれば、それは同条約の趣旨を歪曲または誤解することになると、われわれに対して言われている。」

「戦勝国は、戦敗国に対して、憐憫から復讐まで、どんなものでも施し得る。しかし、戦勝国が敗戦国に与えることのできない一つのものは、正義である、ということが言われてきている。少なくとも、もし裁判所が法に反する政治に根差すものであるならば、その形や体裁をどうつくろっても、上に述べた懸念は実際上その通りになるであろう。『正義とは実に強者の利益にほかならない』というのでない限り、そうである。」

「現在、国際世界が過しつつあるような艱難辛苦の時代においては、あらゆる弊害の源泉として虚偽の原因を指摘し、それによって、その弊害がすべてこれらの原因に期すると説得することによって、人心を誤らせることのきわめて容易であることは、実に、だれしも経験しているところである。このようにして人心を支配しようと欲するものにとっては、今こそ、絶好の時期である。復讐の手段に、害悪の性質からみて、それ以外に解決はない、という外貌を与えて、この復讐の手段を大衆の耳にささやくには、現在ほど適当な時は他にない。いずれにしても、司法裁判所たるものは、かような妄想に手をかすべきではないのである。」

「単に、執念深い報復の追跡を長引かせるために、正義の名に訴えることは、許されるべきではない。世界は真に、寛大な雅量と理解ある慈悲心とを必要としている。純粋な憂慮に満ちた心に生ずる真の問題は『人類が急速生長して、文明と悲惨との競争に勝つことができるであろうか』ということである。」

『原子爆弾の意味するもの』をして、『地上の各人民が平和と正義の中に生きうる方法を、思慮ある人々に探求させることを怠らせてはならない。がしかし、敗戦国の指導者らの裁判とその処罰の中に示された一連の行動には、上の原子爆弾の意味するものをよく認識しているというしるしは、見られないのである。』『憎むべき敵の指導者の裁判を注視することによって起こされた、熱狂した感情は、世界連合の根本条件を考慮する余地を、殆ど残さないものである。……』『一つの些細なこと、すなわち、裁判があまり強調されることによって、平和の真の条件に対する民衆の理解は増進することなく、むしろかえって混乱させられるであろう。』

このように言われたのも、おそらく正しいであろう。

「この恐怖をもたらした疑惑と恐れ、無知と貪欲を克服」する道を発見するために、平和を望む大衆が、費やそうとする尊い、わずかな思いを、裁判が使い果たしてしまうことは許されるべきではない。

「感情的な一般論の言葉を用いた検察側の報復的な演説口調の主張は、教育的というよりは、むしろ興行的なものであった。」

おそらく、敗戦国の指導者だけが責任があったのではないという可能性を、本裁判所は、全然無視してはならない。指導者の罪は単に、おそらく、妄想に基づいた彼らの誤解にすぎなかったかもしれない。かような妄想は、自己中心のものにすぎなかったかもしれない。しかし、そのような自己中心の妄想であるにしても、かような妄想は到るところの人心に深く染め込んだものであるという事実を、看過することはできない。正に次の言葉の通りである。

「時が、熱狂と偏見をやわらげた暁には、また理性が、虚偽からその仮面を剝ぎとった暁には、そのときこそ、正義の女神はその秤を平衡に保ちながら、過去の賞罰の多くに、その所を変えることを要求するであろう。」

日本政府は、パール博士が、昭和41（１９６６）年10月『パール判決書』出版記念を機に来日された際に、平和運動に尽くした功績により、勲一等瑞宝章を贈った。そして、翌42年1月10日にパール博士は死去したが、その遺族に対し、佐藤栄作内閣総理大臣は「パール博士はインドが生んだ偉大な法律家であるばかりでなく、その高潔な人格と日本国民に対して示された友愛によって長く日本人の心に記憶されよう。私は日本国政府と国民に代わって心から哀悼の意を表する」という弔電を打ったのである。

第十項　天皇陛下に「戦争責任なし」

昭和45年8月10日、日本政府は、ポツダム宣言を受諾するに当たり、スイス政府を通じ、次のような申し入れをする。

「帝国政府は、１９４５年7月26日ポツダムにおいて米英支三国政府首脳者により、発表せられ、爾後ソ連邦政府の参加をみたる共同宣言に挙げられたる条件を、右宣言は、天皇の国家統治の大権を変更する要求を包含しおらざることの了解の下に受諾す。帝国政府は右了解にして誤りなきを信じ、本件に関する明確なる意向がすみやかに表示せられんことを切望す。」

これに対して、8月12日に、連合国側から、「日本国天皇及び政府の統治権は、ある場合には連合軍司令官の制限下におかれることがある」との正式回答の伝達があったのである。

終戦になった後、天皇陛下は、臣下が戦争犯罪人として裁かれることを大変憂慮され、木戸幸一内大臣に「自分が一人引き受けて退位でもして収めるわけには、いかないだろうか」と仰せになられた。

天皇陛下は、昭和20年9月27日、連合国最高司令官マッカーサー元帥をアメリカ大使館に訪問される。会見室に入った天皇陛下が、握手をしようと手をお出しになられたのに対し、マッカーサー元帥は受けようとはしなかった。そこで、陛下は仰せられた。

『私は、国民が戦争遂行に当たって政治、軍事両面で行ったすべての決定と行動に対する全責任を負う者として、責任を負うべきものは悉く私が負う。天皇たる地位も皇室の財産も自分の命、身体も、貴方がどのように扱われようと一つも異存はない。貴方の代表する諸国の裁決に委ねる。ただ、日本は現在食糧が乏しく餓死者が出るのを自分は非常に心配しているから、ここで、アメリカの特別な計らいによって、一人の餓死者も出ないようにしてもらいたいと思って、そのことを頼みにやって来た。ここに皇室財産の有価証券類をまとめて持参したので、その費用の一部に充てて頂ければ幸いである』

大きな風呂敷包みを元帥の机の上に差し出された。

通訳の奥村勝蔵氏（後の外務事務次官）が英訳した天皇陛下のお言葉を、マッカーサー元帥は聞くや否や、足早に陛下の側に歩み寄る。そして、両方の手でしっかりと陛下の御手を握り締めて、初めて「Your Majesty（陛下）」と言い、続いて「You're a god（あなたは神である）」と続けた。

この会見後、マッカーサー元帥は、当時の楢橋渡内閣書記官長に、次のように語っている。

「天皇陛下が自分に会いたいということを聞いた時には、大勢の大臣だったり、大将だったりした人が、自分の所にやって来て、今度の戦争に協力しなかったとか、自分は関係なかったとかいろいろ弁明してきたのと同じように、とうとう天皇陛下までも、命乞いに来られたと思ったから、お出迎えもせず、握手も受けなかったのだ。ところが、陛下の御言葉を聞いて、自分は大きい感動に揺さぶられた。死をともなう程の責任、それも私の知り尽している諸事実に照らして、明らかに天皇に帰すべきではない責任をも引き受けようとする。この勇気に満ちた態度は、私の骨の髄までもゆり動かした。私はその瞬間、私の前にいる天皇陛下が、個人の資格においても日本の最上の紳士であることを感じとったのである。この身体の小さな人は、人間ではなくて神様ではなかろうかと、抱きしめたい衝動をやっと抑えた。人間というものは、所詮欲望を捨て去れるものではない。然るに天皇陛下は、一切の欲望を捨てて、自分はどうなってもかまわないから、とにかく国民を救ってくれとおっしゃられた。神と同じ立場である。自分は神のみが人を救う能力があると思っていたのであるが、この日本の天皇は国民を救う能力をお持ちのように思う。必ず日本の天皇をお守りすると私は誓った」

そして、天皇陛下がお帰りになる時は、マッカーサー元帥は玄関までお見送りしたのである。

11月3日、米国政府は、マッカーサー最高司令官に対する「日本降伏後における初期の基本的司令」の中で、厳しく指示する。

「貴官は統合参謀本部との事前協議及び統合参謀本部を通して貴官に発せられる通達なしには、天皇を排除したり、または排除するような如何なる措置もとってはならない」　11月26日、米内光政海軍大臣（まだその時は軍部大臣は内閣に残っていた）が、マッカーサー最高司令官に面会した際、

「自分としては常に気にかかっていることだが、天皇の地位について、元帥はどう考えておられるか」と率直に聞いた。

「天皇の地位を変更するという考えを、自分は全然持っていない」と判然とマッカーサーは答えられたのである。

このことは、米内大臣からごく少数の上層部の人にだけ密かに伝えられ、一般には公表されなかった。

米国の二人検事は、天皇を訴追すべきだと考えていた。粟屋健太郎ほか編『東京裁判への道』には以下のように証言されている。

私たちが飛行機に乗り込もうとしていた時〔四十五年十二月二日〕、ホワイトハウスからリムジンが、キーナン氏宛のメッセージを運んできた。その内容は飛行機に乗ってから伝えられたのですが、その時点で、すでに、天皇と話をしなくてもよいということでした。天皇とです。そして、私たちが〔十二月六日〕東京に着いて数日してからも、またそのことに関して、話をするな、皇族とは誰とも話をするなということが伝えられたのです。（中略）はっきりした日付は記憶していないが、東京に到着してから、私たちは、天皇を告発しないということを聞かされたのです。しかし、それは、公表されませんでした。

キーナン検事が、マッカーサー最高司令官に、「天皇を証人として喚問する」ことを提案したところ、マッカーサーは次のように答えた。

「もし天皇が証人として出廷させられたならば、彼はわれわれが証拠によって見出した彼に有利な事実をすべて無視し、日本政府の取った行動について、自ら全責任を引き受ける決心でいる」

これ以来、キーナン首席検事は、証人としてでも天皇を喚問することは考えないようになったのである。東京裁判に検事を出している国々の多くは、天皇の責任を追及する考えを抱いていた。ソ連、中国、フィリピン、オーストラリアが、特に強硬であった。

中でも天皇訴追を執拗に要求したのは、オーストラリアであった。オーストラリア政府は、昭和16（1941）年〜同20年（1945）年の、日本人の残虐行為及び戦争法規違反を根拠に、「天皇は日本の侵略行為と戦争の犯罪の責任を免れられない」ことを連合国に訴えた。

これに対し、英国は主張する。

「天皇を戦犯とすることは、重大な政治的誤りであると考える。我々としては、天皇の地位を日本人を統制するための手段として利用し、人員その他の資源の使用を抑えたい考えである。したがって、現在その地位を占めるものを告発することは、我々の見るところでは、甚だしく賢明さを欠くものと思う。」

裁判所を構成する11カ国のうちで、王国は英国とオランダであった。自分たちの国王に相当する日本の天皇が、法廷に引き出されて糾弾されるのは、たとえ昨日までの敵であったとしても、やはり英国としては実際には忍び難いことに違いなかったのである。

検事側の打ち合わせの席上で、キーナン首席検事は、「連合国最高指揮官の支持に基づき、ヒロヒト天皇は起訴しない方針である」と述べた。このことに関連して、キーナンの着任から帰国まで、常に身辺にあって助けた山崎晴一秘書（元東洋大学教授）が、『日本週報』４９３号に以下のやり取りを記している。

キーナンの言葉が終わるか終わらぬうちに、コミンズ・カー（イギリス代表）が口を切った。

「それは決定ですか、相談ですか。」

「方針は決定している。諸氏の賛成を求めているのだ」

「そんなことは、私は許せない。」

「何だって？」

キーナンは、ギョロリと目を光らせた。

「占領政策を円満に遂行することは、連合国の利益であり、最高司令官の意図である。故に諸氏にしてこの最高司令官の方針に賛成出来ないなら、遠慮なく荷物をまとめて本国へ引揚げてくれ。最高司令官は私の意見にもとづいて、遅滞なくそれぞれの国へ、よりよき適任者の派遣を要請するだろう。これはコミンズ・カー一人にいうことではない。ロペス検事（フィリピン）、貴官もそうである。ムッシュー・オネト（フランス）、貴官もそうである。ゴルンスキー検事（ソ連）、貴官もそうである。」

キーナンの視線の向くところ、各国代表検事、寂として声はなかった。

4月3日、極東委員会は、天皇不訴追を決定したのである。

キーナン首席検事は、帰国の際、天皇免責について次のような談話を発表した。

「天皇は、東條英機とともに戦犯容疑者として裁かれなかった。これは、戦勝諸国が政治的理由から、天皇に免罪の特典を与えることに意見の一致をみたからである。

証拠の点からみても、天皇を起訴する理由はなかった。しかし、天皇を裁判から除外したのは連合国の政治的決定であって、この点についてはソ連のスターリン首相もしぶしぶ同意を与えた」

「東條口供書」は、戦争の最高責任者東條英機が、昭和15（1940）年7月22日、第二次近衛内閣に入閣した時から、昭和19年7月18日の内閣総辞職までの4年間の日本の政治・軍事の動向を記載している。日本語全文220ページ枚の書類である。

内容の趣旨としては以下になる。

①連合国側の対日圧迫によって日本の存立が脅威にさらされたこと。
②太平洋戦争（そう言うようにしか形容できなかった）が、自衛戦であると主張したこと。
③大東亜共栄圏は侵略ではなく、解放であると主張したこと。
④12月1日の開戦決定は、天皇の政治責任ではないとし、その前後における陛下の平和に対する希望を強調し、

天皇の立場を強く弁護していること。

⑤今次戦争は国際法に違反した戦争ではないという立場を強調し、勝者による裁判などは夢想もしなかったが、国内に対する敗戦責任は負うという言明を最終陳述の形で述べていること。

⑥清瀬弁護人による管轄権不存在の主張と、戦争の個人責任を否定する論拠に立ち、正当な主権国家の、正当に成立した政府の一員がなした行為を個人犯罪とすることは、現国際法は容認せずという立場をほのめかし、東條の戦争観・世界観が滲み出ていること。

この「東條口供書」の法廷での朗読は、3日間にわたったが、末尾の重要な部分のみ掲載する。

終りに臨み、――恐らくこれが当法廷の規則の上において許される最後の機会であろうが――私（東條被告）はここに重ねて申し上げる。日本帝国の国策ないしは、当年、合法にその地位に在った官吏のとった方針は、侵略でもなく、搾取でもなかった。一歩一歩より進み、また適法に選ばれた各内閣はそれぞれ相承けて、憲法および法律に定められた手続きに従い、事を処理して行ったが、ついに我が国のかの冷厳なる現実に逢着したのである。

当年、国家の運命を商量較計する責任を負荷した我々としては、国家自衛のために、起つということが唯一つ残された途であった。我々は国家の運命を賭した。しかして敗れた。しかして眼前に見るがごとき事態を惹起したのである。戦争が国際法上より見て正しき戦争であったか否かの問題と、敗戦の責任の問題とは、明白に分別のできる二つの異なった問題である。

第一の問題は外国との問題であり、かつ、法律的性質の問題である。私は最後までこの戦争は自衛戦であり、現承認せられたる国際法には違反せぬ戦争なりと主張する。私は未だかつて我が国が本戦争を為したことをもって国際犯罪なりとして、勝者より訴追せられ、敗戦国の適法なる官吏たりし者が個人的な国際法上の犯人なり、また条約の違反者なりとして糾弾せられるとは考えたこととてない。

第二の問題、すなわち敗戦の責任については、当時の総理大臣たりし私の責任である。この意味における責任は、私はこれを受諾するのみならず、衷心より進んでこれを負荷せんことを希望するものである。

この「東條口供書」の朗読が読み終わると、キーナン検事が、反対尋問に立った。

キーナン「しかし、あなたは米英蘭に対し戦争をしたのではないか」

東條「私の内閣において戦争を決意しました」

キーナン「その戦争を行なわなければならない経緯というのは、裕仁天皇の意志であったか」

東條「意志と反したかもしれませんが、とにかく私の進言や統帥部責任者の進言によって、しぶしぶ御同意になったのが事実です。平和愛好のご精神で、最後の一瞬にいたるまで陛下はご希望をもっておられました。戦争になってもしかり。そのご意志の明確になっていますのは、昭和16年12月8日の御詔勅のうちにある言葉であります。しかもそれは、陛下のご希望によって政府においていれた言葉であります。それは、真にやむを得ざるものであり、朕の意志にあらずという意味の言葉であります。」

本書の第四章第一項に、「開戦詔書」の全文を掲載してあるが、その中の「……今ヤ米英ト釁端《きんたん》ヲ開クニ至ル……豈朕カ志ナラムヤ」とある部分は、内閣から奉呈した宣戦布告案にはなかった。実は陛下の御意向で入れたのだが、この未曽有の大戦の初めに、この句が入れば、戦争に自信がないようにみえ士気を害し兼ねないと、再びこれを削除した案を奉呈した。ところが宮内省から、この文言は特に陛下のお考えでお入れになられたのだ、との注意付きで案分を下げられ、政府もやむなく承諾、副署して、発表したのである。

昭和21年2月に、天皇陛下は藤田尚徳侍従長に「自らの戦争責任について」言及された。

「言うまでもないが、戦争はしてはならないものだ。今度の戦争についても、どうかして戦争を避けようとして、私はおよそ考えられるだけ考え尽した。打てる手は悉く打ってみた。しかし、私の力の及ぶ限りのあらゆる努力も、ついに効をみず、戦争に突入してしまったことは、実に残念なことであった。この戦争は私が止めさせたので終わった。それができたくらいなら、なぜ開戦前に戦争を阻止できなかったのか。しかし、そう出来なかった。我が国には、厳として憲法があって、天皇はこの憲法の条規によって行動しなければならない。また、この憲法によって、国務上にちゃんと権限を委ねられ、責任を負わされた国務大臣がある。この憲法上明記してある国務各大臣の責任の範囲内には、天皇はその意志によって勝手に容喙《ようかい》し干渉し、これを制肘《せいちゅう》することは許されない。だから、内治にしろ外交にしろ、憲法上の責任者が慎重に審議を尽して、ある方策を立て、これを規定に遵って提出して裁可を請われた場合には、私はそれが意に満ちても、意に満たなくても、よろしいと裁可する以外に執るべき道はない」

要するに、明治憲法の主旨では、天皇は政治に直接関係しない、統治するけれども政治はしないという立場なのである。

東條内閣の時は、閣議で開戦を決定して裁可を求めてきたため、明治憲法の主旨、即ち責任内閣という制度に鑑みて、これを裁可せざるを得なかった。

これに対して、終戦時の鈴木貫太郎総理大臣は、閣議で決定する前に、天皇の意見を求めてきた。これはあくまで非公式のお伺い立てであり、立憲君主制の精神に反しないと御判断になられたが故に、率直に御自身の見解を仰せられたのである。

赤松貞雄著『東條秘書官機密日誌』には、東條英機の「家族宛の遺書」として、次のように記されている。


今回の刑死は個人的には慰められるが、国内的責任は死んでも償えるものではないこと。国民に対する謝罪のため、日本の再建の礎石、平和の礎石になり得る死であること。天皇陛下に累を及ぼさなかったので安心して死ねる。

また、赤松秘書が、東條の「公的遺書」として筆写したものがある。以下に抜粋して引用する。


「天皇陛下及び日本国民に対しては自分の責任は甚だ重大だと考えている」

「然し国際的に之を見れば、あく迄戦犯者ではない。力に屈したに過ぎないのである」

「本裁判を忌憚なく云わしむれば、政治裁判に堕し勝者の行った裁判と称すべきである」

「一部の残虐行為のあったことは真に遺憾である。然し無差別爆撃等、殊に広島長崎に於ける原子爆弾の如きは、勝者の不正である。之れも同様糾弾さるべきものである」


この項のまとめとして、断言する。

戦前の政体は、「立憲君主制」で、君主である天皇は憲法を尊重しなければならなかった。天皇の統治権は、国務大臣の輔弼を要し、かつその責任は輔弼する大臣が負っていた。即ち大日本帝国憲法上、天皇陛下には戦争責任はない。

ちなみに、天皇陛下は、2・26事件の時「あれは叛乱軍であるから、近衛兵を率いて朕自ら討伐してもよい」と仰せられ、鎮圧された。終戦の御前会議では「ご自分の身はどうなってもかまわないから、速やかに戦争を終結せしめるように」との御聖断によって終戦となった。天皇陛下が「政策決定」に明確に関与されたのは、この二つだけであったのである。

特別編

今上陛下の生前ご退位と天皇制の危機に関する一考察

序

平成28年8月8日、「象徴としてのお務めについての天皇陛下のおことば」と題したメッセージのテレビ放送に、全国民が重大な関心を持ち、謹んで拝見致した。それは、正に「平成の玉音放送」と称すべきものであった。これをきっかけに、「天皇陛下の生前ご退位」問題がマスコミに大々的に報道され、国民の中にも「天皇制」「生前退位」について真剣な論議か沸騰した。

これらを受け、政府や国会としても真摯な対応に迫られ、安倍総理の諮問機関として「天皇の公務の負担軽減等に関する有識者会議」を設置する。７ヶ月にわたる議論の末、平成29（２０１７）年4月21日、最終報告書を安倍晋三総理に提出。政府は、「天皇の退位等に関する皇室典範特例法」として、5月19日に閣議決定し、国会に提出する。同法案は、6月2日に衆議院本会議で可決し、6月9日には参議院本会議で可決して成立した。6月15日には公布されたことによって、今上陛下のご退位と皇太子殿下のご即位が、3年以内に行われることが正式に決まったのである。

しかし、それで「天皇制の安定的な維持・継続」についての危機状況が、解消できたわけではなく、依然として深く憂えるものである。

以下、天皇に関する我が国の主な法規を記載しておく。

日本国憲法に定める天皇の地位と国事行為

第一条　天皇は、日本国の象徴であり日本国民統合の象徴であって、この地位は、主権の存する日本国民の総意に基づく。

第二条　皇位は、世襲のものであつて、国会の議決した皇室典範の定めるところにより、これを継承する。

第三条　天皇の国事に関するすべての行為には、内閣の助言と承認を必要とし、内閣が、その責任を負う。

第四条　天皇は、この憲法の定める国事に関する行為のみを行い、国政に関する権能を有しない。

第二項　天皇は、法律の定めるところにより、その国事に関する行為を委任することができる。

第五条　皇室典範の定めるところにより摂政を置くときは、摂政は、天皇の名でその告示に関する行為を行ふ。この場合には、前条第一項の規定を準用する

第六条　天皇は、国会の指名に基いて、内閣総理大臣を任命する。

第二項　天皇は、内閣の指名に基いて、最高裁判所の長たる裁判官を任命する。

第七条　天皇は、内閣の助言と承認により、国民のために、左の国事に関する行為を行ふ。

一　憲法改正、法律、政令及び条約を公布すること。

二　国会を召集すること。

三　衆議院を解散すること。

四　国会議員の総選挙の施行を公示すること。

五　国務大臣及び法律の定めるその他の官吏の任免並びに全権委任状及び大使及び公使の信任状を認証すること。

六　大赦、特赦、減刑、刑の執行の免除及び復権を認証すること。

七　栄典を授与すること。

八　批准書及び法律の定めるその他の外交文書を認証すること。

九　外国の大使及び公使を接受すること。
十　儀式を行うこと。

皇室典範
(ア)皇位は、皇統に属する男系の男子が、これを継承する。
(イ)皇位は、左の順序により、皇族に、これを伝える。
一　皇長子
二　皇長孫
三　その他の皇長子の子孫
四　皇次子及びその子孫
五　その他の皇子孫
六　皇兄弟及びその子孫
七　皇伯叔父及びその子孫
2　前項各号の皇族がないときは、皇位は、それ以上で、最近親の系統の皇族に、これを伝える。
3　前二項の場合においては、長系を先にし、同等内では、長を先にする。
(ウ)皇嗣に、精神若しくは身体の不治の重患があり、又は重大な事故があるときは、皇室会議の議により、前条に定める順序に従って、皇位継承の順序を変えることができる。
(エ)天皇が崩じたときは、皇嗣が、直ちに即位する。
第一章　皇族
(オ)皇后、太皇太后、皇太后、親王、親王妃、内親王、王、王妃及び女王を皇族とする。

（カ）嫡出の皇子及び嫡男系嫡出の皇孫は、男を親王、女を内親王とし、三世以下の嫡男系嫡出の子孫は、男を王、女を女王とする。
（キ）王が皇位を継承したときは、その兄弟姉妹たる王及び女王は、特にこれを親王及び内親王とする。
（ク）皇嗣たる皇子を皇太子という。皇太子のないときは、皇嗣たる皇孫を皇太孫という。
（ケ）天皇及び皇族は、養子をすることができない。
（コ）立后及び皇族男子の婚姻は、皇室会期の議を経ることを要する。
（サ）年齢十五年以上の内親王、王及び女王は、その意思に基き、皇室会議の議により、皇族の身分を離れる。

2　親王（皇太子及び皇太孫を除く。）、内親王、王及び女王は、前項の場合の外、やむを得ない特別の事由があるときは、皇室会議の議により、皇族の身分を離れる。

第十二条　皇族女子は、天皇及び皇族以外の者と婚姻したときは、皇族の身分を離れる。

第十三条　皇族の身分を離れる親王又は王の妃並びに直系卑属及びその妃は、他の皇族と婚姻した女子及びその直系卑属を除き、同時に皇族の身分を離れる。

但し、直系卑属及びその妃については、皇族会議の議により、皇族の身分を離れないものとすることができる。

第十四条　皇族以外の女子で、親王妃又は王妃となった者が、その夫を失ったときは、その意思により、皇族の身分を離れることができる。

2　前項の者が、その夫を失ったときは、同項による場合の外、やむを得ない特別の事由があるときは、皇室会議の議により、皇族の身分を離れる。

3　第一項の者は、離婚したときは、皇族の身分を離れる。

4　第一項及び前項の規定は、前条の他の皇族と婚姻した女子に、これを準用する。

第十五条　皇族以外の者及びその子孫は、女子が皇后となる場合及び皇族男子と婚姻する場合を除いては、皇族となることがない。

一項　象徴としてのお務めについての天皇陛下の御言葉

平成28年8月8日、国民の注視の中、次のような「象徴としてのお務めについての天皇陛下の御言葉」というビデオメッセージが放送された。

戦後70年という大きな節目を過ぎ、2年後には、平成30年を迎えます。

私も80を越え、体力の面などから様々な制約を覚えることもあり、ここ数年、天皇としての自らの歩みを振り返るとともに、この先の自分の在り方や務めにつき、思いを致すようになりました。

本日は、社会の高齢化が進む中、天皇もまた高齢となった場合、どのような在り方が望ましいか、天皇という立場上、現行の皇室制度に具体的に触れることは控えながら、私が個人として、これまでに考えて来たことを話したいと思います。

即位以来、私は国事行為を行うと共に、日本国憲法下で象徴と位置づけられた天皇の望ましい在り方を、日々模索しつつ過ごして来ました。伝統の継承者として、これを守り続ける責任に深くおもいを致し、更に日々新たになる日本と世界の中にあって、日本の皇室が、いかに伝統を現代に生かし、いきいきとして社会に内在し、人々の期待に応えていくかを考えつつ、今日に至っています。

そのような中、何年か前のことになりますが、2度の外科手術を受け、加えて高齢による体力の低下を覚えるようになった頃から、これから先、従来のように重い務めを果たすことが困難になった場合、どのように身を処していくことが、国にとり、国民にとり、また、私のあとを歩む皇族にとり良いことであるかにつき、考えるようになりました。既に80を越え、幸いに健康であるとは申せ、次第に進む身体の衰えを考慮する時、これまでのように、全身全霊をもって象徴の務めを果たしていくことが、難しくなるのではないかと案じています。

私が天皇の位についてから、ほぼ28年、この間《かん》私は、我が国における多くの喜びの時、また悲しみの時を、人々と共に過ごして来ました。私はこれまで天皇の務めとして、何よりもまず国民の安寧と幸せを祈ることを大切に考えて来ましたが、同時に事にあたっては、時として人々の傍らに立ち、その声に耳を傾け、思いに寄り添うことも大切なことと考えて来ました。天皇が象徴であると共に、国民統合の象徴としての役割を果たすためには、天皇が国民に、天皇という象徴の立場への理解を求めると共に、天皇もまた、自らのありように深く心し、国民に対する理解を深め、常に国民と共にある自覚を自らのうちに育てる必要を感じて来ました。こうした意味において、日本の各地、とりわけ遠隔の地や島々への旅も、私は天皇の象徴的行為として、大切なものと感じて来ました。皇太子の時代も含め、これまで私が皇后と共に行《おこな》って来たほぼ全国に及ぶ旅は、国内のどこにおいても、その地域を愛し、その共同体を地道に支える市井《しせい》の人々のあることを私に認識させ、私がこの認識をもって、天皇として大切な、国民を思い、国民のために祈るという務めを、人々への深い信頼と敬愛をもってなしえたことは、幸せなことでした。

天皇の高齢化に伴う対処の仕方が、国事行為や、その象徴としての行為を限りなく縮小していくことには、無理があろうと思われます。また、天皇が未成年であったり、重病などによりその機能を果たし得なくなった場合には、天皇の行為を代行する摂政を置くことも考えられます。しかし、この場合も、天皇が十分にその立場に求められる務めを果たせぬまま、生涯の終わりに至るまで天皇であり続けることに変わりはありません。

天皇が健康を損ない、深刻な状態に立ち至った場合、これまでにも見られたように、社会が停滞し、国民の暮らしにも様々な影響が及ぶことが懸念されます。更にこれまでの皇室のしきたりとして、天皇の終焉に当たっては、重い殯《もがり》の行事が連日ほぼ2ヶ月にわたって続き、その後喪儀《そうぎ》に関連する行事が、1年間続きます。その様々な行事と、新時代に関わる諸行事が同時に進行することから、行事に関わる人々、とりわけ残される家族は、非常に厳しい状況下に置かれざるを得ません。こうした事態を避けることは出来ないものだろうかとの思いが、胸に去来することもあります。

始めにも述べましたように、憲法の下《もと》、天皇は国政に関する機能を有しません。そうした中で、このたび我が国の長い天皇の歴史を改めて振り返りつつ、これからも皇室がどのような時にも国民と共にあり、相たずさえてこの国の未来を築いていけるよう、そして象徴天皇の務めが常に途切れることなく、安定的に続いていくことをひとえに念じ、ここに私の気持ちをお話いたしました。

国民の理解を得られることを、切に願っています。

二項　国民の共感

今上陛下のこのような表明について、国民のほとんどは真摯に受け止め、陛下のお気持ちを尊重したいと共感し、日本の歴史や伝統の具現である天皇・皇室にあらためて尊崇の念を表したのである。

「共同通信」平成28年8月9日掲載によると、以下のように天皇の退位は圧倒的に支持されている。

「共同通信は8月8、9日両日、緊急の電話世論調査を実施した。天皇の生前退位容認は86％で、将来にわたる恒久的な制度設計を求める意見は76・6％であった。公務を行うのが困難になれば退位した方がよいとの回答は81・9％に上っている。」

「毎日新聞」平成28年9月7日朝刊に掲載された9月3、4日両日に行った全国世論調査の結果では、天皇陛下の生前退位に「賛成」は84％を占め、「反対」は4％だった。賛成と答えた人のうち、84％が「将来の天皇も生前退位できるように制度を変えるべきだ」と答えており、恒久的な制度を求める声が強かった。

三項　天皇の公務の負担軽減等に関する有識者会議

政府は、平成28年9月23日に「天皇の公務の負担軽減等に関する有識者会議」を設置し、10月17日に初会合を開いて以来、7ヶ月にわたって14回の審議を重ねた。メンバーは、座長に、経団連名誉会長の今井敬氏、座長代理には、東京大学名誉教授の御厨貴氏、上智大学大学院教授の小幡純子氏、慶応義塾塾長の清家篤氏、千葉商科大学教授の宮崎緑氏、東京大学名誉教授の山内昌之氏の6人で、議論を進める一方、専門家16人からのヒアリングも行った。

この専門家16人の見解は、退位容認（条件付きも含め）が9人、反対・慎重は7人との結果であり、一代限りの譲位を認める特例法での対応には10人が反対した。

容認派は、ノンフィクション作家の保阪正康氏、京都産業大学名誉教授の所功氏、ジャーナリストの岩井克己氏、元内閣官房副長官の石原信雄氏、国士館大学大学院客員教授の百地章氏、京都大学大学院教授の大石真氏、東京大学名誉教授の高橋和之氏、元最高裁判所判事の園部逸夫氏、である。

条件付き容認派は、日本大学教授の古川隆久氏の1人。

反対・慎重派は、東京大学名誉教授の平川祐弘氏、国学院大学名誉教授の大原康男氏、上智大学名誉教授の渡部昇一氏（平成29年4月17日死去）、慶応義塾大学教授の笠原英彦氏、ジャーナリストの櫻井よしこ氏、帝京大学特任教授の今谷明氏、麗澤大学教授の八木秀次氏であった。

四項　保守派有識者の生前退位反対論

その中で特に、私が、長年保守派の論客として尊敬し、その論に大いに共鳴していた渡部昇一上智大学名誉教授、ジャーナリストの櫻井よしこ氏、八木秀次麗澤大学教授らが、「退位反対論」を主張されたことに、俄然注目せざるを得ない。

もとより思想や言論は自由であり、その人なりの歴史観や国家観に関わることなので、いかなる論を展開しようと全く自由である。けれども、殊、天皇陛下に対して、不忠不敬であってはならない。

私は、今上陛下の生前退位問題に限っては、それらの人と残念ながら、肝心な点で論を異にするものである。

渡部昇一・日下公人著『「和の国」のかたち』では、次のように記述されている。

「お体に差し障りのない形で、陛下が国民のためにお祈りし続けてくださるだけで、天皇の象徴としての役割は十分に果たせるのではないかと思う。国民、そして国のためにお祈りすること、つまり祭祀が象徴天皇の中心的な役割であり、災害のたびに国民の中に自ら降りていくということは、本来その姿ではない。

日本の皇室の継承にとって最も重要なことは、男系男子による皇位継承である。

ご高齢になられた天皇陛下のお体のご負担軽減の問題、皇太子さまへのご公務の継承の問題は、皇室典範を改正しなくとも、摂政を置けばすべてうまくいく。

現行の皇室典範にあるとおり、陛下はお祈りに専念されてお体をお休めになり、皇太子殿下に摂政をしていただくこと、これ以外に選択肢はないのです。そうすれば年号も変わることなく、皇太子殿下も天皇のお役目の予行演習をなさることができます。万々歳ではないでしょうか」

また、平成28年11月14日と11月30日の「有識者会議における専門家ヒアリング」の席上での専門家と有識者メンバーとのやりとりを、座長代理の御厨貴・東京大学名誉教授が記者会見し、次のように明らかにした（「産経新聞」11月15日朝刊、12月1日朝刊、「読売新聞」12月1日朝刊掲載）。

渡部昇一氏　「天皇の仕事の第一は昔から『国民のために祈ること』。国民の目に触れるような活動はありがたいが、（無理に）そうする必要はない。皇太子が摂政であれば何も問題なくスムーズにいく」

——（高齢の天皇に）終身在位を求めることは尊厳を損ねることにならないか。

「国民のために祈ることが仕事の中心。問題はない」

——天皇と摂政が併存する場合、「象徴」はどちらかという問題は生じないか。

「天皇はお祈りを続けており、元号もそのままだから問題はない」

「皇室典範を変えてはいけないし、臨時措置法というインチキなものを作ってはいけない。しかるべき人が（陛下を）説得すべきだ」

櫻井よしこ氏　「天皇の役割は国家国民のために祭祀を執り行ってくださること。何をなさざるとも、いてくださるだけでありがたい存在。天皇でなければ果たせない役割を明確にし、ご譲位ではなく、摂政を置くべきだ。皇室典範に（摂政の設置要件として）『ご高齢』を加えることで可能になる」

——以前は、条件付きで「譲位もありうる」という見解を示していたが

「陛下への配慮はとても重要だが、国家のあり方と分けて考える必要がある。国の基盤を保ちながらいかにお気持ちに沿うか、大変難しい課題だ」

11月30日の「有識者会議における専門家ヒアリング」では、八木秀次教授は次のような発言をしている。

「自由意志による退位容認は、次代の即位拒否と短期間での退位を容認することになり、皇位の安定性を一気に揺るがす」

「退位そのものに反対。このままのご在位を望む。高齢のためご公務ができない事態には国事行為の臨時代行など現行法制で十分できる」

五項　保守派の意見に「陛下のやるせないお気持ち」

渡部昇一氏は、「しかるべき人が、陛下を説得すべきだ」と発言され、今谷明氏は、「内閣は、天皇陛下に『政治問題化している以上、難しいです』とおいさめ申すべきだ」と言っている。よくもまあ畏れ多くもなく言ったものだが、8月8日の陛下の大御心を全く理解しない不敬発言である。誰一人として「天皇陛下を説得し、おいさめ申す人」はいない。それこそ天皇陛下に対して無礼ではないか。私は、断じて看過できない。

天皇陛下の退位に関する政府の有識者会議で、昨年11月のヒアリングの際に保守系の専門家から「天皇は祈っているだけでよい」などの意見が出た。そのことに、陛下が「ヒアリングで批判されたことがショックだった」との強い不満を漏らされていたことが、「毎日新聞」平成29年5月21日朝刊に、次のように掲載されている。

陛下は、有識者会議の議論が一代限りで退位を実現する方向で進んでいたことについて「一代限りでは自分のわがままと思われるのでよくない。制度化でなければならない」と語り、制度化を実現するよう求めた。

「自分の意思が曲げられるとは思っていなかった」とも話していて、政府方針に不満を示したという。

宮内庁関係者は「陛下はやるせない気持ちになっていた。陛下のやってこられた活動を知らないのか」と、話す。

ヒアリングでは、安倍晋三首相の意向を反映して対象に選ばれた平川祐弘東京大名誉教授や渡部昇一上智大名誉教授（故人）ら保守系の専門家が、「天皇家は続くことと祈ることに意味がある。それ以上を天皇の役割と考えるのはいかがなものか」などと発言。被災地訪問などの公務を縮小して負担を軽減し、宮中祭祀だけを続ければ退位する必要はないとの主張を展開した。陛下と個人的にも親しい関係者は「陛下に対して失礼だ」と話す。陛下の公務は、象徴天皇制を続けていくために不可欠な国民の理解と共感を得るため、皇后さまとともに試行錯誤しながら「全身全霊」（昨年8月のおことば）で作り上げたものだ。保守系の主張は陛下の公務を不可欠でないと位置づけ、陛下の生き方を「全否定する内容」（宮内庁幹部）だったため、陛下は強い不満を感じたとみられる。

宮内庁幹部は陛下の不満を当然だとしたうえで、「陛下は抽象的に祈っているのではない。一人一人国民と向き合っていることが、国民の安寧と平穏を祈ることの血肉となっている。この作業がなければ空虚な祈りでしかない」と説明する。

陛下が、昨年8月に退位の意向がにじむおことばを表明したのは、憲法に規定された象徴天皇の意味を深く考え抜いた結果だ。被災地訪問など日々の公務と祈りによって、国民の理解と共感を新たにし続けなければ、天皇であり続けることはできないという強い思いがある。

六項　著者による生前退位賛成論

保守派の有識者の「生前退位反対論」に対して、私は、天皇崇拝主義者として、陛下に限りない尊崇の念を抱きながら「生前退位賛成論」を展開する。

生前退位反対論者は、「祈ってさえいればよい」「何をなされざるとも生きていることでよい」「摂政を置けばよい」「高齢であるなら公務を減らせばよい」「被災地訪問は無理して行かずともよい」「余計なことをされるから陛下は疲れるのです」などと主張する。

昔は「現人神」や「雲上人」であったのであるから、国民の前に姿を見せずとも、むしろ姿を現わさない方が、天皇の神格化と権威づけのためにもよかった。臣下の公家や大名に、拝謁させる際ですら、すだれを垂らして、その奥から臨み、直接御尊顔を拝させなかったのだ。しかし、戦争に負けた故に、天皇は「人間宣言」をされ、主権在民の中での象徴天皇となられたのである。

いくら高齢であるからといって、皇居の奥で祈っていらっしゃるだけでは、国民は天皇の存在を理解しないであろう。憲法で決められている国事行為以外に公務をこなし、全国各地の諸行事に御臨席される。もし災害が起これればその被災地に御見舞いに行かれるなど、直に国民と接し、寄り添い国民とともに歩まなければ、今では象徴天皇としてのお務めを果たせなくなってしまっているのだ。

84歳となられた陛下に、外国の国王や大統領との宮中晩餐会で、お酒や料理を今までと同じように召し上がられるとすれば、実に酷なことだと、察するべきである。

皇室においても、高齢化が顕著である。もし陛下が高齢によって公務ができない時には、保守派の有識者は、今は天皇の終身在位制であるから、摂政を置けばよいという。ならば陛下が100歳になられたとき、摂政となった皇太子殿下は74歳であり、それで天皇や皇太子の公務が十分こなせるのだろうか。個人差はあるにしても、考えてみればわかりそうなものである。

七項　皇室祭祀

近代の皇室祭祀の大半は、明治維新後に創案された新しい儀礼である。天皇が親祭する大祭は13あるが、そのうち稲の収穫祭に由来する新嘗祭、伊勢神宮の祭典を新たに皇室祭祀に取り入れた神嘗祭以外の11の祭典は、すべて新定の祭りである。大別して、『古事記』『日本書紀』の神話に基づく祭りと皇霊の祭りからなっているのである。

皇室が1年の最初に行う最大の行事は「四方拝」といい、国家と国民の安寧と繁栄を祈る儀礼である。これは12月31日の深夜から早朝にかけて行い、天皇陛下が御自ら行われなければならず、御代拝《ごだいはい》は認められない。御不例《ごふれい》（畏くも天皇陛下の体調がすぐれないこと）などの場合、この四方拝は中止となるのである。

宮中三殿の西側にある神嘉殿の南庭に、四方拝のための御座が設けられる。青畳の三つの座の北側には燈台と白木の高机三所が置かれ、机には香炉と造花が供えられる。この4帖を取り囲むように屏風八帖を立て張り巡らせるのである。

天皇陛下は、大晦日の夜、理髪され御湯《みゆ》で玉体を清められ黄櫨染御袍《こうろぜんごほう》を着して、虎の刻（午前4時）出御遊ばされる。御座に着座され御笏《みしゃく》をおとりになり、北に向かい、新しい年の属星《しょくじょう》（その人の運命を支配する星）の名字を7回呪文として唱え拝する。更に天、西北に向かい地、次に東西南北の四方を拝してから、父母の山陵を拝するのである。

除夜の鐘が鳴り終わってから日の出までの真っ暗な時間、ここで道教の五行説でいうところの五番目の季節というのが現れてくる。春、夏、秋、冬、そして正月。その後に日が昇ってきて、日が昇ると同時に春になる。正月というのがゼロ時間なのである。春になる前の、時間的にいうとゼロ時間といわれる時間帯、そこにおいて天皇は、「私はまたこの1年間、天から戴いた力でこの地上を支配していきます」と祈る。これが四方拝である。東西南北の四方を拝しつつ、中央という五番目の方角で行うわけである。

また、皇室神道の最重要の祭典である新嘗祭については、当日は事前に御所で桶でお湯をかぶって身を清める。下半身は汚れたものであるという考え方から、タオルで体全体を一緒に拭くのではなく、浴衣のようなものを着ては脱いでを繰り返し体を乾かす。宮中三殿で通常の祭祀で着る装束よりさらに古式で純白の絹でできている御祭服に着替える。重く、袖も広くて動きづらいが、祭祀では立ったり正座したりを繰り返す。午後6時からと午後11時からそれぞれ2時間かかるのである。

八項　生前退位の必要性

人間誰しも自分で選んで生まれてくるわけではない。たまたま生まれたところが、天皇家であったのである。運命と思って幼少より帝王学を学ばれ、世界平和と日本国の安寧と繁栄、国民の幸せをひたすらお祈りし、日本の歴史と伝統とりわけ皇統の継承・維持に勤しんで来られたのである。

一般人なら自由で好き勝手にできるが、天皇には様々な制約があり、そうもいかない。

私たちは、ある意味で陛下に過度の負担や大変な犠牲を強いているのではないか。陛下といえども生身の人間であることを知るべきである。人は皆、高齢になれば、体力や知力が衰え、いくら意志があっても、今までできていたことができなくなり、食べられなくもなる。90歳、１００歳になっても生きていらっしゃる限り、天皇であり続けて頂くということは、人権という観点からみても疑問が生じる。甚だしく人道にもとり、かえって天皇としての尊厳をも損ねかねない、正に「天皇残酷物語」となってしまうのではないであろうか。

皇室典範では、「終身天皇制」を規定しているが、こういう深刻な状況を考慮して、いろいろな条件付きであっても、やはり「生前退位」ができるよう、改正すべきである。

一日でも長くご長寿遊ばされたいと願う気持ちは、国民等しくあるであろうが、国事行為や公務ができない、国民の前にもお姿を現せなくなった天皇を、国民はどう思うだろうか。短期間ならまだしも、それが何年とか長期に及ぶ状況が生じた時、むしろ国民の方からおいたわりの気持ちが湧き上がり、「それこそご譲位をなさって下さい」との声が、多分出てくるであろう。

ただ問題は、「そういう状況なら、この際、もう天皇制も皇室も無くてもいいのでは」という天皇制廃止論や皇室無用論が、まことしやかに国民の中に出てくる可能性があることである。そのことを危惧するのは私だけであろうか。

憲法では、天皇の地位は、国民の総意に基づくとあり、いくら「歴史と伝統の天皇制を守ろう」と強弁しても、国民の理解と支持がなければならない。それこそ国民との心の結びつきがなければ、「象徴天皇制」は砂上の楼閣となることを忘れてはならないのである。今なら、国民は皆、陛下の生前退位を認め、皇太子殿下への譲位に賛成するであろう。

今まさに二千六百七十年もの間、連綿と続いてきた世界に冠たる日本の皇室は、皇位継承や皇族の減少等によって危機に瀕している。

確かに、男系男子による皇位継承で、今上陛下で百二十五代まで続いてきた。それは素晴らしいことである。うち女性天皇は10代・8人存在したが、いずれも男性天皇の皇女（男系）であり、その女性天皇の子供（女系）が即位した例がないのも事実である。

だが、我が国の神話伝説によるにしても、天孫降臨の伝承のもとをなし皇祖神とみられる天照大神を女神として仰いでいたのであるから、女性尊重の風習あったはずである。その皇祖神から皇孫に授けられた〃天壌無窮の神勅〃は、その母系子孫により皇位が継承されていくことであった。その源流は当然尊重されるべきである。

口を開けば、男系男子というが、では男だけで生きてきたのであろうか。そもそも人間の成り立ちを考えて見ればわかることである。天皇であれすべての人は、生命が宿った女性のお腹で十月十日栄養を与えられ育まれ、生まれてくるのである。子孫から子孫へと代々繋げられてきたからこそ、今の私たちがある。であるから、恩義と感謝こそすれ、決して女性を差別してはならないし、非礼であってもならないのである。

そもそも古代中国の男系を絶対視する影響を強く受け、日本も男系継承となり、女性を排除する伝統となってしまった。豪族が戦って国家を統一するためには、男系の方が良かったという時代の事情もあって、私たちの先祖がそれを継続してきたのである。しかし今日、皇室を取り巻く諸般の事情、例えば象徴天皇制、男女平等・同権、皇位継承者・皇族の減少とそれらに対する国民の意識と理解度などにより、男系男子に限るという伝統がそぐわなくなってきている。皇統の維持そのものが困難視されいるのである。これからの新しい時代における象徴天皇制・皇室の在り方を考えていく上では、大胆な発想の転換が必要である。

九項　皇位継承者と皇族の減少

このたび、今上陛下が御退位あそばされ、皇太子殿下が百二十六代天皇に御即位なされた暁には、皇統を継ぐ男子は秋篠宮文仁親王殿下と悠仁親王殿下の二人となる。皇統継承の安定を図るためには、皇位継承資格者はできるなら多くいた方がいいに決まっている。今の皇室典範のままでは、間違いなく、後継男子のいない宮家は、順次消滅する外はない。直系の秋篠宮家の佳子、眞子両内親王殿下、内廷の皇太子家の敬宮愛子内親王殿下も、民間男性と結婚されることになれば皇籍を離脱せざるを得ない。やがて悠仁親王殿下が天皇に即位される頃には、皇族が誰もいなくなり、外国訪問やご病気された時に、国事行為を代行する方がいないという事態が起こりかねない。

さらに、悠仁さまが御成婚されても男子が誕生しなければ、天皇は悠仁さまで終焉を迎えてしまう。

不敬になるかも知れないが、皇族の方も人間であるから、ご病気にかかることもあり、あるいは事故に遭われることもないとは言えない。人間誰しも「健康を保持しながら80歳、90歳の高齢を迎えられたら良いなぁ」という願望はあるが、その望みだけを前提とした皇室の設計はできないであろう。

無論、将来のことが予測つくはずもないが、日本から「天皇」が完全に無くなる事態になったら、どうするのであろうか。万死に値する責任を誰がとるのであろうか。

二千六百七十年続いた天皇が無くなっても、日本という国は存在するであろう。けれども今までの天皇を戴く日本とそうでない日本とでは、国家の在り方が根底から違ってくる。それで良ければ別にいいのであるが、ご先祖様に誠に申し訳ないと、思わないのであろうか。

そういうことにならないため、皇族の方は自分ではできないのであるから、政府と国会議員が、国民の理解を得ながら、早急に対応策に取り掛からなければ間に合わないのである。

昔は、天皇や皇嗣に男子が生まれない場合、皇統断絶の危機を回避するため権典侍《ごんのてんじ》に代表される側室制度があった。正式の皇后でなくとも、「お世継ぎ」を生ませたのである。明治天皇も大正天皇もそうであった。

明治天皇と側室二位局《にいのつぼね》の柳原愛子《なるこ》様との間に生まれた明宮《はるのみや》嘉仁《よしひと》親王は、明治20（1887）年8月、満8歳の誕生日に「明治天皇の御例に依り、皇后の養子とされた」うえで、皇太子となった。その後大正天皇となられたのである。したがって、庶系継承であった。第百二十二代明治天皇までの歴代の継承のうち、五十八代が庶系によるものである。

代々にわたって、一人の皇后が必ず男子を産み続けるようなことは〝生命の摂理〟としてあり得ない。昭和天皇の代になって側室制度を採らなくなったが、貞明皇后（大正天皇皇后）も、香淳皇后（昭和天皇皇后）も、多くのお子様に恵まれたので、何ら心配はなかったのである。しかし、皇室では昭和40（１９６５）年の秋篠宮さま以降、40年９ヶ月にわたって男子が生まれなかった。

十項　小泉内閣時代の「女性天皇・女系天皇容認」報告書

この皇統の危機に際し、当時の小泉純一郎内閣総理大臣、福田康夫内閣官房長官は、首相の諮問機関として、「皇室典範に関する有識者会議」を、平成16（２００４）年12月27日設置する。

翌年1月25日から17回の会合を開き、11月24日に「女性天皇・女系天皇」を容認。「長子優先」を柱とするため皇室典範を改正すべきと有識者会議は、次のような最終報告書を小泉首相に提出した。以下に重要な部分を抜粋して引用する。

「非嫡系（庶子）継承の否定、我が国社会の少子化といった状況の中で、古来続いてきた皇位の男系継承を安定的に維持することは極めて困難であり、皇位継承資格を女子や女系の皇族に拡大することが必要である」

「我が国の将来を考えると、皇位の安定的な継承を維持するためには、女性天皇・女系天皇への途を開くことが不可欠であり、広範な国民の賛同を得られる」

「天皇の直系子孫を優先し、天皇の子である兄弟姉妹の間では、男女を区別せずに、年齢順に皇位継承順位を設定する長子優先の制度が適当である」

「女性天皇、内親王、女王の配偶者も皇族の身分を有することとする必要がある。これに伴い、戸籍上の扱いも、天皇（男性）、親王、王の配偶者と同様、婚姻の際に、戸籍から除かれ、皇統譜に登録することとする必要がある」

「皇族の身分を有するいわゆる永世皇族制を前提にした上で、その時々の状況に応じて、弾力的に皇室離脱制度を運用することにより、皇族の規模を適正に保つこととすることが適当である」

「天皇、皇太子、皇太孫という名称は、特に男子を意味するものではなく、歴史的にも、女子が、天皇や皇太子となった事実が認められるため、女子の場合も同一の名称を用いることが適当である」

「女性天皇の配偶者の敬称は『陛下』とする必要がある」

「内親王の皇籍離脱は、親王に関する制度に合わせ、共に意思による離脱ができないこととすることが適当である」

この有識者会議の主題は、皇太子の長女である敬宮《としのみや》愛子内親王の皇位継承を可能とする皇室典範の改正を進めようというものであった。政府は、この報告書を受けて、皇室典範改正案の国会提出に向け、積極的に準備に入る。

ところが、平成18（２００６）年2月に秋篠宮妃紀子さまの懐妊が判明したため、国会提出は見送られた。

そして、９月６日、皇室待望の男子として、秋篠宮家に悠仁さまが誕生されたのである。

「毎日新聞」平成29（２０１７）年5月25日朝刊に、女性天皇への賛否を聞く「全国世論調査」（４月22、23日調査実施）の結果が掲載されている。

男性は賛成が72％、反対が12％。女性は賛成が65％、反対が12％となっている。

女性・女系天皇については、小泉純一郎政権下の平成17（２００５）年に政府の「有識者会議」が容認する報告書を提出している。その年の12月の『毎日新聞』の「全国世論調査」では、女性天皇に賛成する意見が85％だった。秋篠宮家に長男悠仁さまが誕生された直後に実施した翌18年9月の調査では72％に減少したが、女性天皇への賛成論は依然として根強い。

十一項　皇統の危機

いずれにしても、悠仁さまのご誕生により、皇位継承問題はひとまず先送りされて、今日に至っているが、それで皇統の危機が根本的に解消したわけではない。「男系男子」に囚われている限り、いずれその危機はやってくる。

日本の国家としての婚姻制度は一夫一婦制であり、天皇家に先に述べたような特別な例外を作らない限り、「男系男子」の継続は無理である。象徴天皇制となっている皇室も、国民も、そこまでして男系男子に拘ることを認めないであろう。今の時代の倫理観において、そんなことは現実にはできない。

その背景には、日本が先の大戦に敗れ、連合国のマッカーサー最高司令官によって、皇室は何とか存続できたものの、象徴天皇制へ変更を余儀なくされたことがある。また、昭和22（１９４７）年10月に11宮家（男性26人、女性25人）が臣籍降下させられたことも、原因である。

その上男子皇族がなかなか生まれず、時が経つにつれて男子皇族は減少の一途を辿り、さらに女性皇族は婚姻されると皇籍を離脱し、民間人となってしまっている。もはや皇族の減少は待ったなしの状況に立ち至っているのである。

天皇制自体が永続できるか否かの瀬戸際に立っているにも拘わらず、政府も国会も保守系有識者にも、その危機感が薄い。象徴天皇制が70年以上も定着し、皇室も高齢化を余儀なくされ、それこそ人道問題だとされているとの認識もない。あくまで「生前退位は認めない。高齢で公務が困難であるならば摂政を置くべきだ」「天皇は祈っていさえすればよい。天皇は存在そのものが尊いので何もしなくてよい」「皇位継承は男系男子に限る」「女性宮家を創設すれば女性天皇、女系天皇に繋がる」という原理原則に固執している。無為無策に打ち過ぎ、皇族の減少にすら、何ら手を打つことができないならば、行き着くところは皇族ゼロである。皇族がいなければ天皇制は成り立たないことは、当然の帰結であろう。やがて日本から「天皇と皇室」がなくなるが、それでもいいのかと問われているのである。

十二項　天皇制を守り続けた歴史

天皇の歴史を見ても、永い年月をそれぞれの時代にいろんな変遷を経て、今日の象徴天皇に至っている。神話の領域もあろうが、神武天皇を始めとする何代かの天皇は、豪族の中でも政治や軍事、祭祀において最も強い力を持ち、絶対的な優位に立っていた。だから、大和朝廷の礎をなすことができたのである。

それ以降の日本の歴史を見るとき、朝廷を奉りながら、豪族や武家が次第に朝廷をしのぐ力を持つに至っている。蘇我、物部、藤原などの豪族から平清盛、源頼朝、足利義満、織田信長、豊臣秀吉、徳川家康らの武家といった時の権力者は、堅固な館や城を擁し、強大な武力を持っていた。であるから、警護が緩い御所で、公家に囲まれているだけの天皇を、討ち倒し、「我こそは日本の国王である」と、いつでも頂点に立つことが出来たのに、そうしなかった。

しかし、次のような二つの例外があった。

弓削道鏡と足利義満が天皇乗っ取りを図った事件である。

奈良の東大寺に大仏を建立した聖武天皇の子ある女性天皇・考謙天皇は独身で子供がいないので、淳仁天皇に皇位を譲り上皇になった。

母の光明皇后が天平宝字4（760）年に亡くなると、悲しみのあまり床に臥せてしまった孝謙上皇を看病したのが、僧・弓削道鏡であった。病が治った上皇は、道鏡に絶大な信頼を寄せて破格の出世をさせ、また情を通じる仲になったと言われている。

これに危機感を抱いた従兄弟で有力貴族の藤原仲麻呂は、淳仁天皇を介して「道鏡を寵愛し過ぎではないですか」と苦言を呈する。その言葉を聞き、上皇は「何をいうのですか？そのようなことをいうのでしたら、私は尼になります。今後は政治の大事は、天皇でなく私と道鏡が決めます」と激怒した。

焦った仲麻呂は、天平宝字8（764）年蜂起するが敗れ、一族郎党と共に殺され、淳仁天皇は廃位させられる。

上皇は再び天皇に返り咲き「称徳天皇」と名を変えた。道鏡を太政大臣禅師に任命し、更に法王という位まで与えてしまった。栄華を極めた道鏡は、神護景雲3（769）年、宇佐八幡宮のお告げとして「道鏡を皇位につければ世の中は平和になる」との神託が降りたと奏上させ、天皇になろうと画策する。

その真否を確認に同年行かされた和気清麻呂は、宇佐八幡宮で「皇位には、必ず皇統の人でなくてはならない」と神託が下されたと、道鏡の意図とは正反対のことを天皇に伝えたのである。これに激怒した道鏡は、清麻呂の官職を解き、流罪とした。

しかし、称徳天皇が翌年崩御されたことにより後ろ盾を失った道鏡は、一気に権力の座を追われ、流罪となり下野国（現栃木県）薬師寺に下った。二年後、この世を去り、夢は潰えたのであった。

もう一つの例外は、室町幕府3代将軍で、金閣寺（鹿苑寺）を建立した足利義満である。

義満は、征夷大将軍に加え、権大納言、近衛大将、内大臣、右大臣、源氏長者に任ぜられる。さらに、淳和・奨学両院別当を兼任、准三后の宣下を受け、名実ともに公家、武家両勢力の頂点に上り詰め、絶大な勢力を誇ったのである。

世は南北朝の時代であったが、南朝が衰微していたため、義満は、和睦を呼びかけ「これからは、南朝（大覚寺統）と北朝（持明院統）とで交互に天皇を立てることにする。まず北朝から始めるので、天皇の証でもある三種の神器を渡して下さい」と提案する。南朝側の後亀山天皇はこの提案を受け入れた。これが、明徳3（1392）年の南北朝合一であり、58年に及ぶ朝廷の分裂を終結させた。しかし、義満は、三種の神器を受け取ったが最後、南朝に天皇の座を渡さなかったのである。

義満と対立していた後円融天皇は、子の後小松天皇に譲位し、上皇となったが、自殺未遂で廃人同様となり、明徳4（1393）年に死去する。

応永元（1394）年義満は将軍職を嫡男足利義持に譲ったが、従一位太政大臣となり、実権は握り続けた。義満は、後小松天皇の父親代わりのように振る舞い、二番目の妻康子を若き天皇の准母にし、ついで女院とする。それとともに、祭祀権・叙任権などを天皇家から奪取する。これらの行いは皇位の簒奪《さんだつ》の企てのため、明による日本国王冊封も、明の外圧を利用しての簒奪の一環と察せられる。

応永15（1408）年4月、義満は次男義嗣を親王の儀で元服させる。その11日後に、義満は病気となり、5月6日死去した。死後、朝廷から「法皇」の尊号を贈られたが、幕府は辞退。義満は「皇室の乗っ取りを図り、肉薄した唯一の非皇族」だったのだ。

このような例外の道鏡や義満を除いて、なぜ武力を背景に強大な権力を握った豪族や大名が、天皇に取って代わらなかったのであろうか。

朝廷・皇室には、誰もが敬服する連綿と続く血統の重みによる正統性があったからではないであろうか。いくら領地・領民を持ち、大勢の武士を抱える何万石、何十万石の大名でも、やはり権威ある官位を欲した。朝廷・天皇から、摂政、関白、太政大臣、右大臣、左大臣、征夷大将軍、大納言、中納言そして正三位、従二位などの宣下（官位を賜ること）を、名誉とし、栄誉を賜った。他の武家や領民に誇示することによって、実質的な権力に正当性の箔をつけて治世してきたのである。

いずれにしても、私たちの先祖が代々ずっと伝統ある天皇制を守り存続させてきたのであり、どんなことがあっても絶えさせてはならないのである。

十三項　皇統の継続の諸方策

保守派の有識者が、あくまで「男系男子」に固執して、70年以上前に臣籍降下させられた11宮家の元皇族・旧皇族のうち、それにふさわしい男子を皇族に復帰させてはどうか。あるいは、その男子を宮家の養子にはできないか、ということを模索しているとも言われている。いずれも皇室典範を改正しなければ実現できないことではあるが。

確かに、皇籍を離脱して70年以上経った旧皇族の家に生まれたことは間違いないにしても、旧宮家の伝統の保持や皇族としての品位を保つよう努めてられてこられたかどうかは、疑問である。皇族には心身とも汚れのない純粋さが求められる。帝王学を身につけていない普通の庶民として育ってきた人が、天皇家の血統であるからといって、「今日から私は皇族です」と現われたとし、果たして国民が納得し、崇敬の念を抱くことができるであろうか。一般国民から見れば、新たな特権階級をつくることになり、旧皇族を復帰させることは難しいのではないであろうか。

あくまで「男系男子」に固執する人は、更に医療技術の発達による「人工受精論」を持ち出し、あるいは、「遺伝子の継承論」を展開してきている。

性染色体のXXの組み合わせが女性であり、XYの組み合わせが男性であるので、「女性皇族は男性皇族に代々受け継がれたY染色体を持っていない。天皇になるべき人は神武以来受け継がれてきたY染色体の刻印を持たれるべきである」という。しかし、神武以来のY染色体の刻印ということであれば、何も皇族でなくとも、現在の日本男子の多くが該当する。

何が何でも「遺伝子の継承」の正当化を主張するならば、それでは、神武天皇から今日までの「天皇の御陵」

を発掘調査してＤＮＡ鑑定してみようではないか、という領域に踏み込むことになるであろう。百二十五代繋がってきたことになっているのに、もし何代目かにＤＮＡが違うという鑑定が発覚する可能性がないと誰が自信をもって言えるのであろうか。悪いことは言わない。余計なことはしない方がお互いのためである。そんなことで、私たちの先祖が永く刻んできた歴史によって築かれた天皇家の尊厳と名誉を毀損させてはならない。

何も「人工受精論」や「Ｙ染色体の刻印論」に拘らなくても、伝統的観念に照らし合わせて、ともかく皇統に属する方が皇位を継承されればよいのではないか。

ただ皇統の血さえ流れていれば、それでいいといった主張は、人間の尊厳を蹂躙する原理主義者の論であり、今の日本の社会通念からいって国民は支持しないであろう。

保守派の有識者が、「男系男子」に囚われ、妥協しないということは、最終的には天皇制が途絶えても仕方がないと考えているとしか思えない。それは事の本質を見失ったことにならないか。

男系男子による皇統の継承が、先行き困難視される状況下である。しかし、日本の国民が「女性天皇」「女系天皇」であっても天皇制を守っていきたい、皇室はあった方がよいと考えている限り、官民一体となって知恵を絞れば、存続の道は必ず開かれるであろう。

もちろん、先のことは誰もわからない。皇室典範の改正が必要だが旧皇族の男子が宮家の養子になる道も、可能性としてあるのかも知れない。あるいは皇室典範が改正されて女性宮家が認められれば、その女性皇族と結婚される道ができるかも知れないのである。

民間の女性が皇族になっているではないかとよく言われる。しかし、民間女性が、男性皇族のお妃に選ばれることと、「将来天皇となる可能性もある旧皇族の男子による皇籍復帰」とは意味合いが全く違うことを知るべきである。

十四項　女性皇族の役割と女性宮家の創設

「秋篠宮眞子内親王殿下は、2020年にご結婚される予定となっている。皇族減少は喫緊の課題となり、今やらなければ手遅れになる。時は待ってくれない。」

ジグメ・ケサル・ナムゲル・ワンチュク国王夫妻や前国王と面会、地元の人とも交流を深められ、日本とブータンとの友好に多大なご貢献をされました。テレビや新聞で現地でも日本国内でも大きく報道されました。政治家や外交官が活動しても、職業柄なりの効果はあるが、皇族のこのようなご活動は、次元の違う高度の相互理解と親善を増進させ、非常に意義深い役割を果たしているのである。

特に、女性皇族は、一般的に次のような「皇室の御活動」をされている。

①宮中晩餐会や新年一般参賀・園遊会など天皇陛下がご主催される国家行事に出席されて、厳粛さの中に華やかさを添えられ、国賓・公賓との知己となられて国相互の信頼を深められている。

②各国との国際交流を図る中で、駐日外交団への鴨場でのご接遇や各国大使をご接見されるなど、友好親善に尽くされている。

③都道府県の要請に応じて、それぞれご訪問なされ、国民体育大会ご臨席や民間団体主催の記念式典・行事へのご臨席をされている。また各種団体の名誉総裁等にご就任され、幅広く皇室の活動を分担されている。

今上陛下は、女性皇族の果たす役割について、平成17（２００５）年12月の宮内記者会見で、次の御言葉を仰せられている。

「女性皇族の存在は、実質的な仕事に加え、公的な場においても私的な場においても、その場の空気に優しさと温かさを与え、人々の善意や勇気に働きかけるという、非常に良い要素を含んでいると思います」（宮内庁編『道』続篇、ＮＨＫ出版）

平成26（2014）年10月5日に、高円宮典子女王殿下が、出雲大社権宮司千家《せんげ》国麿氏とご結婚され、皇籍を離脱されたので、未婚の女性皇族は現在7人になっている。

次いで、秋篠宮家のご長女眞子さまが、1年以内にご結婚されるので、さらに一人減り6人となってしまう。

2020年には東京オリンピック・パラリンピックが開催されるが、女性皇族方のご年齢からすると、それまで女性皇族方が何人かご結婚され、早晩皇籍離脱されていかれるのではないかと思われる。

東京五輪には世界から多くの国王・王族や大統領・首相を始め国賓・公賓の来日が予想されるので、少なくなった女性皇族では、接遇ができなくなる状況が生じるであろう。

1、昭和39年の東京五輪は、94カ国が参加。8人の王族・元首を、連日17回の行事でご接遇
2、平成10年の長野五輪は、72カ国が参加。21人の王族・元首を、連日24回の行事でご接遇
3、平成（新元号未決定なので）32年の東京五輪の詳細は、現在判明していないが、さらに多くの賓客が予想されている。

そこで、今ある皇太子家、秋篠宮、三笠宮、高円宮の宮家で生まれ育った女性皇族が、ご結婚後も皇室に残られるよう、皇室典範を改正する必要がある。「女性宮家」を創設させ、引き続き公務をして頂くのであれば、国民としては納得しやすいであろう。

また、女性皇族がご結婚により民間人となられてからも非常勤の特別公務員として、皇室のご活動を担って頂く方策も考えなければならない。その場合、公的な身分を与え、公務を委託するのであるから、例えば、「宮内庁参与」「皇室御用係」ということになるか。呼称も皇女黒田清子さま、王女千家典子さまということになることが想定される。ただ、皇族でないため現在の皇族との身分関係を明確にしなければならないであろう。

女性皇族がご結婚されようとされまいと、皇室と国民の絆を深め、かつ日本と諸外国との友好親善のため、引

き続きご活動ができるよう、皇室典範の改正を図るべきである。

何度でも言うが、とにかく70年以上前に皇籍離脱した旧皇族の子孫を、男性であるからといって復帰させ、天皇にすることは、とうてい国民の支持を得られるところではないであろう。

それより女性天皇や女性宮家を認める方が、国民の尊敬を集め、理解が得やすいのではないだろうか。

十五項　特例法の成立までの経緯

その後の天皇陛下の退位を可能とする特例法の成立までの主な経緯を見てみる。
平成28月16日、衆参両院正副議長が、「退位に関する法整備の在り方」を両院合同で検討することで、合意する。
1月19日、衆参合同の各政党・会派代表者会議が、初会合する。
1月24日、安倍晋三首相が、衆参正副議長に論点整理を提示する。
2月20日、衆参正副議長が、10の政党・会派の代表者から意見聴取する。
3月22日、有識者会議が、下記の専門家4人からヒアリング
　秋下雅弘東京大学大学院教授
　本郷恵子東京大学史料編纂所教授
　君塚直隆関東学院大学教授
　新田均皇学館大学現代日本社会学部長
4月21日、有識者会議が、最終報告を決定し、首相に提出する。

5月10日、政府が、特例法案要綱を衆参正副議長と各政党・会派代表者による全体会議で提示する。

5月16日、宮内庁が、秋篠宮の長女眞子さまの婚約準備を公表する。

5月19日、政府が、特例法案を閣議決定、国会に提出する。

5月30日、自民、民進両党が、女性宮家創設の検討を政府に求めることを明記した付帯決議案の内容で合意する。

6月1日、特例法案が、衆議院議院運営委員会で審議入りし、可決する。

6月2日、特例法案が、衆議院本会議で可決する。

6月7日、特例法案が、参議院の特別委員会で審議入りし、可決する。

6月9日、「天皇の退位等に関する皇室典範特例法」が、参議院本会議において全会一致で可決、成立した。

6月16日、「天皇の退位等に関する皇室典範特例法」が公布された。これを受け、政府は新元号や「上皇」の補佐組織、お住まいなどの準備を急ぐことになった。

天皇の退位等に関する皇室典範特例法

(趣旨)

第一条　この法律は、天皇陛下が、昭和64年1月7日の御即位以来28年を超える長期にわたり、国事行為のほか、全国各地への御訪問、被災地のお見舞いをはじめとする象徴としての公的な御活動に精励してこられた中、83歳と御高齢になられ、今後これらの御活動を天皇として自ら続けられることが困難となることを深く案じておられること、これに対し、国民は、御高齢に至るまでこれらの御活動に精励されている天皇陛下を深く敬愛し、この天皇陛下のお気持ちを理解し、これに共感していること、さらに、皇嗣である皇太子殿下は、57歳となられ、これまで国事行為の臨時代行等の御公務に長期にわたり精励されておられることという現下の状況に鑑み、皇室典範（昭和22年法律第三号）第四条の規定の特例として、天皇陛下の退位及び皇嗣の即位を実現するとともに、天皇陛下の退位後の地位その他の退位に伴い必要となる事項を定めるものとする。

（天皇の退位及び皇嗣の即位）

第二条　天皇は、この法律の施行の日限り、退位し、皇嗣が、直ちに即位する。

（上皇）

第三条　前条の規定により退位した天皇は、上皇とする。

2　上皇の敬称は、陛下とする。

3　上皇の身分に関する事項の登録、喪儀及び陵墓については、天皇の例による。

4　上皇に関しては、前二項に規定する事項を除き、皇室典範（第二条、第二十八条第二項及び第三項並びに第三十条第二項を除く。）に定める事項については、皇族の例による。

（上皇后）

第四条　上皇の后は、上皇后とする。

2　上皇后に関しては、皇室典範に定める事項についてはね皇太后の例による。

（皇位継承後の皇嗣）

第五条　第二条の規定による皇位の継承に伴い皇嗣となった皇族に関しては、皇室典範に定める事項については、皇太子の例による。

なお、附則は、省略する。

十六項　皇太子殿下のデンマークご訪問

天皇陛下の譲位を可能にする「天皇の退位等に関する皇室典範特例法」の成立・交付後初となった皇太子殿下のデンマークご訪問が、平成29年6月15日から21日まで行われたのである。

皇太子殿下は、ご訪問の前の13日に東宮御所において記者会見に臨まれた。以下に引用する。

「特例法という皇室の制度面の事項に言及することは控えたいと思います。陛下が昨年8月のお言葉の中で、全身全霊をもって象徴の務めを果たしていくことが難しくなるのではないかと、お案じになられたことについて、とても心を揺さぶられました。同時に陛下のお気持ちは十分察しており、お考えを真摯に重く受け止めております。陛下は長年にわたり、象徴天皇としてのお務めを果たされる中でお仕事の一つ一つを心から大切にして取り組まれながら、あるべき姿について真摯に模索してこられました。陛下のお気持ちを十分に踏まえ、歴代の天皇のなさりようも心にとどめながら、これまで陛下より引き継いだ公務も含め、それぞれの務めに全身全霊で取り組んでまいりたいと思います」

皇太子殿下のデンマーク訪問は、フレデリック皇太子殿下の結婚式に参列された平成16（２００４）年5月以来だ。一方、天皇陛下は昭和28（１９５３）年、60（１９８５）年、平成10（１９９８）年と同国を訪問（昭和60年と平成10年は皇后陛下もご同行）しており、マルグレーテ二世女王陛下を始めとした同国王室と親交を深めて来られた。

皇太子殿下は、会見で、女王やフレデリック皇太子殿下が東日本大震災の際、義援金集めなどで尽力されたエピソードをご紹介した。また、両陛下が外国訪問の際、友好親善をどう促進すべきか「常に深くお考え」になりながら望まれていたと明かした。「私としても、両陛下の気持ちを大切にして国際親善に努めていきたい」との考えを述べられた。今後、戦没者慰霊を目的とした海外訪問についても「真摯に取り組んでいきたい」との意向を示されたのである。

今回のご訪問は外交関係樹立150周年を迎えた両国間の親善が目的であったが、即位後を見据え、陛下の御公務継承と新たな公務を具現化される旅ともなった。

皇太子殿下がデンマークにご到着になると、フレデリック皇太子殿下は空港で、両手を広げて出迎えられた。空港での王室の出迎えは国賓に限られる中、異例の対応だった。6日間の滞在中、皇太子殿下がフレデリック皇太子殿下と顔を合わせられたのは計7回であった。二人は終始、リラックスして会話し、皇太子殿下が声を上げて笑われる場面もあるなど、世代が近いお二人の交流に親密さが伺われ、親善は確実に深化したといえる。

市街地散策などで一般国民とも触れ合われ、会話を交わした人々は「優しさが伝わった」「気さく」と口をそろえて言ったのである。

滞在中は陛下が心を寄せてこられた東日本大震災の被災地に関連した展示のほか、ライフワークとする「水問題」に関する施設もご覧になられた。水問題は、安定供給から水害、地球温暖化など世界規模の課題である。今回、水をテーマとした展覧会で皇太子殿下を案内した建築家・三分一《さんぶいち》博志さんが、産経新聞の取材に「地球環境への憂いと温かいまなざしのご発言は、世界中の人々の心に響いている」と述べている。その通り、国際会議で講演実績を重ねられている皇太子殿下の存在感は増しつつあるのである。

「新たな公務」と位置づけてきた水問題について、皇太子殿下は訪問前の会見で、「個人的に関心」と控え目に述べられた。しかし、確実な公務の継承を第一とする意思の表れとみられるが、宮内庁関係者は「水問題や教育などの分野を含め、今回の訪問で公務へのお考えを深められたはず」と話している。

むすび

日本が掲げた「大東亜共栄圏」は、欧米帝国主義の植民地勢力をアジアから駆逐し、アジアを解放して「共に栄えていこう」とするものであった。

ところが、そのために日本のとった軍事行動の中に、侵略的植民地主義の影がなかったといえばそうとも言い切れない。残虐行為や非人道行為が全くなかったとも言い難い現実もあった。

どんな戦争でも、敵であろうと味方であろうと、極限に至れば、人間を動物にしてしまい、鬼畜の如く牙と爪を剥き出し、非人間性や狂気の沙汰になるのだ。

古今、およそ人道的な戦争などというものは、ありようはずがない。歴史をみれば、戦争が如何に非情なものであるかわかるのである。

そうであるから、日本が純粋にアジア解放のためにだけ働いたとは言わない。ただ、そこには間違いなく解放者としての使命と行動があったことを無視してはならない。日本は、欧米植民地勢力と勇敢に戦ったが、敗れてしまったのである。その時旧宗主国はもう一度戻って再植民地化を図ろうとしたが、現地国は、一部残留日本兵も一緒になって独立への戦いを挑んだ。戦時中、日本が一時占領したところで、ただの一つも旧宗主国によって満足に取り戻されたものはなかったのである。結果的に、何百年もの間植民地として抑圧苦しめられ続けたアジア諸国の独立と解放の役割を果たしたという客観的事実は、誰も否定し得ないところである。

日本は、この戦争を国挙げての総力戦として、「アジアは一つ」「東洋平和のためならば」「欲しがりません。勝つまでは！」といった戦略的スローガンを掲げた。ありとあらゆる力を総動員して戦い、日本人の良きものも、悪しきものもすべて注ぎこまれたのである。人の人生に光と影があるように、国の歴史にも光と影がある。そこには清く高きものと、濁って低きものとが相錯綜した苦悶の歴史があったことを、もう一度噛みしめなければならない。

この極東国際軍事裁判とは、白人の欧米諸国の世界支配を打ち砕いた有色人種・日本に対する復讐と懲罰の儀式だったのである。連合国の強大な権力によって押し付けられた「東京裁判史観」は、「日本断罪のための歴史観」であり、日本にとって「自虐史観」となり、70年以上経っても席捲している。

今こそ、日本及び日本人は、「東京裁判史観」の呪縛を解くために立ち上がらなければならない。

一国の繁栄は経済だけではかることはできないから、日本人の精神と魂を再興してこそ、真の国家繁栄と言えるのではないであろうか。

日本人は、何よりも自らの歴史と伝統に、誇りと自信を持つべきである。

本書特別編の「今上陛下の生前ご退位と天皇制の危機に関する一考察」において、私自身の「天皇観」を真摯に語った。

「天皇の退位等に関する皇室典範特例法」が、衆参両院で可決成立した。平成29年6月15日公布され、3年以内での「今上陛下のご退位と皇太子殿下のご即位」が決定した。

しかし、「天皇制の安定的な維持・継続」について、危機状況にあることに変わりはない。

天皇陛下の大御心を尊び、〝天皇崇拝主義者〟を自らもって任ずる私は、男系男子で皇統が今後も続くことができれば一番好ましいと思う。それを望むものであるが、今の状況では、どう考えても先行きが非常に厳しいと察せられるのである。

特例法と同時に、以下の「付帯決議」が、採択されている。

「政府は、安定的な皇位継承を確保するための諸課題、女性宮家の創設等について、皇族方のご年齢からしても先延ばしすることはできない重要な課題であることに鑑み、本施行後速やかに、皇族方のご事情等を踏まえ、全体として整合性がとれるよう検討を行う」

私は、政府並びに国会に対して、「緊急を要するので、施行を待たずに検討を急ぐべきこと」をと、強く要請するも、皇室の在り方としては、日本の歴史と伝統と文化に立脚しながら、社会情勢や国民の意識の移り変わりに応じる必要がある。古いものの中にも守るべきものは守り、また新しくて必要なものは取り入れていくべきだと考えるのである。現代日本にふさわしく、国民からも敬愛される天皇や皇室のあるべき姿を具現してしかるべきである。例えどういう形であっても、天皇を象徴とする日本の伝統を堅持して、将来にわたって皇位継承が安定するような現実的方策を打ち出すべきではないか。それには、現行の皇室典範を改正する他ないのである。

私は、人生一路＝愛国心に満ち満ちて、大義に生き、信義を重んじ、正義感に燃え、歴史の正視を訴えつつ、「国会議員秘書一筋に45年間」誠心誠意活動に挺身してきた。

私は、「生ある限り人と社会を、明るく元気にしたい！」をモットーに「世のため人のためお役に立ちたい」と考えているのである。

結びとして、私の座右銘（ユネスコ憲章前文）を記して筆を擱く。

戦争は人の心の中から、生れるものであるから、
　人の心の中に、平和のとりでを築かなければならない

皇《すめら》 尊《みこと》弥栄《いやさか》

御清覧有り難うございました。

著者略歴

中江克己（なかえ・かつみ）

昭和21年（1946）山口県下関生まれ。

日本大学法学部在学中より、参院議員迫水久常の書生として政治修行に励み、その後第二秘書となる。以後、越智通雄衆院議員秘書、斎藤文夫参院議員第二秘書、栗本慎一郎衆院議員政策担当秘書、青木宏之衆院議員政策担当秘書、米田建三衆院議員政策担当秘書、東郷哲也衆院議員秘書等を歴任し、現在は、高木けい衆院議員秘書を務め「国会議員秘書一筋四十六年」を基に、政治評論家としての活動もしている。更に、政治団体・日本の安全保障を考える会代表、一般社団法人日本標識機構顧問を務める。また、平成二十九年度 東久邇宮文化褒賞を受賞した。

「終戦の詔書」

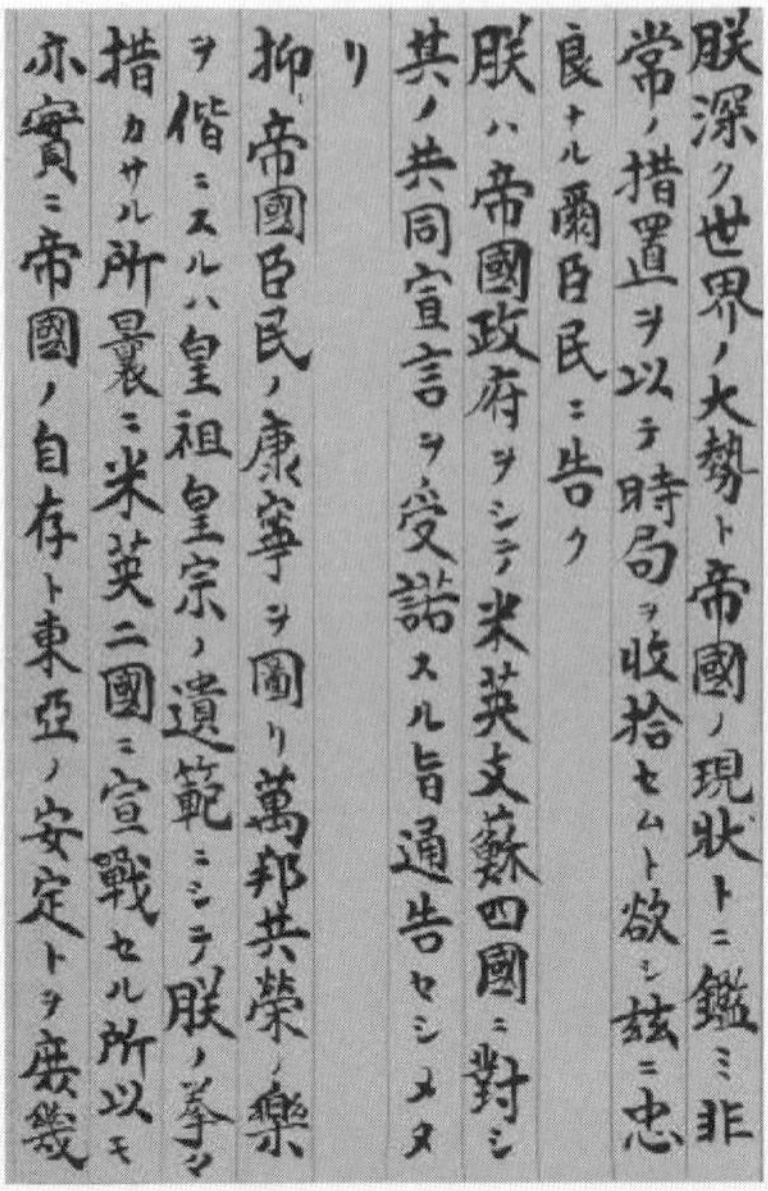

朕深ク世界ノ大勢ト帝國ノ現狀トニ鑑ミ非常ノ措置ヲ以テ時局ヲ收拾セムト欲シ茲ニ忠良ナル爾臣民ニ告ク

朕ハ帝國政府ヲシテ米英支蘇四國ニ對シ其ノ共同宣言ヲ受諾スル旨通告セシメタリ

抑〻帝國臣民ノ康寧ヲ圖リ萬邦共榮ノ樂ヲ偕ニスルハ皇祖皇宗ノ遺範ニシテ朕ノ拳〻措カサル所曩ニ米英二國ニ宣戰セル所以モ亦實ニ帝國ノ自存ト東亞ノ安定トヲ庶幾スルニ出テ他國ノ主權ヲ排シ領土ヲ侵スカ如キハ固ヨリ朕カ志ニアラス然ルニ交戰已ニ四歳ヲ閲シ朕カ陸海將兵ノ勇戰朕カ百僚有司ノ勵精朕カ一億衆庶ノ奉公各〻最善ヲ盡セルニ拘ラス戰局必スシモ好轉セス世界ノ大勢亦我ニ利アラス加之敵ハ新ニ殘虐ナル爆彈ヲ使用シテ頻ニ無辜ヲ殺傷シ慘害ノ及フ所眞ニ測ルヘカラサルニ至ル而モ尚交戰ヲ繼續セムカ終ニ我カ民族ノ滅亡ヲ招來スルノミナラス延テ人類ノ文明ヲモ破却スヘシ斯ノ如クムハ朕何ヲ以テカ億兆ノ赤子ヲ保シ皇祖皇宗ノ神靈ニ謝セムヤ是レ朕カ帝國政府ヲシテ共同宣言ニ應セシムルニ至レル所以ナリ

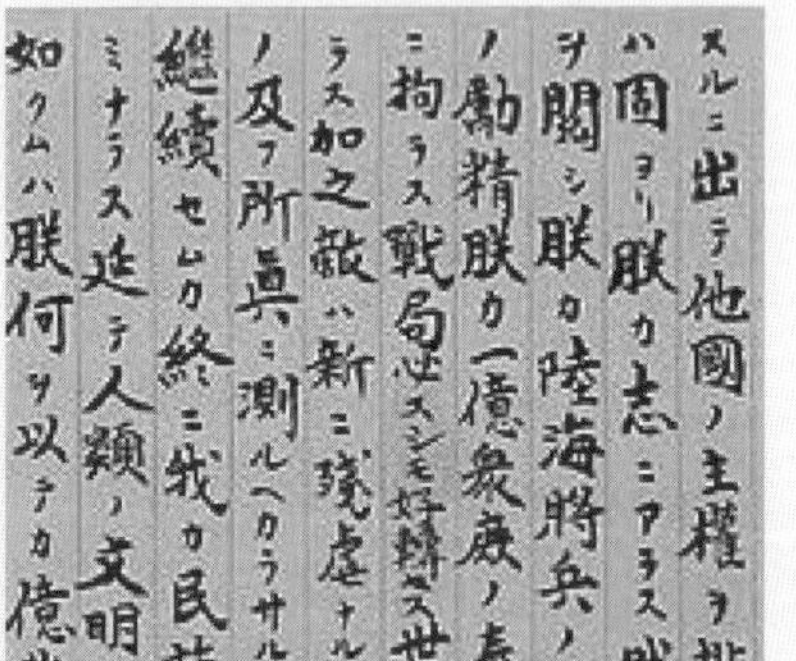

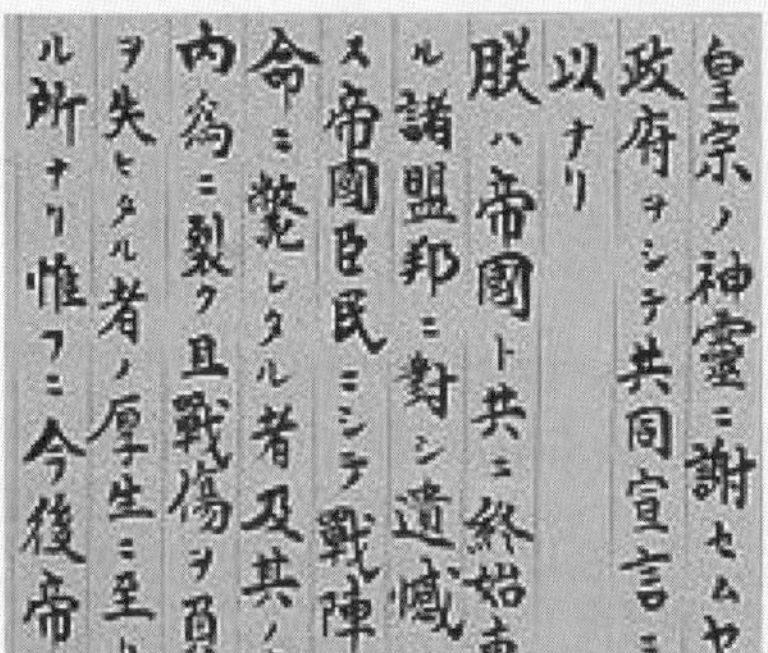

朕ハ帝國ト共ニ終始東亞ノ解放ニ協力セル諸盟邦ニ對シ遺憾ノ意ヲ表セサルヲ得ス帝國臣民ニシテ戰陣ニ死シ職域ニ殉シ非命ニ斃レタル者及其ノ遺族ニ想ヲ致セハ五内爲ニ裂ク且戰傷ヲ負ヒ災禍ヲ蒙リ家業ヲ失ヒタル者ノ厚生ニ至リテハ朕ノ深ク軫念スル所ナリ惟フニ今後帝國ノ受クヘキ苦難ハ

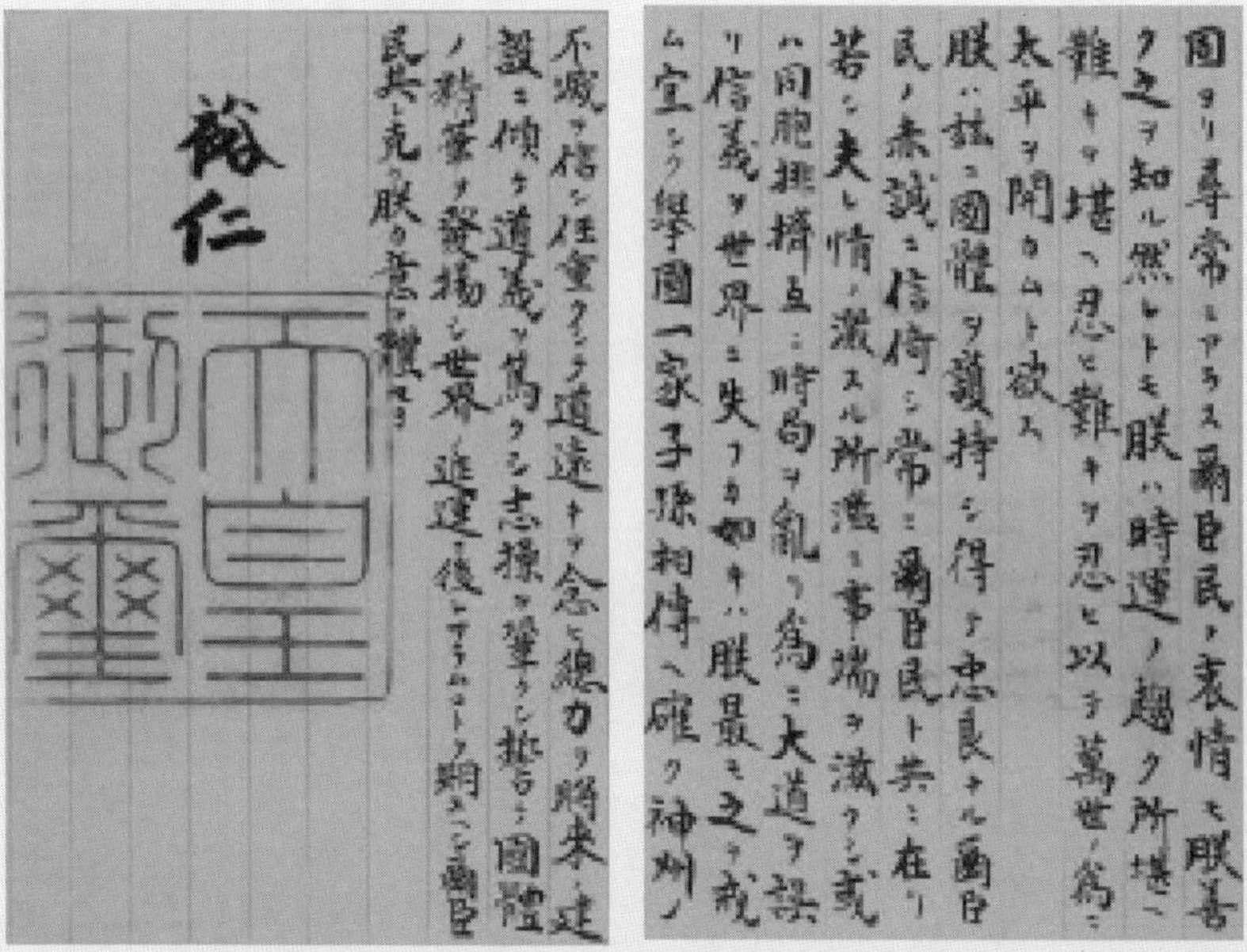

固ヨリ尋常ニアラス爾臣民ノ衷情モ朕善ク之ヲ知ル然レトモ朕ハ時運ノ趨ク所堪ヘ難キヲ堪ヘ忍ヒ難キヲ忍ヒ以テ萬世ノ為ニ太平ヲ開カムト欲ス

朕ハ茲ニ國體ヲ護持シ得テ忠良ナル爾臣民ノ赤誠ニ信倚シ常ニ爾臣民ト共ニ在リ若シ夫レ情ノ激スル所濫ニ事端ヲ滋クシ或ハ同胞排擠互ニ時局ヲ亂リ為ニ大道ヲ誤リ信義ヲ世界ニ失フカ如キハ朕最モ之ヲ戒ム宜シク擧國一家子孫相傳ヘ確ク神州ノ不滅ヲ信シ任重クシテ道遠キヲ念ヒ總力ヲ將來ノ建設ニ傾ケ道義ヲ篤クシ志操ヲ鞏クシ誓テ國體ノ精華ヲ發揚シ世界ノ進運ニ後レサラムコトヲ期スヘシ爾臣民其レ克ク朕カ意ヲ體セヨ

裕仁

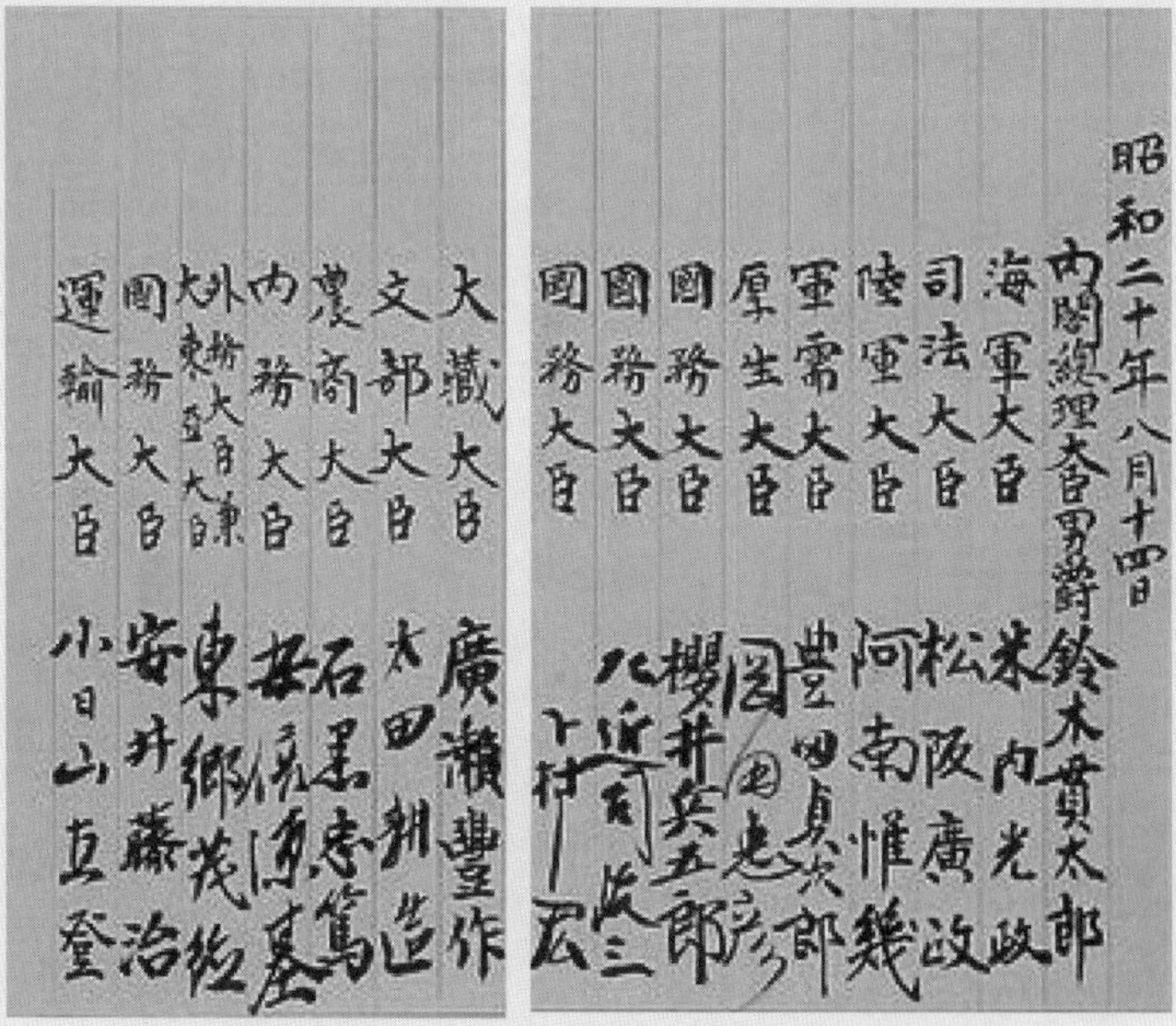

昭和二十年八月十四日

内閣總理大臣男爵 鈴木貫太郎
海軍大臣 米内光政
司法大臣 松阪廣政
陸軍大臣 阿南惟幾
軍需大臣 豊田貞次郎
厚生大臣 岡田忠彦
國務大臣 櫻井兵五郎
國務大臣 左近司政三
國務大臣 下村宏
大藏大臣 廣瀬豊作
文部大臣 太田耕造
農商大臣 石黒忠篤
内務大臣 安倍源基
外務大臣兼大東亞大臣 東郷茂徳
國務大臣 安井藤治
運輸大臣 小日山直登

参考文献一覧

マッカーサー『マッカーサー回想記』上　津島一夫訳、朝日新聞社、１９６４
マッカーサー『マッカーサー回想記』下　津島一夫訳、朝日新聞社、１９６４
猪俣敬太郎『中野正剛の生涯』黎明書房、１９６４
猪俣敬太郎『中野正剛の悲劇』今日の問題社、１９５９
読売新聞社編『昭和史の天皇』１　読売新聞社　１９６７
読売新聞社編『昭和史の天皇』３　読売新聞社、１９６７
ラダビノード・パール『東京裁判　全訳　パール判決書』都築陽太郎訳、幻冬舎、２０１６
瀬島龍三『幾山河　瀬島龍三回想録』産経新聞ニュースサービス、１９６７
渡部昇一・日下公人『和の国のかたち』李白社、２０１６
迫水久常『大日本帝国最後の四ヶ月』河出文庫、２０１５
迫水久常『機関銃下の首相官邸』ちくま学芸文庫、２０１１
清瀬一郎『秘録 東京裁判』中央公論新社、２００２
鳩山一郎『鳩山一郎回想録』文藝春秋新社、１９５７
吉田茂『回想十年　第一巻』新潮社、１９５７
米田建三『日本の反論』並木書房、２００６
松前重義『二等兵記』日本出版共同、１９５０
高木敏朗『陸軍特別攻撃隊』上　文藝春秋社、１９８３
児玉誉士夫『悪政・銃声・乱世』広済堂出版、１９７４
岸信介『岸信介の回想』文藝春秋社、１９８１
朝日新聞東京裁判記者団『東京裁判』朝日文庫、１９９５
木戸幸一『木戸日記』下巻　東京大学出版会、１９６６
猪木正道『評伝 吉田茂』筑摩書房、１９９５
沖修二『阿南惟幾伝』講談社、１９７０
ハリー・トルーマン『トルーマン回顧録』Ⅰ・Ⅱ　堀江芳季訳、恒文社、１９９２
藤山愛一郎『私の行き方』学風書院、１９５９
東郷茂徳『時代の一面』原書房、１９８９
加瀬俊一『日本がはじめて敗れた日』山手書房、１９８３
岡田大将記録編纂会『岡田啓介』岡田大将記録編纂会、１９５６
フランク・リール『山下裁判』下　日本教文社、１９５２
小堀桂一郎『東京裁判の呪い』ＰＨＰ研究所、１９９７

付録写真「終戦の詔書」

天皇と戦争・平和への道

——迫水久常史観による和平工作の真相——

平成30年8月15日　初版第一刷発行

著　者：中江克己

発行人：鈴木雄一

発行所：はるかぜ書房株式会社

東京都品川区北品川1-9-7 トップルーム1015号

E-mail info@harukazeshobo.com http://harukazseshobo.com

印刷所：株式会社ウォーク

ISBN 978-4-9908508-8-3